이제 볼 수도 들을 수도 없구나

Copyright ⓒ ACORN-ON Co., 2025. All rights reserved.

이 책은 ㈜에이콘온이 저작권자 신정일과 정식 계약하여 발행한 책이므로
이 책의 일부나 전체 내용을 무단으로 복사, 복제, 전재하는 것은 저작권법에 저촉됩니다.
저자와의 협의에 의해 인지는 붙이지 않습니다.

이제 볼 수도 들을 수도 없구나

조선 선비들이 남긴 사랑과 상실의 애도문 44편

초판 발행 · 2025년 12월 18일

지은이 · 신정일

발행인 · 옥경석
펴낸곳 · 주식회사 에이콘온

주소 · 서울시 양천구 국회대로 287 (목동)
전화 · 02)2653-7600 | **팩스** · 02)2653-0433
홈페이지 · www.acornpub.co.kr | **독자문의** · www.acornpub.co.kr/contact/errata

편집장 · 임채성 | **디자인** · 윤서빈 | **홍보** · 박혜경, 백경화 | **경영지원** · 최하늘, 김희지

에이콘온(ACORN-ON) - 에이콘온은 'ON'이라는 단어처럼,
사람의 가능성에 불을 켜는 콘텐츠를 지향합니다.

인스타그램 · instagram.com/acorn_pub
페이스북 · facebook.com/acornpub
유튜브 · youtube.com/@acornpub_official

Copyright ⓒ 주식회사 에이콘온, 2025, Printed in Korea.
ISBN 979-11-94409-47-2
http://www.acornpub.co.kr/book/9791194409472

책값은 뒤표지에 있습니다.

조선 선비들이 남긴 사랑과 상실의 애도문 44편

이제 볼 수도 들을 수도 없구나

신정일 지음

추천사

신정일은 우리 고토가 빚어낸 독생자(獨生子)이다. 그러지 않고서야 이 땅을 이토록 활기차게 마음껏 걸으며 숨결과 역사를 온몸으로 느낄 수 없었을 것이다. 그래서 나는 그의 당호를 무불통지당(無不通知堂)이라 명명하는 바이다. 그는 어떤 순간에도 적재적소에 딱 맞는 명언과 명구를 즉시 떠올리며, 그 경지는 이미 인간의 경지를 넘어선 듯하다.

《이제 볼 수도 들을 수도 없구나》는 이미 사라진 것들의 울림을 되살리는 책이다. 신정일은 단순한 역사 기록자가 아니라, 시대의 숨결과 인간의 내면을 함께 포착하는 섬세한 관찰자로서, 절제와 체면 뒤에 숨겨진 조선 선비들의 맨얼굴과 그들의 미묘한 감정을 생생하게 담아냈다. 이를 통해 독자는 과거와 현재, 글과 삶 사이를 자유롭게 오가며, 역사와 인간의 내면을 동시에 마주하는 드문 경험을 하게 된다.

__ 이동순/ 시인 · 문학평론가, 영남대학교 명예교수

개항기 외국인들의 눈에는 조선 선비들이 보여준 엄격한 자기 절제가 특히 이채롭게 비쳤다. 그들이 평생 추구한 도학(道學) 자체가 곧 자기 절제의 학문이었기 때문이다. 그러나 선비들이 남긴 슬픔의 기록을 들여다보면, 그들 역시 영원한 이별 앞에서는 한 사람의 인간일 뿐이었음이 드러난다.《이제 볼 수도 들을 수도 없구나》는 지인을 떠나보낸 선비들의 절절한 아픔을 생생하게 담아낸 책이다.

자식이나 형제 · 자매를 먼저 잃은 슬픔은 인간이라면 누구나 공감할 수 있는 본능적 비통의 발로다. 하지만 아내 외에 축첩이 허용되던 사회에서, 먼저 세상을 떠난 아내를 두고 "꿈속에서라도 한 번만 만났으면"(이시발)이라고 그리워하는 글은 의외성과 함께

깊은 울림을 준다. 또한 스승이나 학우의 죽음을 혈육처럼 아파한 기록들은, 조선 시대의 학문 공동체가 단순한 공부의 연대를 넘어 거의 가족에 가까운 정으로 이어져 있었음을 보여준다.

그러나 이들의 슬픔을 마냥 미화하기만은 어렵다. 딸을 잃은 뒤 "말보다 눈물이 앞선다"라고 적고, 율곡 이이의 죽음을 두고 "다시는 인간사에 뜻이 없다"라고 탄식했던 정철을 떠올려보자. 그는 말과 달리 인간 세상에 대한 욕망을 버리지 못해 수많은 사람을 죽음으로 몰고 간 인물이기도 했다. 이 모순을 생각하면, 선비들의 슬픔을 읽으며 단순한 공감만을 보내기에는 복잡한 감정이 함께 일렁인다.

— 이덕일/ 한가람역사문화연구소장

조선의 선비들은 흔히 냉정한 절제와 체면의 문화 속에서 감정을 드러내지 않는 존재로 기억된다. 그러나 사랑하는 이를 잃었을 때만큼은 누구보다 깊이 울었고, 슬픔 앞에서 한 인간으로 무너졌다. 정약용이 "네 얼굴이 잊히지 않아 눈물이 마르지 않는다"라고 아들을 그리워하고, 윤선도가 막내의 죽음에 수저를 적실 만큼 눈물을 흘린 기록은 공감 능력이 시대를 넘어 인간 안에 똑같이 흐르고 있음을 보여준다. 조위한이 "이제 볼 수도 들을 수도 없구나"라고 절규한 문장 역시 오늘의 우리에게 여전히 위로로 다가온다.

그들의 글이 전하는 메시지는 단순하다. 희로애락은 어느 시대에도 인간을 피해 가지 않으며, 상실의 고통 역시 신분과 학식, 지위를 가리지 않는다. 그러나 조선의 선비들은 그 슬픔을 억누르기보다 글로 옮겨 놓았고, 이를 통해 고통을 인간적 성숙의 지혜로 바꾸어 냈다. 조용한 애도 속에서 타인의 고통을 이해하고, 자신과 세상을 더 깊이 바라보는 성찰의 시간을 마련한 것이다.

그래서 그들이 남긴 눈물의 문장은 오늘을 사는 우리에게도 말한다. "슬픔은 언젠가 지나가지만, 그 속에서 자란 마음의 깊이는 평생을 비춘다." 이 깊은 인간의 기록을 한 권의 책으로 담아낸 신정일 작가께 경의를 표한다.

— 이상기/ AsiaN 대표 & 발행인, 前 한국기자협회 회장

프롤로그

조선 선비들의 사랑과 상실의 기록

조선의 선비라 하면 흔히 절제와 체면, 원칙을 먼저 떠올린다. 그러나 사랑하는 이를 떠나보낸 순간, 그들 역시 한 인간으로서 흔들렸다. 자식의 죽음 앞에서, 배우자의 부재 앞에서, 형제와 벗을 잃은 슬픔 속에서, 평생 익힌 절제와 체면은 아무런 힘을 발휘하지 못했다. 그들의 마음은 무너졌고, 끝내 슬픔은 눈물로 쏟아졌다. 그리고 그 울음은 글이 되어 수백 년이 지난 오늘 우리에게 전해졌다.

정약용은 막내아들을 위해 눈물 어린 글을 남겼고, 김정희는 아내의 죽음을 애도하며 자신의 마음을 글로 담았다. 혜경궁 홍씨는 남편 사도세자가 뒤주에 갇히던 날의 참담한 슬픔을 기록했고, 송시열과 안정복은 사랑하는 벗과 스승을 잃은 고통을 글로 적었다. 이 기록들은 단순한 역사적 사실이 아니다. 그것은 삶과 죽음, 사랑과 상실 앞에서 흔들리는 인간의 마음, 말로 다 하지 못한 고통과 그리움을 담은 한 인간의 목소리다.

우리 농아가 죽었다니, 비참하구나. 가련한 아이. 내 몸이 점점 쇠약해지고 있을 때 이런 일까지 닥치다니, 정말 마음을 크게 먹을 수가 없구나. 너희들 아래로 무려 사내 네 명과 계집아이 하나를 잃었다. 그중 하나는 낳은 지 열흘 남짓한 때 죽어서 그 얼굴조차 기억하지 못하겠고, 나머지 네 아이는 모두 세 살 때여서 품에 안겨 한참 재롱을 피우다 죽었다. 이 세 아이는 나와 네 어머니가 함께 있을 때 죽었기에 딴은 운명이라 생각해 버릴 수 있어 이번처럼 간장을 후벼 파는 슬픔이 북받치지는 않았다.

―《여유당전서與猶堂全書》〈농아광지農兒壙志〉

1802년 막내아들 농아가 죽었다는 소식을 들은 다산은 두 아들에게 〈답양아答兩兒〉라는 제목의 글을 보낸다.

이미 여러 자녀를 떠나보낸 경험이 있음에도 농아를 잃은 다산의 슬픔은 이전과 비교할 수 없을 만큼 크고 깊었다. 이에 그는 마음속 깊이 밀려오는 고통을 글로 쏟아냈다. 그 글에는 폭발하지 못하고 가슴 깊이 응축된 조용한 통곡이 담겨 있다.

평생을 함께한 부인을 먼저 떠나보낸 추사 김정희 역시 다르지 않았다. 그는 글을 통해 마음속 깊이 밀려오는 슬픔을 기록했다.

"내 일찍이 '만약 부인이 죽으려면 나보다 먼저 죽는 것만 못할 것이니 그래야 도리어 더 좋을 것이다'라고 장난삼아 말하면, 부인은 들은 체도 하지 않고 가버렸었다. 하지만 이는 진실로 세속의 부녀자들이 크게 싫어하는 것이나 그 실상은 이런 것이니, 내 말은 끝까지 장난에서 나온 것만은 아니었었다. 그런데 지금 마침내 부인이 먼저 죽고 말았으니, 먼저 죽은 것이 무엇이 시원하겠는가. 내 두 눈으로 홀아비가 되어 홀로 사는 것을 보게 할 뿐이니, 푸른 바다와 넓은 하늘처럼 나의 한스러움만 끝없이 사무치는구나."

_《완당전집阮堂全集》 권7

아내의 부음을 듣고도 마음대로 갈 수 없었던 추사는 이렇게 통곡했다.
"아아, 산과 바다도 내 마음을 흔들지 못했는데, 한낱 아내의 죽음에 가슴이 무너졌다."
이 짧은 고백 속에는 유배지의 바람보다 차가운 슬픔이 서려 있다. 살아 있을 때 더 다정하지 못했던 자신을 탓하며, 미처 다하지 못한 사랑에 대한 눈물 어린 속죄를 담고 있다. 그가 평생 견고히 쌓아 올린 '선비의 자존심'은 이렇게 무너지고 말았다.

이 책을 읽는 순간, 과거와 현재가 이어진다. 글을 읽으며 선비들의 눈물을 마주할 때, 그들의 슬픔은 단순히 '옛이야기'가 아니라 지금 우리의 감정과 닮아 있음을 깨닫게 된다. 사랑하는 이를 잃은 경험, 말로 다할 수 없는 슬픔, 마음 한구석을 채우는 그리움은 수백 년 전이나 지금이나 전혀 다르지 않다. 시대를 초월하여 맞닿는 그들의 슬픔 속에서, 오히려 우리는 위안을 얻는다.

44편의 글에는 다양한 형태의 애도가 담겨 있다. 어린 자식을 먼저 떠나보낸 아버지의 절절한 마음, 배우자를 잃은 남편과 부인의 깊은 그리움, 형제자매를 잃은 슬픔, 벗과 스승을 잃은 고독과 상실까지, 각각의 기록은 저마다의 울림과 여운을 남긴다.

어떤 글은 조용히 눈물을 머금은 듯 담담하지만, 또 다른 글은 마음을 쏟아내며 절규하는 듯하다. 그 모든 순간이 독자를 끌어당기고, 선비들의 인간적인 면모를 생생하게 보여준다.

그런 점에서 이 책은 단순히 과거의 글을 읽는 경험이 아니다. 사랑하는 이를 잃은 순간, 우리는 어떻게 마음을 지키고, 슬픔을 견디며, 그 경험을 살아갈 힘으로 바꿀 수 있는지를 배운다. 선비들의 글은 우리에게 이렇게 말한다.

"슬픔을 숨기지 말고, 눈물을 글로 기록하며 살아가라. 그것이 사랑을 기억하는 방식이며, 다시 살아갈 힘을 만드는 길이다."

눈물은 삶의 끝이 아니다. 눈물 속에는 기억이 담기고, 사랑이 남는다. 우리는 그 눈물과 글을 통해 다시 사랑을 배우고, 상실을 이해하며, 슬픔과 공존하는 법을 배운다. 선비들이 남긴 글은 수백 년의 시간을 넘어, 오늘을 살아가는 우리에게 작은 위로가 된다. 때로는 슬픔 속에서 우리가 놓치고 있는 삶의 진실과 인간적 깊이를 되찾게 한다.

이제, 조선 선비들이 남긴 소리 없는 통곡 속으로 들어가 보자. 자식과 가족, 벗의 죽음을 마주한 글 하나하나 속에서, 우리는 그들의 울음과 기록을 통해 인간으로서의 선비를 만나고, 우리의 슬픔과 사랑, 그리고 삶을 다시 바라보게 될 것이다. 선비들이 남긴 글이 우리에게 남긴 것은 단순한 역사적 사실이 아니라, 사랑과 상실, 슬픔과 애도를 살아가는 법에 대한 가르침이다.

  이 책을 읽는 동안, 독자들은 선비들의 마음과 눈물을 따라가며, 자신만의 슬픔과 마주하고, 그 안에서 살아갈 힘을 발견할 것이다. 글을 통한 애도와 기억의 힘이야말로, 오늘날 우리가 사랑과 상실을 겪을 때 필요한 지혜임을 느끼게 될 것이다.

차례

추천사 4
프롤로그 | 조선 선비들의 사랑과 상실의 기록 6

1장 다시는 부르지 못할 이름_어린 자식을 먼저 보내고

이제 볼 수도 들을 수도 없구나
조위한 | 아들 의倚의 죽음을 통곡하며 祭亡子倚文
19
원문 23

네 얼굴이 잊히지 않아 눈물이 마르지 않는구나
정약용 | 막내아들 농아農兒를 위한 추도문 農兒壙志
25
원문 31

너는 연기처럼 사라졌으니
이하곤 | 맏딸 봉혜鳳惠의 무덤을 다시 찾으며 哭鳳惠文
33
원문 41

나를 버리고 어디 가서 돌아오지 않느냐
임윤지당 | 아들의 죽음을 슬퍼하며 祭亡兒在竣文
45
원문 51

아비와 딸의 지극한 정이 여기서 멈춘다니
신대우 | 둘째 딸의 1주기를 맞아 祭亡女文
53
원문 57

눈물은 수저에 흘러내리고
윤선도 | 막둥이의 죽음을 슬퍼하며 悼尾兒
59
원문 67

하늘이여, 어찌하여 내게 이런 형벌을 내리는가
조 익 | 딸의 장사를 지내며 祭女文
69
원문 74

나 죽거든 너와 한 기슭에 누우련다
이산해 | 아들을 곡하다 哭子
77
원문 84

말보다 눈물이 앞서니
정 철 | 딸의 죽음을 전해 듣고 祭亡女崔家婦文
87
원문 93

팔공산 동쪽 기슭에 아이를 묻으니
양희지 | 어린 아들 영대를 묻고 殤兒壙記
95
원문 100

봄바람에 떨군 눈물 적삼에 가득하네 　　　　　　　　　　　103
강희맹 | 아들 인손麟孫의 죽음을 애도하며悼子篇　　　　　　원문 109

2장 차가운 달빛 아래 홀로 서서—생의 반쪽을 잃고

그대 목소리와 얼굴이 점점 멀어지니 　　　　　　　　　　115
심노숭 | 아내 완산 이 씨 영전에 바치는 제문祭亡室氏文　　　원문 123

이불 안고 앉아서 날을 새우네 　　　　　　　　　　　　　125
강희맹 | 아내 순흥 안 씨의 죽음을 애도하며五更歌　　　　　원문 128

내세에는 바꾸어 태어나, 그대에게 이 슬픔을 알게 하리 　　129
김정희 | 아내 예안 이 씨의 죽음을 애도하며配所輓妻喪, 夫人禮安李氏哀逝文　원문 135

어리고 철없는 두 딸은 누가 돌보며 　　　　　　　　　　　137
김종직 | 아내 숙인 조 씨 영전에 바치는 제문祭亡妻淑人文　　원문 143

꿈속에서라도 한 번 만났으면 　　　　　　　　　　　　　145
이시발 | 측실 이 씨 영전에 바치는 제문祭側室文　　　　　　원문 151

상엿소리 한 가락에 구곡간장 미어 　　　　　　　　　　　155
권문해 | 아내 현풍 곽 씨 영전에 올린 제문亡室淑人郭氏文　　원문 159

그대 목소리 아직 들려오는 것 같고 　　　　　　　　　　　161
안정복 | 아내 숙인 성 씨 영전에 바치는 제문祭淑人昌寧成氏文　원문 168

서러움에 눈물만 줄줄 흐르누나 　　　　　　　　　　　　171
허 균 | 망처 숙부인 김 씨 제문, 행장亡妻祭文, 亡妻淑夫人金氏行狀　원문 177

뜻은 무궁하나 말로는 다하지 못하고 　　　　　　　　　　179
송시열 | 아내 이 씨의 부음을 전해 듣고祭亡室李氏文　　　　원문 184

가슴을 어루만지며 통곡하노라니 　　　　　　　　　　　187
변계량 | 아내 오 씨를 위한 제문祭亡耦嗚氏文　　　　　　　원문 191

정녕 슬픈 날 　　　　　　　　　　　　　　　　　　　193
혜경궁 홍 씨 | 남편 사도세자思悼世子가 뒤주에 갇히던 날　　원문 197

3장 웃음소리 바람 속에 흩어지고—형제자매, 어버이를 떠나보내고

한 번 가서는 어찌 돌아올 줄 모르는가 · 201
김창협 | 동생 탁이卓而의 재기再朞일에 지은 묘지명亡弟再朞祭文 · 원문 206

목이 메어 오열이 터지네 · 209
정약용 | 둘째 형 약전若銓을 회상하며 寄二兒 · 원문 218

너는 이제 영원히 잠들었으니 · 219
이덕무 | 손아래 누이 서처徐妻의 죽음을 슬퍼하며 祭妹徐妻文 · 원문 225

천치마냥 눈물이 저절로 흐르네 · 227
기대승 | 죽은 동생을 위한 만장挽舍弟 · 원문 232

하늘이여, 어찌 이리도 가혹하십니까 · 233
임윤지당 | 오빠 임성주任聖周의 부음을 전해 듣고 祭仲氏鹿門先生文 · 원문 237

무슨 죄로 나를 외롭게 만듭니까 · 241
신 흠 | 맏누이 신 씨 부인을 위한 제문 祭長姊申氏婦文 · 원문 245

눈물이 앞을 가려 글을 쓸 수 없고 · 247
김수항 | 막냇누이 숙인 김 씨의 죽음을 애도하며 祭季妹文 · 원문 254

애첩이 울고, 어린 조카들이 피눈물을 흘리는데 · 257
김일손 | 둘째 형 기손驥孫의 죽음에 부쳐 祭仲兄梅軒公文 · 원문 265

검푸른 먼 산은 누님의 쪽진 머리 같고 · 267
박지원 | 맏누이 증贈 정부인 박 씨 묘지명 伯姊贈貞夫人朴氏墓誌銘 · 원문 273

덧없는 인생이 꿈같기도 하여 · 275
허 목 | 종형 허후許厚의 죽음을 슬퍼하며 祭宗兄汝晦文 · 원문 279

사흘 밤을 견디기도 어려운데 · 281
정 조 | 돌아가신 아버지 사도세자에 대한 그리움 思父曲 · 원문 285

4장 그대 없이 나 홀로―벗과 스승을 잃고서

다시는 인간사에 뜻이 없으니   289
정철 | 율곡栗谷 이이李珥의 죽음을 슬퍼하며祭栗谷文   원문 296

홀로 서서 길게 통곡하오니   299
이재성 | 연암의 죽음을 슬퍼하며祭燕巖文   원문 303

그대는 사라지고 밤만 깊어가네   305
신흠 | 이영흥李永興을 기리며祭李永興文   원문 311

남기신 간찰을 어루만지며 울자니   313
안정복 | 스승 성호 이익李瀷의 죽음을 슬퍼하며祭星湖先生文   원문 319

좋은 벗을 잃은 외로움이 앞서   321
이익 | 윤두서尹斗緖의 죽음을 슬퍼하며祭尹進士   원문 324

목이 메어 곡소리조차 내기 어렵고   325
정구 | 김우옹金宇顒의 장사를 지내며祭金東岡文   원문 329

착한 자는 속환된다면 내 가서 그대를 불러오겠네   331
김일손 | 조원趙瑗의 죽음을 슬퍼하며趙伯玉哀辭   원문 336

그대도 아마 저승에서 눈물 흘릴 것이다   339
이덕무 | 서사화徐士華의 죽음을 애도하며悼徐士華文, 挽徐士華   원문 345

관을 만지고 울면서 이르노라   349
박지원 | 덕보德保 홍대용洪大容의 삶을 돌아보며洪德保墓誌銘   원문 355

거듭 슬픔만 더하게 되니   357
홍대용 | 주도이周道以의 죽음을 슬퍼하며周道以哀辭   원문 364

눈물만 봇물처럼 흐를 뿐   367
송시열 | 종형 송준길宋浚吉의 죽음에 곡하며祭同春堂文   원문 371

에필로그 | 수백 년의 세월을 건너온 슬픔과 위로의 문장   374
원저자 소개   378
참조문헌   392

1장

다시는 부르지 못할 이름 — 자식을 먼저 보내고

글로는 절제했으나,
문장 사이로 흘러내린 피눈물.

세상에서 가장 깊은 비통은,
부르고 또 불러도 대답 없는 그 이름에 있다.

이제 볼 수도 들을 수도 없구나

조위한 | 아들 의(倚)의 죽음을 통곡하며 祭亡子倚文

　허균(許筠)은 저서 《성소부부고(惺所覆瓿藁)》에서 한 인물에 대해서 다음과 같이 말했다.
　"서로 친구가 되어 매우 좋아하며 마음에 거슬림이 없으니 아침저녁으로 서로 찾고 좇아서 잠시도 헤어지려 하지 않았다."
　그 친구는 바로 현곡(玄谷) 조위한(趙緯韓)이다. 두 사람은 벼슬을 하기 전부터 함께 중국에 갈 것을 약속했을 정도로 절친한 사이였다.
　조위한은 명종 22년(1567년)에 출생하여 인조 27년(1649년) 세상을 떠날 때까지 82년 동안 어지러운 세상을 어렵게 살아온 풍운의 사대부였다. 하지만 그 역시 참척(慘慽)(자손이 부모나 조부모보다 먼저 죽는 일)의 아픔을 당해야 했다.

9월에 이르러 병이 다시 깊어졌으나 닷새 만에 조금 나아졌다. 그 뒤 속히 병이 나아 평소와 다르지 않게 평안하고 건강하였다.

을축乙丑(1625년)이 다가오기까지 너는 별 탈이 없었다. 책을 읽고 글 쓰는 일에 너무 매진하는 것이 오히려 걱정스러워 책을 덜 읽었으면 했지만 차마 못 읽게 할 수는 없었다. 그러나 11월 초하루에 병이 다시 도지고 말았다. 다음 날 증세가 조금 나아지는가 싶더니 먹는 것과 마시는 것, 그리고 웃고 말하는 것이 병이 나기 전과 조금도 다름이 없었다. 그러던 중 나는 차원差員(어떤 임무를 맡겨 다른 곳에 파견하던 벼슬아치)이 되어 강원도 간성杆城으로 가야 했다. 그러나 아픈 네가 걱정되어 가지 않으니 내게 어서 가시라고 권하였다. 이에 11월 3일 나는 먼 길을 떠나게 되었다. 그때 너는 웃으며 나를 보냈다.
다음날 나는 간성에 도착하였다. 그런데 관인이 새벽같이 달려와서는 네가 기절했다는 소식을 전하였다. 너무 놀라 말을 타고 가면서 통곡했는데, 집에 도착해 보니 너는 이미 꽁꽁 묶여 있고, 사람들이 염을 하고 있었다.

아아, 슬프다. 네가 죽는 것 보다 내가 죽어 없어져서 너의 죽음을 알지 못하는 것이 나을 것인데, 어찌하여 네가 죽고 내가 살아남아 이런 한도 끝도 없는 슬픔을 간직해야 한단 말이냐.

_《현곡집玄谷集》

아들이 죽자 크게 상심한 조위한은 목숨을 끊으려고 하였다. 하지만 부질없는 짓이었다.

그는 아들의 재주가 남달랐다며, 아버지가 잘못이 있으면 그 단점을 지적해주는 것이 마치 지기知己(자기의 속마음을 참되게 알아주는 친구)와도 같았다고 술회하였다. 또한 시를 지을 때면 그 말이 너무 슬프고 가슴 아파서 다시는 그런 글을 짓지 말라고 타일렀다고 하였다. 그런 여러 가지 정황을 통해 보건데 아들이 인간 세상에서 오래 살 수 없음을 예감했다며 애달퍼한다.

아아, 슬프다. 어찌 내가 너의 혼령에 제사를 지낼 수 있겠느냐. 네 관을 덮던 그때, 나는 아이와 자식으로 만난 한없는 정을 적어서 네 관에다 넣었다. 그 뒤 나는 네가 내 꿈속에 나타나 그것에 대해 대답해주기를 바랐다. 그런데 해와 달이 지고 또 가도 한 번 간 너의 모습은 흔적조차 볼 수 없었다. 정말로 사람이 죽게 되면 혼백이 바람에 날리듯 흩어져 사라져 버리고 침침해져서 도저히 알 수 없단 말이냐.

아아, 슬프다. 다시는 이 세상에서 아름다운 네 모습과 네 목소리를 볼 수도 들을 수도 없단 말이냐. 네가 책 읽던 소리가 귓가에 선명하게 들리는 것 같고, 마당을 지나던 네 모습이 눈앞에 선연하다. 네 이름을 부르면 금세 답하며 달려올 것 같고, 손을 내밀면 금세 네 손이 잡힐 것만 같구나. 하지만 이제 볼 수도 들을 수도 없음에 눈물이 끝도 없이 흐른다.

_《현곡집》

조위한의 슬픔은 단순한 개인적 상실을 넘어, 인간 존재의 근본적 무상함을 마주한 경험으로 읽힌다. '생사고락의 이치를 조금은 깨달았다'고 스스로 말했지만, 자식의 죽음 앞에서는 모든 깨달음과 철학적 이해가 무력했다. 글로 감정을 기록하고 마음을 붙잡으려 했지만, 그 어떤 문장도 눈앞에서 사라진 아이를 대신할 수는 없었다.

그의 글은 눈에 보이지 않는 혼백과 손에 닿지 않는 존재를 향한 절절한 사랑과 상실을 담았다. 아이가 보였던 작은 재주와 순수한 행동, 이름을 부르면 달려오던 손길까지. 그 모든 순간이 이미 현실에서 사라진 순간, 아버지의 마음은 끝없이 무너졌다.

이 슬픔은 단지 조위한 개인에게 국한되지 않는다. 평범한 부모라면, 글로 기록조차 남기지 못한 채 오직 가슴속으로만 삼켜야 하는 고통을 감당해야 했을 것이다. 시대와 신분을 초월해, 부모가 자식을 먼저 떠나보내는 마음의 무게는 동일하다.

조위한의 글 속에서 우리는 인간으로서 피할 수 없는 상실, 사랑하는 존재를 잃은 아픔, 그리고 그리움의 깊이를 생생히 마주하게 된다. 눈에는 보이지 않아도, 손으로 잡을 수 없어도, 기억과 마음 속에서 영원히 살아 있는 자식의 모습, 그것이 바로 그의 글이 전하는 가장 큰 울림이자 시대를 초월한 공감의 기록이다.

원문

至于九月. 疾又作. 五日而蘇. 自後快復. 平健如常. 至于乙丑. 終歲無恙. 讀書作文. 勤勤做業. 余每止之以不讀. 而亦不能止也. 豈意十一月初一日. 昔者之疾又作. 而翌日症勢稍歇. 飮食言笑. 無異於前. 余以差員. 當往杆城. 而以汝之疾. 遲留不行. 汝勸余行丁寧. 初三日遂行. 汝言笑而送我. 馳到杆城之翌日. 官人曉來傳汝氣絶. 余躍馬號哭而來. 已束縛爲斂矣.

嗚呼慟哉. 余寧死滅而無知. 豈忍生而抱此無涯之慟乎. 汝母宿疾嬴瘁之餘. 已到難救之地. 余亦六十衰年. 不食不眠. 號慟經月. 不久當溘然從汝逝矣. 子雖不才. 爲父母心. 豈忍恝然於其死. 而況汝年未弱冠. 有似老成. 頭角嶄然. 端序已見. 言論才行. 逈出凡流. 余之有過. 汝實糾之. 余常敬憚. 以爲知己. 性復多藝. 旁通雜術. 鍼藥卜筮. 無不傳習. 而每作絶句. 語甚悲楚. 余戒之以勿復作如許文字. 而竟不改也. 其亦預知不久於人世. 而感發於性情耶.

嗚呼慟哉. 八月. 余率汝姊上京之時. 爲汝求婦. 定約於開春. 而豈料未及委禽之日而徑先夭逝. 皇天皇天. 我何罪焉. 伯魚之學詩. 童烏之與玄. 雖不敢當. 苗而不秀. 其或近之. 西河喪明. 君子非之. 而東門不哭. 亦獨何心. 尤所痛恨者. 嶺外遐方. 無明醫良藥. 治療失當. 救活乖方. 竟至於斯. 天地有窮而此恨無極. 余每以留汝姊於玉果. 一別三年.

思念成疾. 而前年又送汝次姊於康津. 稚齡弱質. 遠別天涯. 其爲我心傷痛如何. 而又見此慘毒之禍而不自死滅. 延延累月. 視息猶存. 人之一死. 在我則難. 嗚呼慟哉. 早知汝之至於斯. 吾何棄汝而遠出. 不及見汝屬纊之時乎. 哭汝之日. 思欲發斂開襲. 復見汝之顔面. 而爲旁人沮抑而不得也.

嗚呼慟哉. 此生不得復見豐盈之犀角. 而不得復聞言語之琅鏘. 讀書之聲. 猶在於耳傍. 趨庭之貌. 宛然於眼中. 呼之名而若有應也. 執之手而如有得也. 竟無聞焉. 竟無見焉.

__ 祭亡子倚文 | 조위한 | 《현곡집》

네 얼굴이 잊히지 않아 눈물이 마르지 않는구나

정약용 | 막내아들 농아農兒를 위한 추도문農兒壙志*

    18년이라는 긴 유배형을 살아야 했던 다산茶山 정약용丁若鏞의 삶은 한마디로 기구하기 이를 데 없었다. 그는 스스로 폐족廢族(조상이 큰 죄를 짓고 죽어 그 자손이 벼슬을 할 수 없게 됨. 또는 그런 족속)임을 자처하며, 집안을 돌볼 수 없는 자신의 무력함과 시대적 현실에 대한 답답함, 그리고 끝없이 밀려오는 시대의 고통을 온몸으로 겪어야 했다. 이러한 고난은 단순히 정치적 혹은 사회적 불행에 머무르지 않았다. 다산의 가족사 자체가 가슴을 쩡하게 만드는 비극으로 점철되어 있었기 때문이다. 천주교를 신봉했던 셋째 형 약종若鍾은 사형에 처해졌고, 함께 귀양길에 오른 둘째 형 약전若銓은 유배지에서 생을 마쳐야 했다. 그러나 그의 고통은 여기서 끝나지 않았다. 다산은 여섯 명의 자식을 천연두와 홍역 등 불가항력적인 질병으로 잃으며, 그 슬픔과 참혹함을 속으로 삭이고 견뎌야 했다.

유배지 강진에서 두 해를 보내고 있을 즈음, 다산은 네 살밖에 되지 않은 막내아들 농아農兒가 세상을 떠났다는 소식을 접하게 된다. 이 소식은 마치 피를 토하는 듯한 충격과 슬픔으로 다산의 가슴을 갈기갈기 찢었다. 살아생전 그에게 아무것도 해줄 수 없었던 아버지의 마음은 절절하게 글 속에 드러났다. 다산이 농아를 위해 쓴 추도문은 단순한 기록이나 예식적 문장이 아니라, 부모로서 느끼는 깊은 절망과 안타까움, 그리고 살아 있음을 느끼게 했던 아이와의 기억이 겹겹이 쌓인 슬픔으로 가득 차 있다. 글을 읽는 이조차 그 절절함과 서러움에 마음이 흔들리고 눈물을 흘리지 않을 수 없을 정도다.

다산의 글은 또한 인간의 한계와 부모로서의 무력함을 여실히 보여준다. 아무리 배움과 철학을 쌓아도, 인간이 감당할 수 없는 운명의 장난 앞에서는 속수무책일 수밖에 없음을, 그리고 사랑하는 존재를 먼저 떠나보내는 고통이 얼마나 심연의 아픔인지 절절히 드러낸다. 유배지라는 멀고 외로운 공간에서, 자신이 사랑하고 지켜야 할 아이를 눈앞에서 보지 못하고 떠나보내야 했던 다산의 심정은, 시대와 신분을 넘어 인간이 겪을 수 있는 가장 깊은 슬픔의 한 단면을 보여준다.

네가 태어날 즈음 나는 깊은 근심에 사로잡혀 있었다. 당시 우리 집안에 수많은 화가 미쳐 있었기 때문이다. 그래서 너의 이름을 농農이라고 했다. 너를 살게끔 하는 일은 농사밖에 없었다. 그렇게라도 하는 것이 죽는 것보다 낫기 때문이다. 만일 내가 죽는다면, 혼연히 황령黃嶺을 넘어 한강을 건너 고향으로 갈 수 있을 것이다. 그러니 어떻게 보면 죽는 것이 사는 것보다 낫다. 한데 나는 살아 있고, 너는 죽어버렸으니, 나의 능력으로는 어떻게 할 수 있는 일이 아니었나 보다.

내가 네 곁에 있었다고 하더라도 꼭 살 수 있었던 것은 아닐 것이다. 하지만 네 어머니가 보낸 편지를 보면 너는 이렇게 물었다고 했다.
"아버지가 내게 돌아와 주셔도 발진이 나고, 아버지가 돌아와 주셔도 마마가 걸릴까요?"
네가 뭘 헤아리는 바가 있어서 그런 말을 했겠느냐마는, 아마 내가 네 곁으로 돌아가면 의지라도 될 것 같아 그런 말을 했을 것 같구나. 그러니 너의 소원을 이루지 못한 게 참으로 서럽기 그지없다.

신유辛酉(1801년, 순조 1년) 겨울, 과천 주막에서 네 어머니가 너를 안고 이별할 때 네 어머니가 나를 가리키면서 "저기 네 아버지다"라고 하니, 너도 나를 가리키며 "저기 우리 아버지다"라고 했다. 아버지가 어떻게 해서 아버지라는 것도 알지 못하면서 말이다. 참으로 슬픈 일이었다.
한 번은 이웃 사람 편에 소라껍데기 두 개를 네게 전해 주게 했다. 그 후 너는 강진에서 사람이 올 때마다 소라껍데기를 찾았고, 찾다 못 찾으면 몹시 섭섭해 했다고 네 어머니가 편지에서 전했다. 그런데 네가 죽고 나서야 소라껍데기를 다시 보내게 되니 슬프기 그지없구나. 너의 얼굴은 빼어나서 깎은 듯했고 코의 왼쪽에 조그마한 점이 있었다. 또 웃을 때는 양쪽 송곳니가 유난히도 톡 튀어

나오곤 했지.

아아, 슬프다. 네 얼굴이 잊히지 않아 눈물이 마르지 않는구나.

_《여유당전서》

다산의 막내아들 농아는 1799년 12월 초이튿날 태어나 1802년 11월 30일에 죽었다. 겨우 3년 남짓 산 셈이다. 그러니 다산이 막내아들과 함께 산 것은 채 일 년도 되지 않았다. 그런 아들이 죽었으니 그 마음이 오죽했을까. 유배를 떠나던 날 어미 품에 안겨 "저기 우리 아버지다"라는 아이의 말을 들었을 때 다산의 가슴은 한 귀퉁이가 무너지는 듯했으리라. 아들이 그토록 기다리던 소라껍데기를 그가 죽은 뒤에야 보낼 수밖에 없었던 심정은 또 어땠을까.

다산은 남양 홍씨와 결혼 후 19년 동안 아홉 명(6남 3녀)의 아이를 낳았지만 큰아들 학연學淵과 둘째 아들 학유學游, 그리고 이름이 알려지지 않은 딸 한 명 외에는 모두 요절하고 말았다. 하지만 유배지에 몸이 묶인 다산이 할 수 있는 일이라곤 그 죽음을 불쌍히 여기는 것밖에 없었다. 이에 다산은 두 아들 학연과 학유에게 슬픔과 그리움이 가득 담긴 편지를 여러 차례 보낸 바 있다.

천 리 길 귀양지에서 자식이 죽었다는 소식을 접한 다산은 피를 토하는 슬픔을 다음과 같이 적고 있다.

삼동이 다음 아이는 이름도 짓지 못했고, 구장이와 효순이는 두 척 산등성이에다 묻었으며, 삼동이와 그다음 아이는 두 척 산발치에 묻었다.

오호라, 내가 하늘에서 죄를 얻어 이처럼 잔혹한 일이 벌어지니 이를 어찌할 거나.

우리 농아가 죽었다니, 비참하구나. 가련한 아이. 내 몸이 점점 쇠약해지고 있을 때 이런 일까지 닥치다니, 정말 마음을 크게 먹을 수가 없구나. 너희들 아래로 무려 사내 네 명과 계집아이 하나를 잃었다. 그중 하나는 낳은 지 열흘 남짓한 때 죽어서 그 얼굴조차 기억하지 못하겠고, 나머지 네 아이는 모두 세 살 때여서 품에 안겨 한참 재롱을 피우다 죽었다. 이 세 아이는 나와 네 어머니가 함께 있을 때 죽었기에 딴은 운명이라 생각해 버릴 수 있어 이번처럼 간장을 후벼 파는 슬픔이 북받치지는 않았다. 하지만 농아의 죽음은 다르구나. 내가 이렇듯 먼 바닷가 변두리에 앉아 있어 그 아이를 못 본 지가 무척 오래인데 죽고 말다니. 한결 더 서럽고 슬프구나.

생사고락의 이치를 조금은 깨달았다는 나의 애달픔이 이러할진대, 하물며 네 어머니야 어쩌겠느냐. 뱃속에서 직접 기르고 낳은 애를 흙구덩이 속에 집어넣었으니, 그 애가 살았을 때 어리광 부리던 말 한마디, 귀엽던 행동 하나하나가 기특하고 어여쁘게만 생각되어 귓가에 쟁쟁하고 눈앞에 삼삼할 것이다. 더구나 여자들이란 정이 많아 이성에 의지하지 못하는 것이 십상인데, 얼마나 애통하겠느냐.

내가 여기 있는 동안 너희들은 이미 어른이 되었다. 그러니 생명만 붙어 있는 이 아비가 무척 밉기도 할 것이다. 아마 내가 너희들이라고 해도 아버지는 잊은 채 어머니의 슬픔과 아픔만을 생각할 것 같구나. 아무쪼록 너희들은 마음과 뜻을 바쳐 어머니를 섬기고 오래 사시도록 극진히 모시도록 해라. 차후에 두 며느리로 하여금 아침저녁으로 부엌에 들어가 음식을 맛있게 해드리고, 방이 차고 따뜻한지 잘 보살피며, 한시라도 시어머니 곁을 떠나지 않게 할 것이며, 고운 얼굴 부드러운 낯빛으로 매사를 기쁘게 해드려야 한다.

__《여유당전서》〈답양아〉

당시 '겨우 목숨만 붙어 있던' 다산이 할 수 있는 일이라곤, 스스로의 상처와 억눌린 한을 속으로 삭이며, 멀리서 두 아들에게 편지를 보내 위로하고 올바른 길을 일러주는 것뿐이었을 것이다. 다산은 편지 속에서, 홀로 남은 어머니를 극진히 섬기고 효도하는 것이 곧 집안을 화평하게 하는 길임을 강조하며, 그렇게 하면 언젠가는 자신에게도 임금의 은혜가 돌아와 집으로 돌아갈 날이 올 것이라고 다짐했다. 그러나 현실은 녹록지 않았고, 다산이 실제로 집으로 돌아올 수 있었던 시점은 그 후로도 매우 오랜 세월이 지난 뒤였다. 그 사이 그는 유배지에서 느낀 고독과 상실, 그리고 가족에 대한 그리움을 마음속 깊이 삭이며 살아야만 했다.

*壙志(광지): 무덤 속에 넣어주던 간단한 일대기

원문

農兒孕於谷山. 生於己未十二月初二日. 死於壬戌十一月三十日. 疹而痘. 痘而癰也. 余在康津謫中. 爲文寄其兄. 令哭而諭之於其所坳. 哭農兒文曰. 汝之入世而出世也. 纔三朞已. 而與我別居其二. 人有六十年生世. 而四十年與父別者. 其可哀也已. 汝之生也. 吾憂深. 名汝曰農. 旣已家及焉. 使汝活農而已. 然賢於死. 使吾死. 將欣然踰黃嶺而濟洌水. 是吾死賢於活. 吾死賢於活而活. 汝活賢於死而死. 非吾之所能爲也. 使我在. 汝未必活. 而汝母之書曰汝云父歸我則疹. 父歸我則痘. 汝非能有所揆度而爲斯言. 然汝以我歸爲可依也. 汝願不遂. 其可悲也. 辛酉之冬. 果川之店. 汝母抱汝而送我. 汝母指我曰彼爾父. 汝從而指我曰彼吾父. 而父之爲父. 汝實未知. 其可哀已. 鄰人之去. 寄研螺二枚. 令遺汝. 汝母之書曰汝每康津人至. 索研螺不得. 意甚沮. 及其死而研螺至. 其可悲也. 汝貌秀削. 鼻之左有小黑子. 其笑也雙牙尖. 嗟乎. 吾唯思汝貌. 不妄以報汝.

茯老常云子女之夭折者. 宜備書其生年月日名字面貌及死之年日. 俾有徵於後. 使其生有跡. 其言甚仁. 吾始庚子秋. 於醴泉郡舍墮一胎. 而辛丑七月. 妻因子瘧. 徑産一女. 八朔而生. 四日而夭. 未有名. 埋之瓦署之阪. 其次生武牂文牂. 幸而成. 其次曰懼牂. 其次曰女子孝順. 以順産爲孝也. 懼與順. 竝有壙銘. 非眞銘也. 志于冊也. 其次得一女. 今十齡. 已經二疹. 庶乎免夫. 其次曰 三同.

死於谷山. 以痘折. 時妻有身. 因悲生子. 旣旬而又痘. 未數日而夭. 其次卽農牂也. 三也生於丙辰十一月. 死於戊午九月. 其次未有名. 懼與順. 埋之斗尺之岡. 三與其次. 埋之斗尺之麓. 農亦必麓矣. 凡產六男三女. 生者二男一女. 死者四男二女. 死倍於生也. 嗚呼. 吾獲戾于天. 殘酷如此. 爲之奈何.

_ 農兒壙志 | 정약용 | 《여유당전서》〈답양아〉

너는 연기처럼 사라졌으니

이하곤 | 맏딸 봉혜鳳惠의 무덤을 다시 찾으며 哭鳳惠文

　이하곤李夏坤은 명문가에서 태어났으나, 관직이나 벼슬길에는 큰 뜻을 두지 않고 고향 진천에 머물며 학문과 독서에 온전히 몰두하였다. 그는 책을 향한 사랑이 남달라, 마음에 드는 책을 보면 입고 있던 옷이라도 벗어 팔아서라도 책을 사는 애서가로 소문이 났다. 그 열정은 단순한 수집을 넘어, 지식과 사유의 세계를 넓히고 스스로를 연마하려는 끝없는 학문적 열망에서 비롯된 것이었다. 그가 평생 모은 책은 무려 1만 권이 넘었으며, 이로 인해 그의 서재는 원래의 이름 '완위각宛委閣' 대신 '만권루萬卷樓'라 불리게 되었다.

　'만권루'라는 이름은 단순히 책의 양을 나타낸 것이 아니라, 학문과 지혜에 대한 그의 깊은 열망과 학문적 이상을 상징하는 것이었다. 사람들은 그의 서재를 찾아와 그가 남긴 책들과 서재에 깃든 지적 정열을 경험하며,

배움과 독서가 인생을 어떻게 풍요롭게 만드는지를 체감할 수 있었다.

우리 집에는 무엇이 있나
서가에 만 권 서책이 꽂혀 있네
맹물 마시며 경서를 읊조리니
이 맛을 정말 어디에 견줄까.

家貧只有伍車書
此外都無一物餘
生死不離黃卷裡
前身應是食仙魚

_《두타초頭陀草》

이는 이하곤의 책 사랑과 수집벽이 어느 정도였는지를 잘 보여주는 시, '책을 뒤적이다檢書'로 충분히 짐작할 수 있다. 그는 단순한 수집에 그치지 않고, 책을 통해 학문과 사유를 확장하며 지적 세상을 풍부하게 만들고자 했다.

또한 그는 겸재 정선鄭敾과 공재 윤두서尹斗緖 등 당대의 거장들과 깊이 교유하며 예술과 학문을 함께 나누었다. 문집《두타초》에는 윤두서의 〈자화상〉과 〈공재화첩〉에 대한 기록, 정선의 여러 작품에 대한 화평, 당대 및 중국 화가들에 대한 평가 등이 남아 있어, 그가 단순한 애서가를 넘어 평론가로서도 중요한 위치를 차지했음을 알 수 있다.

그러나 학문과 예술에 대한 열정만큼이나, 그는 한 아버지로서 깊은 슬픔도 경험했다. 눈에 넣어도 아프지 않을 만큼 사랑했던 딸 봉혜鳳惠가 시름시름 앓다 세상을 떠나자, 그는 "모든 것이 자신의 잘못"이라며 단장의 아픔을 숨기지 않았다. 여기에는 사랑하는 딸을 속절없이 떠나보낸 근엄한 선비이자 부모로서의 인간적 고통과 애끓는 슬픔이 절절히 담겨 있다.

병술丙戌(1706년, 숙종 32년) 2월 상사上巳일은 망녀亡女 봉혜를 묻은 다음 날이다. 그의 아비는 떡과 고기와 과일을 마련하여 글을 지어 아이의 무덤 앞에서 곡하노라.

아아, 나는 스무 살이 넘도록 자식을 보지 못했는데, 네 엄마 또한 몸이 약해 병치레가 많아 대를 잇지 못할까 걱정이었다. 그러다가 경진庚辰 봄에 네가 태어났지.

너는 날 때부터 용모가 아름답고 신기가 빼어나 내가 매우 기뻐했으니, 딸을 낳은 아쉬움도 몰랐단다. 그러자 네 외증조부 월당공月堂公께서 "자네는 아들을 바라다가 딸을 얻었는데 무엇이 그렇게도 기쁜가"라며 편지를 보내셨단다. 이에 나는 도연명陶淵明의 "딸아이가 사내는 아니라도 마음을 달래 주기엔 없는 것 보다 낫다오"란 시구를 들어 답서를 올렸지. 그로부터 2년 뒤 임오년壬午年에 네 동생 봉석鳳錫이가 태어났다. 그해 겨울 네 엄마는 너희들을 데리고 회천 외가에 갔으니, 계미년金未年 봄에야 처음으로 금계金溪(지금의 충청북도 진천)의 집에 온 가족이 모일 수 있었단다. 그때 봉석이는 이미 상을 짚고 일어섰는데 그 의기가 어엿했고, 너는 말씨나 몸가짐이 더욱 예뻤으니, 우리는 마치 두 개의 구슬을 놀리듯 종일토록 너희들과 놀았지.

… (중략) …

이듬해 갑신년에 할아버지께서 강화 유수留守로 부임하시어 나와 너희들 모두 따라갔는데, 가을에 봉석이가 갑자기 찬바람을 맞고 앓다가 죽었다. 부모의 참혹한 심정이야 말로 할 수 없지만, 이때 너도 슬픔에 잠겨 매양 말하기를 "아아, 봉석아, 너는 어찌하여 부모님의 사랑을 버리고 죽었니. 너는 왜 혼자 무서움도 없이 빈산에 버려져 있니"라고 하였지. 그 말이 너무도 처절해서 차마 들을 수가 없었단다. 너는 또 부모가 지나치게 슬퍼할까 걱정하여 좋은 말로 위로하고, 재롱을 떨며 우리를 한 번 웃기려고 했지. 이에 우리는 봉석이 생각에 견딜 수 없었지만 그래도 네가 앞에서 온갖 정성을 다하는 까닭에 조금이라도 슬픈 마음을 달랠 수 있었는데, 이렇게 하루아침에 너마저 우리를 버리고 떠나갈 줄을 누가 알았겠느냐.

아아, 예전에 네가 봉석이의 죽음을 슬퍼하였는데, 이제는 우리가 또 너의 죽음을 슬퍼하게 되었구나. 너는 이를 아느냐, 모르느냐.

… (중략) …

아아, 가슴이 미어진다. 가슴이 미어지는 구나. 너는 비록 딸이었지만 나는 네게 기대한 것이 깊었단다. 너 또한 평소 건강하여 병치레를 하지 않았기에 이런 일이 생길 줄 꿈에라도 생각했겠느냐.

나는 천성이 못나고 괴벽스러워 서울 살기를 좋아하지 않았다. 그래서 을유년乙酉年 겨울 가족들을 모두 데리고 금계의 옛집으로 돌아오려고 했다. 마침 그때 서울 근방에 마마痲疾(천연두)가 크게 유행하였기에, 나는 "네가 아직 병에 걸리지 않았으니 멀리 시골로 피하는 게 좋을 듯하다"고 생각해 급히 너를 데리고 길에 올랐다. 그리고 얼마 후 죽산竹山 가섭리迦葉里에 도착했는데 그날은 바람이 몹시 불어 추웠단다. 이에 네 얼굴이 잔뜩 얼어서 한참 동안이나 말을 하지 못했지. 네 엄마가 급히 술을 입에 떠 넣고 화로를 피어 네 몸을 데워주자 조금씩 얼굴색이 돌아오고 말도 하게 되었다.

이튿날 새벽 너는 배앓이를 하며 토했지만, 나는 찬바람을 맞아 그런 것이니 크게 걱정할 일이 아니라고 여겨 오래 머물지 않고 다시 길을 떠났다. 그러다가 식송촌植松村에서 점심을 먹을 때 네가 또 토하는데 얼굴이 사색이 되지 않았겠니. 나는 두려움에 급히 수레를 몰았지. 운정雲亭에 도착했을 때는 이미 밤이 깊었단다. 몇 가지 약을 먹여 보았지만 듣지 않았고 이틀 후 비로소 얼굴에 자국이 나타나기 시작했다. 이에 급히 유 의원을 불러 진맥하게 했더니, 고개를 저으며 "이미 병세가 깊어 유부俞跗나 편작扁鵲 같은 신의가 오더라도 어쩔 수가 없게 되었습니다"라고 하더구나. 그 후 너는 8일 동안이나 일어나지 못하더니 10월 그믐날 아침부터 저녁까지 수십 번이나 설사를 하고 배가 북처럼 불어 숨소리가 빨라졌단다. 나는 네 발을 안고 앉았고, 네 엄마는 내 곁에 앉았지. 등불은 휘황하고 바람은 요란하게 문풍지를 흔드는데, 우리 부부는 그저 눈물만 흘리면서 서로를 바라볼 뿐이었다. 그때 너는 갑자기 눈을 떠 나를 보고 몇 마디 말을 하려다가 곧 목이 메는지 그만 두었는데 마치 부모와 영결하는 말을 하는 듯 했단다. 이때 부모의 마음이 어떠했겠니.

아, 슬프다. 아아, 슬프구나. 너는 병세가 악화되어 정신이 흐려 아무것도 기억하거나 분간하지 못했는데, 잠꼬대 같은 소리 가운데 문득 내게 말하기를 "아버지의 잘못이에요, 아버지의 잘못이에요"라고 했으니, 마치 내 잘못을 깨우쳐주는 듯했단다.

아, 옛날 한유韓愈가 이르기를 "사람이 태어나 물과 불에서 벗어나지 못하는 것은 부모의 죄"라고 했으니, 따지고 보면 너를 병들게 하고 또 죽게 한 것이 누구의 죄란 말이냐. 네가 나를 따라 남쪽으로 오지만 않았다면 어찌 기운이 떨어져 병이 났겠느냐. 가령, 한때 병을 얻었다 해도 따뜻한 곳에 있으면서 잘 치료했다면 이렇게 갑자기 죽기까지야 했겠느냐. 하지만 사정은 그렇지 않았구나. 따스한 방과 이불을 떠나 찬바람 부는 들판에서 쓰러지게 하였고, 또 때맞추어 의원에게 물어 약을 쓰지도 못하고 길 위에서 죽게 만들었구나. 그래, 이것은 나의 죄란다, 모두 나의 죄지. 그러니 내 죽을 때까지 어찌 한이 되지 않겠느냐.
… (중략) …

아, 슬프다. 아아, 가슴이 찢어지는구나.

나는 네가 떠난 뒤로 흙덩이처럼 방 안에 앉아 하루 종일 멍하니 벽만 바라보고 있단다. 앉아서는 무슨 일을 해야 할지 모르겠고, 나가서는 어디로 가야할지 모르겠구나. 혹은 책을 펼쳐놓고 한숨을 내쉬고, 혹은 밥상을 앞에 놓고 탄식하며, 혹은 그림자를 보며 중얼거리기도 한단다. 산을 보아도 네가 떠오르고, 물가에 가도 네가 떠오르며, 평대의 솔바람 소리를 들어도 네가 떠오르고, 달밤에 작은 배를 보아도 네가 떠오르니, 언제 어디서나 모두 네 생각뿐이로구나. 하지만 너의 자취는 이미 연기처럼 먼지가 되어 사라졌으니, 찾아도 보이지 않고 구해도 얻을 수가 없구나.

아, 나와 네가 아버지의 딸로 인연을 맺은 세월이 6년밖에 되지 않으니 언제 지하에서 다시 만나볼 수 있을지 모르겠구나. 그러니 지금부터 죽을 때까지 너를 그리워하고 너를 슬퍼하지 않는 날이 없을 것이구나. 아, 이를 어찌 참아낼 수 있을까. 나는 이제부터 세세생생世世生生에 너와 다시 부자父子가 되어 금생에서 다하지 못한 인연을 잇고, 무궁한 슬픔을 조금이라도 위로 받을 수 있기만을 바랄 것이다.

아아, 슬프다, 가슴이 미어지는구나. 네가 죽었을 때는 세속의 금기 때문에 묻어주지 못하고, 올해 한식날에야 관을 바꾸어 네 할머니의 무덤 옆에 깊이 묻어주었단다. 인석麟錫이도 너보다 며칠 뒤에 죽었단다. 너는 좌우의 봉석이, 인석이와 함께 할머니를 따를 것이니 혼백이 외롭지만은 않을 것이다. 아, 봄바람이 한 번 스치면 만물은 다시 살아나는데, 너의 혼백은 가서 다시 돌아오지 않으니, 이 아픔에 어디 끝이 있으리오. 감정이 격해져 말에 조리가 없지만 이 모두는 네 아비의 간장에서 나오는 것이니, 이를 안다면 지하에서도 들을 수 있을 것이다.

아, 슬프다. 아아, 슬프구나.

_《두타초》

사랑하는 자식을 잃는 고통은 말로는 도저히 형용할 수 없다. 그 죽음이 예기치 않은 갑작스러운 죽음일 때는 더더욱 그렇다. 전혀 손쓸 수 없는 상황은 상실에 대한 슬픔을 배가시킨다. 이에 이하곤 역시 갑작스런 딸의 죽음 앞에 "심장이 찔리고 뼈가 깎이는 참혹한 고통이다. 아아, 애통하다! 아아, 원통하다!"라며 통절한 표현을 써가며 흐느껴 울어야 했다. 그래서 자식의 죽음을 '단장지애斷腸之哀(창자가 끊어지는 아픔)'라고 하기도 했다.

창자가 끊어지고 눈이 멀 정도의 참혹한 그 아픔을 대저 무엇으로 위로할 수 있을까.

원문

維維歲次丙戌二月上巳日. 卽亡女鳳惠旣葬之一日也. 其父略具餠餌肴果之羞. 以文哭于其墓曰.

嗚呼. 余年過二十而未有兒息. 汝母亦日羸弱善病. 恒惴惴惟嗣續是虞. 庚辰春. 汝始生. 汝母娠汝時. 夢五色鳥長鳴而去. 大人遂以鳳名汝. 汝生而容貌豊麗. 神秀氣完. 余喜甚. 亦不知生女之可恨也. 汝之外曾大父月堂公抵書于余曰君冀男而得女. 何喜若是耶. 余仍擧陶柴桑弱女雖非男. 慰情良勝無之語以復之. 又二年壬午. 汝弟鳳錫生. 其冬汝母携往懷川省親. 癸未春. 始團會于金溪之內舍. 鳳錫已扶床立. 意氣嶷然. 汝之言語容止. 益復婉孌可愛. 父母朝夕弄玩. 若雙珠之在前.

…(중략)…

明年甲申. 大人留守江都. 吾與汝輩皆從往. 秋鳳錫猝患風搐死. 父母之慘 慟哀憐. 固不可言. 而汝尤悼念. 每日嗟乎鳳錫. 尒何捐父母之愛而死乎. 爾何獨無怖而棄擲空山乎. 其言凄切有不忍聞者. 而汝又悶父母之過哀. 以好言寬慰. 又爲雜戲靳得父母之一笑. 父母之心雖不忍於逝者. 猶以汝在前. 盡誠盡孝. 故庶得少慰其悲慟之思. 孰謂一朝汝又棄父母而長逝也哉. 噫嘻. 向汝之所以怨鳳錫者. 吾將以怨汝矣. 向汝

之所以悲鳳錫者.吾又以悲汝矣.汝其知耶.其不知耶.

…(중략)…

嗚呼慟矣.嗚呼慟矣.汝雖女子.吾所以期待汝者深.汝亦平日旺建無病.至於夭亡之患短折之虞.是豈夢寐之所及者哉.余性迂僻.不樂京居.乙酉冬將盡室攺溪上之舊栖.是歲都下痘疾大行.意謂汝未經痘.遠避鄕曲.亦甚便宜.遂挈汝登途.至竹山迦葉里.其日大風以寒.汝從軒車中出.面色如凍梨.瑟縮不能語者良久.汝母急以酒溫汝.爐火煖汝.汝始稍有人色且言.明日之晨.汝急患肚疼而嘔.謂觸風寒.致此無怪.又不可久滯中途.遂行午飯植松村.汝又吐蚘.又能飯.見汝神精已奪.五色無主.余惶懼趣駕.行抵雲亭.夜已數皷矣.雜試藥物不效.二宿而痘點見.邀柳醫瑞診之.曰血從溺道中下.雖兪扁無可爲也.汝果八日而不起.乃十月之晦也.汝自朝至昏.泄數十下.腹大如皷.喘聲作急以促如拽鉅.余抱汝足而坐.汝母又坐余側.時燈火瑩然.風聲獵獵吹窓紙.夫婦二人.但以涕淚相視而已.汝忽開眼視余作數聲.哽咽而止.若與父母訣者.當此之際.汝父母方寸將如何哉.

嗚呼慟矣.嗚呼慟矣.汝病亟時.神識已眛.無所省記.似諢似囈之中.忽語余曰此爹之過也.此爹之過也.意若警余者.噫嘻.昔韓文公云人生不免於水火.

父母之罪也. 由是言之. 使汝病而且死者. 是誰之罪也. 汝不從余而南則何至撼頓而生疾乎. 假令汝縱有一時疾恙. 若處乎突突. 殫其調治. 又何遽至死乎. 今乃不然. 旣去其深房燠室平簞煖衾. 而驅曳顚仆於嚴風虐雪之中. 荒山窮溪之間. 而又不能及時而問醫. 對症而投藥. 終使汝不免乎中途而夭死. 此余之罪也. 此余之罪也. 豈不爲余終身之恨也哉.

嗚呼慟矣. 嗚呼慟矣. 以余之容貌觀之. 豊而麗. 以汝之神氣觀之. 秀以完. 以言其稟受則敏慧. 以言其德性則孝友. 玆數者豈皆可以致夭. 而汝其終夭者何也. 汝病之初. 余甚以爲憂. 汝之從叔輩皆曰此兒之骨相稟性. 宜享多福者. 君何爲過憂. 以寬余. 以今觀之. 夫無福者莫過於汝. 而人又稱之宜享多福者. 抑何也.

嗚呼. 汝豈無福而早夭者哉. 汝死之日. 汝之從叔輩又皆曰凡人之生死夭壽. 不可以容貌測也. 不可以神氣度也. 又不可以性行推也. 此兒死矣. 世間其有可恃之兒乎. 以慰余. 由此論之. 汝豈無福而早夭者哉. 此由汝父實竊而謬有名稱. 行悖而獲罪神明. 不能保其懷抱之物. 而將使之摧心刺骨窮毒慘盡而終其身也焉耳. 汝實代父而死. 寧不冤乎. 寧不冤乎.

嗚呼慟矣.嗚呼慟矣.吾自汝之逝.塊處一室.終日面壁.昏昏悶悶.如癡如醉.
坐不知其所爲.行不知其所之.或臨卷而嘆.或對飯而吁.或對影而語.見山則
思汝.觀水則思汝.聽平臺之松風則思汝.看小舟之明月則思汝.蓋無時而不
思.無往而不思.而汝之蹤跡已化而爲冷烟爲飛灰.尋之無見.求之無得.噫噫
吾與汝.不過爲六歲之父子.而又不知何時可相從於地下.然則自今至吾之死.
無非思汝而悲汝之日也.

嗚呼慟矣.嗚呼慟矣.汝之始死.以俗忌不能葬.今年寒食日.易汝棺衾.深藏
于先夫人之墓傍.而所謂麟錫者又後汝數日而死.汝將左鳳而右麟.從吾先
夫人於地下.知汝之魂魄.庶不孤矣.
嗚呼.春風一被.百物回生.唯汝魂魄.往而無故.悠悠此慟.曷其有極.情之所
激.言無倫次.而皆出汝父之肝膈.汝其有知.庶有聞於冥冥中矣.
嗚呼慟矣.嗚呼慟矣.

__哭鳳惠文 | 이하곤 | 《두타초》

나를 버리고 어디 가서 돌아오지 않느냐

임윤지당 | 아들의 죽음을 슬퍼하며 祭亡兒在竣文

　임윤지당任允摯堂은 조선 후기 여성 성리학자로, 열아홉에 한 살 아래인 신광유申光裕에게 시집을 갔다. 하지만 결혼 8년 만에 남편이 자식 하나 남기지 않고 갑작스럽게 세상을 떠나면서, 그녀는 홀로 가사를 도맡아 수행하며 낮에는 부녀자의 일에 정성을 다하고, 밤이면 목소리를 낮춰 학문에 몰두했다. 어린 시절부터 차분하고 총명했던 그녀는 성리학과 경전에 깊이 조예가 있었으나, 가족 대부분은 그 학문적 성취를 알지 못할 정도였다. 하지만 그녀가 남몰래 쌓은 지식과 깊은 이해력은 당대 대학자들과 견주어도 손색이 없을 만큼 뛰어났다.

　키는 작고 아담했지만, 그녀의 거동과 태도는 '태산처럼 위엄 있다'고 평가될 만큼 의젓하고 기품 있었다. 선릉참봉宣陵參奉(성종의 능인 선릉을 지키는 관리)을 지낸 시숙부 신저申著는 그녀를 두고 "나이도 어리고 체구도 작은데 처신하는 것을 보면 그 의젓함이 태산교악泰山喬岳과도 같다"고 했다.

또한 임윤지당은 양자 신재준申在竣을 직접 길렀다. 신재준은 시동생 신광우申光祐의 큰아들로, 어린 시절 신광유에게 입양되어 윤지당의 보살핌 아래 성장했다. 그러나 신재준 역시 갑작스럽게 세상을 떠나자, 임윤지당은 삼년상이 끝나가던 1789년 삭망제朔望祭(매월 초하루와 보름에 지내는 제사) 때, 그의 죽음을 애도하는 〈제망아재준문祭亡兒在竣文〉을 남겼다. 이 글은 신재준과 윤지당 사이의 모자의 정이 얼마나 각별했는지를 절절하게 보여준다.

네가 나를 버리고 어디 가서 한 해가 되도록 돌아오지 않느냐. 내 나이 마흔이 넘어 비로소 너를 아들로 삼았으나, 네가 처음 나면서부터 너를 안아 길러, 네가 일찍이 나를 어버이로 생각하지 않은 일이 없었고, 나 또한 너를 자식처럼 생각하지 않은 적이 없었다. 네가 젖을 떼면서 내 손에서 먹고, 나와 함께 잤다. 네가 가지고 놀던 노리개 등속이 아직도 모두 내게 남아 있다. 네가 놀던 방도 반드시 내가 거처하는 방이 아니었더냐. 나는 홀어머니의 몸으로 너를 믿고 살아왔다. 네가 성장해서 아내를 맞고 자녀를 두게 되어 내 마음과 눈을 위로하고 기쁘게 하였으며, 너 또한 나를 지성으로 효도하며 섬겼다. 평소에 내 뜻을 먼저 알려고 하는 내 마음을 받들어 주어 나 또한 마음속으로 많은 위로가 되었구나.

죽기 얼마 전 너의 학업이 더욱 성취되어 가고 기운도 더욱 충실해지는 것을 보고, 다시 슬하에 아이들이 차례차례 장성해서 우리 집안이 크게 번성한다고 일가와 가문이 밤낮으로 축복하였다. 진실로 이것이 내게는 한도를 넘어 너무 지나친 과분한 일이 아닌가 생각하였다. 그런데 네가 이처럼 하루아침에 죽으니, 내가 원해오던 것이 다 수포로 돌아가고 말았구나. 흰머리 외롭고 쓸쓸한 몸이 의지할 곳이 없게 되었으니 이 무슨 일이냐.

심하도다, 나의 우둔함이여. 내 전에 너를 애지중지하였던 마음으로 너를 앞세우고 보니 마땅히 경각이라도 지탱해서 살고 싶은 까닭이 없다. 내 이제 너를 잃고 외로이 세상에 살아남아 있는 것이 오래되었다. 둔하고 어두워서 시장기가 있으면 먹고, 곤하면 자는 것이 다른 사람과 다를 바 없고, 혈기가 쇠퇴하고 정신이 닳아 없어져 참으로 무엇이 슬픈지조차 알 수 없게 되었구나. 이 모두가 인력으로 어찌할 수 없는 것인 바에야 하늘에 부쳐 오직 그 명을 스스로 다했다고 밖에 볼 수 없지만, 믿기지 않는구나.

통곡하고, 통곡하노라. 너의 어질고 효성스러운 성품과 화락和樂(조화와 즐거움이 어우러진 상태)한 용모와 기상, 단아한 행실과 문장, 지식의 정통함, 지조의 단결함을 어찌 하늘에 허물을 돌릴 것이냐. 이 모진 목숨이 마땅히 먼저 죽었어야 할 터인데 구차히 살아남아 있어 아래위로 노여움을 받았는데, 너마저 귀신에게 빼앗기니 내 궁하고 다한 신세 더할 나위 없구나. 사람들은 세월이 약이라 하더라만 지금 나의 뼈아픈 슬픔은 갈수록 더욱 심하여 이생에서 이런 슬픔은 다시 또 없을 것이다.

슬프고, 슬프다. 사람에 있어 이 무슨 일인가. 인생은 참으로 순식간이라 하지만 하물며 나는 늙어 병든 몸으로 빈사의 지경에 있는데다 또 작년 봄에 둘째 형님의 상을 당하고, 겨울에는 둘째 형님의 아들인 어린 조카를 잃어 지극한 슬픔을 하나같이 참기 어려웠거늘, 하물며 다시 또 세 번째의 슬픈 정경을 당했음이랴.

내 기력이 안으로 꺼져가고 밖으로 늙고 볼품없이 되어 날이 갈수록 더욱 분주해지니 내 비록 모질다 하나 목석이 아닐진대 어찌 오래 지탱할 수 있으리오. 그러나 하루가 3년같이 지긋지긋하여, 다만 원하는 바는 하루속히 너에게로 돌아가 지하에서나마 만나 모자의 인연을 잇고자 하는 것 뿐이다.

슬프다. 세월은 흐르는 물과 같아 어느덧 3년이 되고 보니 너의 궤연几筵(혼백·신주를 모셔두는 곳) 또한 걷게 되고 사당에 들어가게 될 것이다. 이제부터는 비록 곡을 하여 가슴속 슬픈 한을 풀어보려 하여도 선왕의 예에 마련된 한도가 있으니 어찌할 수 있으랴.

슬프도다. 내가 평소에 좋아하던 물건을 보면 아침저녁 밥상에 갖추어 반드시 너에게 먹게 하기를 네가 살아 있을 때와 같이 하였지만, 이제는 그것조차 하지 못하게 되었으니 슬프고 애처롭도다. 내 장차 어느 곳에 마음을 붙여 여생을 살아가야 하느냐. 내 철궤연撤几筵(삼년상을 마치고 신주를 사당에 모시고 영좌를 거둬 치우는 일)을 하기 전에 참석하여 조석으로 와서 곡하며 조금이라도 원통한 마음을 풀어볼까 하나 눈이 점점 어두워져 거의 눈을 잃다시피 되었으니, 혹 성인의 가르침에 죄를 얻을까 두렵구나. 또 다음 날에 황천에 가서 네 얼굴을 알아보지 못할까 두려워서 이런 두려움으로 일이 뜻대로 되지 못하고 보니, 이 더욱 슬프고 가슴 아픈 일이로다. 내 이제 너의 몸가짐과 자태를 볼 수 없게 되었으니 행여 꿈에나 너의 혼이라도 와서 서로 대해 보았으면 마음에 위로가 될까 하고 그 정 또한 아릿하여 끌린다. 그러나 네가 능히 자주 꿈에 나타나 조금이라도 이 늙은 어미의 슬프고 원통하여 애달픈 심정을 만분의 일이라도 풀어다오.

슬프고, 슬프도다. 어서 와서 흠향하라.

—《윤지당유고允摯堂遺稿》

얼마나 그리움이 깊었으면, 윤지당은 "사람들은 세월이 약이라 하더라만, 지금 나의 뼈아픈 슬픔은 갈수록 더욱 심하여, 이생에서 이런 슬픔은 다시 또 없을 것이다"라고 고백했을까. 이 한마디 속에는 단순한 모정의 통곡을 넘어, 인간의 정情이 닿을 수 있는 가장 깊고 궁극적인 슬픔의 무게가 담겨 있다.

그녀에게 아들은 단지 핏줄이 아니라, 함께 삶을 이어온 벗이자 의지였다. 그래서 그가 떠난 자리는 단순한 '부재'가 아니라, 삶의 의미 자체가 사라진 빈터였다. 유학의 이치를 탐구하던 그녀조차 죽음 앞에서는 결국 한 어미로 돌아가 눈물로 하늘을 불렀다.

이성과 학문으로 다스리려 한 슬픔은 끝내 감정의 바다에 잠겼다. 그러나 그 울음은 결코 나약함의 표시가 아니다. 오히려 그것은 끝내 사라지지 않는 사랑의 무게이며, 인간 존재의 근원적 진실과 마주하는 용기였다. 그래서 윤지당의 통곡은 단순한 사적 비탄을 넘어, '사람으로 산다는 것의 본질'에 대한 성찰로 이어진다. 세월이 약이라지만, 어떤 그리움은 시간조차 어찌하지 못한다. 그녀의 글은 그 사실을 수백 년의 시간을 넘어 오늘날 우리에게도 묵직하게 전하고 있다.

원문

汝棄我而安往. 匝一歲而不返乎. 余年過四十. 始以汝爲子. 然自始生之初. 卽抱汝育汝. 汝未嘗不以余爲親生. 我亦未嘗不以汝爲所生. 汝自免乳. 卽食於我而宿於我. 玩戲之具. 皆藏置於我所. 游居之所. 亦必於我室. 余以未亡之身. 恃汝爲生. 及汝長而有室. 有子有女. 愚悅吾心眼. 而汝又以誠孝事我. 斗屑每事. 先意承奉. 余又以此慰心. 庶幾未死之前. 見汝學益成就. 氣益充實. 而男女詵詵次第長成. 以昌大爾門戶. 日夜祝願. 亶在於此. 此非踰涯過分之事. 而汝乃一朝隕沒. 所願皆瓦解. 白首煢獨. 無所依倚. 此何事也. 甚矣吾之頑也. 以余平昔愛重汝之心. 喪汝而宜無頃刻支存之理. 而今余失汝. 而孑然獨於世者如此之久. 而頑然冥然. 飢而食. 困而眠. 無異於人. 豈以血氣衰鑠. 神精耗竭. 不能眞知悲哀而然歟. 抑爲莫可奈何則付之於天唯其命之自盡而然歟.

痛矣痛矣. 以汝仁孝之性. 愷悌之行. 文識之踈通. 志操之端潔. 冥辜于天. 是必頑命宜死苟生. 獲怒于上下神祇. 奪汝之速而益余之窮也. 諺云. 歲月爲藥. 而今我之痛酷. 愈往愈甚. 此須無此生. 乃無此悲. 已矣.

嗚呼痛哉. 此何人斯. 人生眞如白駒之隙. 而矧今我老病濱死之中. 又於昨春喪吾仲氏. 冬又喪仲氏之小子. 至情之痛. 一猶難忍. 況於三乎. 內銷外鑠. 日益淹淹. 則吾雖至頑. 旣非木石. 安能久哉. 然而一日如三秋. 但願速歸. 與爾團

會於地下. 以續此世母子未盡之緣而已也. 嗚呼. 三年已迫. 汝之筵几. 亦將撤而廟矣. 從今以往. 雖欲一哭汝. 少洩胷中之痛. 先王制禮有限. 又何可得乎.

嗚呼. 余見爾平日所嗜之物. 則因饋奠而必以餉汝. 意若汝生存者然. 從今以往. 此又不可得矣. 悲哉哀哉. 吾將寓心於何處而遣餘日哉. 余欲趁此未撤之前. 朝夕來哭. 以少解此痛寃之心. 而眼暗滋甚. 幾乎盲廢. 故恐或至於喪明. 得罪聖訓. 而且異日泉臺. 不識爾顔是懼. 不得如意. 此又尤可悲也. 痛矣痛矣. 吾今不可得以見汝之儀容. 尙幸夢魂. 與爾相交. 猶可爲慰於心. 其情亦慽矣. 汝能頻頻現夢. 以小紓老母悲寃之萬一耶. 嗚呼痛哉. 尙饗.

_ 祭亡兒在竣文 | 임윤지당 | 《윤지당유고》

아비와 딸의 지극한 정이 여기서 멈춘다니

신대우 | 둘째 딸의 1주기를 맞아 祭亡女文

　조선 후기의 문신 완구宛丘 신대우申大羽는 의영고판관義盈庫判官(궁중에서 사용하는 기름, 꿀, 과일 등 주요 물품의 공급과 관리를 담당하던 관리) 신성申晟의 아들로 태어나, 정조에게 학문과 덕행을 인정받아 원자궁元子宮(아직 왕세자에 책봉되지 아니한 임금의 맏아들이 거처하던 궁)의 요속僚屬(관청이나 궁중, 서원 등에서 일정한 직무를 맡아 보좌하거나 보조하는 하급 관리)으로 발탁되어 동궁東宮(훗날의 '순조')을 보필하였다. 이후 순조 즉위 후에는 우부승지로 임명되었으며, 생애 동안 열세 차례나 승지에 제수되는 등 탁월한 학식과 정치를 인정받았다.

　하지만 그의 삶에도 깊은 슬픔이 있었다. 1789년, 둘째 딸 정유인鄭孺人을 잃은 그는 그 비통한 마음을 〈제망녀문祭亡女文〉에 담았다. 스무 살이라는 젊은 나이에 세상을 떠난 딸은 자식 없이 세상을 떠나기 전, 아버지에게 자신의 묘지명을 직접 써달라고 부탁했다고 한다. 그러나 신대우는 그 찢어지는 아픔에 차마 그 부탁을 들어주지 못했다. 결국 이듬해 3월, 딸의 1주기를 맞아 그는 마치 살아 있는 딸에게 속삭이듯 제문을 지었으며, 이를 통해 부녀의 깊고 지극한 인연과 사랑을 절절히 드러냈다.

아아, 슬프다. 너는 평소 건강해서 아무 병이 없었다. 더욱이 지난해 임신 증세가 있었기에 모두가 기뻐했다. 하지만 너는 병이라 여기고 의사를 불러 고쳐 달라고 청했다. 서너 차례나 계속 그래서 "무슨 말도 안 되는 소리냐"고 꾸짖었지만, 너는 기어이 의사를 불러달라고 하였다. 본래 임신은 흔한 조짐이라서 크게 신경을 쓰지 않는데, 너는 임신이 아닌 것을 어찌 알고 치료를 청했는지 모르겠구나.

8월에 이르자 증세가 더욱 심해졌다. 그래서 어쩌면 임신이 아닐지도 모르겠다고 여겨 마침내 의원을 불렀다. 진맥을 마친 의원이 "확실하지 않으니 서너 달쯤 지켜보자"고 하자 너는 "의원이 잘못 알고 있다"고 했지. 네가 굳이 의원이 잘못 알고 있는 것이라고 말한 것은 대체 무슨 까닭이었느냐. 그로부터 서너 달 후에야 네가 임신이 아닌 다른 병이라는 사실을 알게 되었다. 그러나 그때는 이미 병이 몸속 깊이 뿌리 내린 뒤였다.

아아, 슬프다. 이것이 무슨 운명이란 말이냐. 이미 고인이 된 네가 나를 일컬어 어리석다고 한들 내가 무슨 말을 할 수 있으랴. 내가 연초에 남쪽으로 가게 되자, 차마 아픈 너와 이별하기가 안타까워 나갔다가 다시 들어가 네 얼굴과 등을 쓰다듬은 후에 떠났다. 그렇게도 너를 끔찍이 생각했기에 네가 그토록 쉽게 세상을 하직하리라고는 미처 생각지 못했다.

남쪽으로 내려간 뒤에는 네가 하루도 꿈속에 나타나지 않은 적이 없었으니 무슨 연유가 있었더냐. 그런데 요즘에는 꿈에라도 네가 나타나길 바라지만 나타나지 않으니 이 또한 무슨 연유란 말이더냐.

나는 질병이 그토록 깊어서 능히 살아난 사람을 본 적이 없다. 그러나 정이 깊어 그 정에 가려지면 마음의 눈이 변하기 쉬운 법인가 보다. 그래서 "너는 아직 나이가 어려 상을 당할 사람이 아니다"라고 하였다. 그런데 얼마 안 되어 네가 죽었다는 소식이 당도했다. 그날 정오였다.

아, 슬프다. 이것이 운명이란 말이냐, 아니란 말이냐. 너는 다른 사람들보다 뛰어난 행실이 없었다. 나 역시 평상시에 너를 가르치지 못했다. 또한, 한 번도 자식들과 마주 앉아 저마다의 장점을 칭찬해준 적이 없다. 그랬던 내가 오늘 일어난 일은 마치 내 곁에 살아 앉아 있는 너에게 말하는 것과 같구나. 나는 네게 내가 품었던 의문을 물어서 풀어주었으면 하는 마음이다.

두터운 정의情誼는 차마 글로 쓸 수 없고, 아프고 쓸쓸한 말은 혹시라도 너의 마음을 근심케 할까 두렵다. 너의 사적과 행실 중에서 한두 가지 기록해둘만 한 것은 반드시 글로 써서 토광土壙 남쪽에 묻을 것이다.

아, 스무 해를 아비가 되고 딸이 되었던 지극한 정이 여기서 그친단 말이냐. 슬프고 또 슬프다. 상향.

_《완구유집宛丘遺集》

스무 해 동안 아비가 되고 딸이 되었던 지극한 정情이 여기서 멈춘다니, 참으로 비통하고 가슴 아프다. 딸은 이미 세상을 떠났고, 아비는 홀로 남아 형체도 없이 사라진 딸을 애절하게 그리워할 수밖에 없다. 늘 곁에 있는 것이 당연했던 존재가 이제는 바람결에도, 꿈속에도 닿을 수 없다. 남은 것은 오직 기억뿐. 그 기억마저 세월의 흐름에 씻겨 희미해질까 하는 두려움이 아버지의 마음을 더욱 옥죄어 온다.

그래서 그는 매일같이 글을 쓰며, 대답 없는 이름을 마음속에서 끊임없이 되뇌며 살아간다. 글자마다 담긴 그의 숨결과 눈물은 마치 살아 있는 딸에게 말을 건네는 듯하고, 그리움은 사랑의 또 다른 얼굴로 그의 삶을 가득 채운다. 이별은 단순한 상실이 아니라, 오히려 그 사랑이 영원히 머무는 장소이며, 남은 자의 가슴속에서 끊임없이 되살아난다.

눈에 보이지 않아도, 손에 닿지 않아도, 기억과 마음속에서 살아 숨쉬는 사랑은 아버지의 삶을 지탱하고, 하루하루를 버티게 만드는 힘이 된다. 이 애절한 마음은 단순한 개인적 슬픔을 넘어, 인간이 사랑과 상실 속에서 어떻게 삶을 이어가는지, 그리고 기억과 마음이 얼마나 강력하게 인간을 붙드는지 보여주는 깊은 기록이 된다.

세월이 아무리 흘러도, 그리움은 사라지지 않고, 잊히지 않는다. 아버지의 마음속에서 살아 있는 딸의 모습은 언제나 환하게 빛나며, 삶과 죽음, 상실과 사랑이 얽힌 인간 경험의 본질을 여실히 드러낸다. 그리움과 사랑, 상실과 기억이 한데 얽힌 이 마음은 시대를 초월하여 인간 경험의 가장 보편적인 진실을 우리에게 건넨다.

원문

歲己酉四月丁未. 葬汝季女鄭氏婦果川其舅家兆次. 先七日辛丑. 其父因聖奠. 略備時食. 致告以文曰. 伊年月日. 云汝大歸. 是歸也何歸也. 烏呼哀哉. 汝素精剛不病. 前年四月忽有似胎之證. 可喜非可虞也. 人則皆然. 汝獨自謂病也. 請以醫治者屢矣. 責其妄. 至發於聲色而猶請之弗止. 胎是常候. 不知汝何故知非胎而必丐其治邪.

至于八月. 證猶前而疑於非胎者. 試使醫者診. 醫者曰未可詳. 且觀三數月. 汝云醫者妄耳. 不知汝之必知爲妄者何故. 及至三數月. 酮知其非胎. 而疾則根已盤蒂已固矣. 攻劑則似效. 溫劑則似效. 或鍼或焫. 其路擿埴而不可爲矣. 烏呼哀哉. 汝疾汝則自知. 而其夫不知. 其父不知. 其兄弟不知. 知之又復一委庸醫. 以聽汝死生.

烏呼哀哉. 命邪非邪. 若此古人謂不慈. 吾復何言. 維歲之首. 將余南下. 不忍汝悽然惜別. 旣出還入. 更覷汝面. 而拊汝背而去. 以吾念汝之偏. 非意其至於死然也. 及旣南下. 無一日汝不在我夢何故也. 逮于今寧欲汝以夢發余而不能得. 又何故也. 自汝之病. 攜汝來余. 今余兹來. 汝之歸舅家兩日矣. 聞其必欲歸. 而歸也必欲歸者. 又何故也. 方吾就省. 已不自起. 但見其欣幸之極. 淚先言發. 握汝手撫余腕. 項腮相摩. 語余曰行次無恙乎. 顔貌猶大昔矣. 女則何如. 請抱而抱引余手. 按摩其背. 忽似稗少之嬌孌. 又何故也. 吾未見疾病之至於

是. 而能得其生者. 然情所鍾蔽. 心目易變. 且謂汝非年夭弱而椓喪者. 出而語汝夫兄. 尙議主撮之方. 而汝之皋復遽屆是日之亭午矣.

烏呼哀哉. 命邪非邪. 汝無過於人之行. 吾亦乏素敎之術. 且吾未嘗對子弟詡其長. 今日之事. 如汝生而與汝言也. 我但設吾之疑擬. 汝解之而已. 若情之至者. 所非文摹. 語之感者. 如恐汝疚. 又汝事行一二可書. 終必抖擻點綴. 藏汝壙之南. 烏呼. 二十年爲父爲女之情. 乃爾止玆也邪. 哀哉哀哉尙宣.

_ 祭亡女文 | 신대우 | 《완구유집》

눈물은 수저에 흘러내리고

윤선도 | 막둥이의 죽음을 슬퍼하며 悼小兒

"내가 이 사람에 대해 깊이 감사하고 있기 때문에 항상 그 이름을 부르지 않고 반드시 고산孤山이라고 부르고, 고산이라고만 부르지 않고 반드시 윤고산尹孤山이라고 세 자로 부르는 것은 의도가 있기 때문이다. 앞으로 국가에 큰 경사가 있으면 고산의 자손이 어찌 대대로 국가와 복록福祿(타고난 복과 벼슬아치의 녹봉이라는 뜻으로, 복되고 영화로운 삶을 이르는 말)을 함께하지 않겠는가."

이는 조선의 제22대 왕인 정조가 한 인물을 두고 한 말이다. 그 주인공은 바로 고산 윤선도尹善道이다.

윤선도는 정철鄭澈, 박인로朴仁老와 함께 조선 시조문학의 마지막을 장식한 대가로 꼽히는 인물이었다. 그러나 그의 삶은 그 문학적 명성만큼 평탄하지 않았다. 성품이 강직하고 시비를 가림에 있어 타협을 몰랐던 그는 다산 정약용에 버금가는 긴 유배의 세월을 감당해야 했다. 효종과 현종의 스승으로서 학문과 덕행을 펼쳤으나, 그는 이이첨을 규탄하는 상소로 유배되었고, 이후 예송논쟁에서 송시열에 패하며 또다시 유배길에 올랐다. 그 유배의 세월만 해도 무려 17년에 달했다.

그러던 중 1639년 2월, 해배되어 해남으로 돌아오던 길에 청천벽력 같은 소식을 듣는다. 여덟 살 된 막내아들이 세상을 떠났다는 것이다. 평생 나라와 학문을 위해 몸과 마음을 바쳤던 그에게, 아들을 잃은 이 슬픔은 그 어떤 정치적 시련과도 비교할 수 없는 참담함이었다. 아들의 죽음은 단순한 상실을 넘어, 삶의 의미와 가족의 온전함을 한순간에 흔드는 깊은 비극이었다.

윤선도는 그 충격과 슬픔을 한 편의 시 속에 담아, 마음속 격정을 세상에 남겼다. 유배와 학문, 정치적 고난을 모두 뛰어넘는 아비의 절망과 상실, 그리고 부모로서의 사랑이 응축된 그 시 속에는, 인간이 겪을 수 있는 가장 깊은 슬픔과 그리움의 층위가 고스란히 드러난다.

아들 앞에서는 아무리 강직한 성품의 선비라도 이성만으로 슬픔을 다스릴 수 없었다. 그 시는, 살아 있는 동안 겪은 모든 고난을 뛰어넘어, 인간이 사랑하는 존재를 잃었을 때 겪는 보편적 상실과 아픔의 기록으로 남는다. 인간으로서 피할 수 없는 슬픔 앞에서, 윤선도는 학자이자 시인, 그리고 아버지로서의 모든 감정을 한껏 드러낸 것이다.

미아尾兒는 나의 첩이 낳은 사내아이다. 태어나면서부터 매우 영특해서 나의 사랑을 한 몸에 받았다. 하지만 기묘己卯(1639년, 인조 17년) 2월, 영덕 유배지에서 사면을 받고 돌아오던 중 20일 아침 경주 요강원要江院에 이르렀을 때, 미아가 마마媽媽(천연두)를 앓다가 이달 초하루에 죽었다는 소식을 들었다. 나는 가슴이 찢어지는 듯 너무 아파서 어떻게 마음을 걷잡을 수가 없었다. 이에 말 위에서 다음 시를 지어 슬픔을 토로하였다.

귀천의 구분은 다르다 해도
부자의 정이야 어찌 다르랴
도중에 네가 죽었다는 말을 듣고
곡하기 전에 가슴이 먼저 떨렸다
내 나이 마흔여섯에
슬하에 아이 두어서 기뻤나니
생김새가 참으로 내 자식이요
타고난 지능 또한 비범하였어라
겨우 서너 살이 되었을 적에
행동거지가 내 뜻에 맞았나니
종이와 붓을 좋아할 줄 알았고
배나 밤은 삼갈 줄 알았으며
이따금 간단히 가르쳐 주면
얼른 알아듣고 잘도 기억했지
여섯 살 때 내가 들어간 섬은

바다에 떠 있는 아득한 선산

수레 달리고 노를 저을 때마다

나를 따라서 안 간 곳이 없었는데

내가 앞뒤의 시내에서 노닐 때면

나보다 먼저 짚신 끈을 조여 맸고

내가 혼자서 석실에 있을 때면

날마다 찾아와 바위틈에서 놀았으며

기이하게 솟은 형상을 애완하면서

신선의 비경인 줄을 알아챘다네

옛사람의 선행을 듣기 좋아하여

내가 간단히 일러주면 불평을 하고

더 배우려 보채다 꾸지람까지 들으면서

밤에도 등잔불 아래 잠을 자지 않았다오

지난해 내가 붙잡혀 갈 당시에

서로 버리듯 황망히 이별하였는데

네가 나의 말 옆에 서 있기에

채찍 멈추고 한 번 돌아보았었지

유배지 산골에서 함께 놀 사람 누구리오

너에 대한 생각을 그만둔 적 있었으랴

금년 봄 꿈속에서 너의 모습 보았나니

완연히 들어와서 남창에 시립侍立하였기에

네가 어떻게 여기까지 멀리 왔을까

의아한 마음이 슬그머니 들었었다

내가 다행히 은사를 받고 돌아가게 되어

네가 날을 헤면서 고대하리라 여겼는데

어찌 알았으랴, 네가 죽었다는 소식을

오늘 오는 도중에 듣게 될 줄이야

네가 죽었을 때 염습하지도 못하였고

네가 아팠을 때 약도 쓰지 못했으니

나의 마음 더더욱 아플 수밖에

비통한 이 심정 비할 데 없어

밥을 대하면 눈물이 수저에 떨어지고

말에 올라타면 눈물이 고삐를 적시노라

전에 귀양 가서 소교(小嬌(어린 자식, 둘째 아들 의미를 말함))를 잃었는데

지금 귀양 가서 또 이런 일 당하다니

이것이 비록 나의 악업 때문이라 해도

하늘의 벌은 어째서 이다지도 참혹한지

연전에 백미(白眉(가장 뛰어난 사람))가 세상을 떠나

지금도 마음이 에는 듯한데

지금 또 네가 나를 저버리니

인생이 잠깐임을 더욱 느끼겠다

길고 짧음은 실로 명이 있는 것

생을 해친다면 도를 모르는 것
어찌 부질없이 슬퍼만 하겠는가
이견理遣(이성적으로 사리를 살펴 이해함으로써 슬픈 감정을 해소하는 것)할 수 있기
만 내가 바라노라.

《고산유고孤山遺稿》

"밥 앞에 두고 눈물은 수저에 흘러내리고, 말을 타면 눈물이 고삐를 적시
니"라는 구절은 흡사 굴원屈原의 〈이소경離騷經〉을 연상케 한다.
 초楚 회왕懷王 때 삼려대부三閭大夫라는 벼슬을 지냈던 굴원은 모함을 받
고 쫓겨난 후 유배를 당하자 억울한 심경과 우국충정의 마음을 담은 〈이소
경〉을 남긴 후 상강湘江에 몸을 던졌다.

거듭 흐느껴 울어도 내 마음 답답하여
때를 잘못 만났음을 슬퍼하도다
혜초蕙草를 잡고 눈물을 닦으니
눈물이 옷깃을 따라 줄줄 흐르네.

曾歔欷余鬱邑兮
哀朕時之不當
攬茹蕙以掩涕兮

霣余襟之浪浪

_〈이소경〉

하지만 시로 슬픔을 달랠 수 없었던 윤선도는 곧바로 고향 해남으로 내려와 집안일을 아들에게 맡긴 뒤, 마음을 다스릴 은거지를 찾았다. 그리고 그때부터 해남 금쇄동金鎖洞(전남 해남군 현산면 구시리 현산고성 내 산 정상부에 위치한 곳으로 윤선도의 문학 산실)에 머물며, 우리 문학사에 길이 남을 수많은 작품을 남긴다. 그 작품 속에는 단순한 자연 묘사나 시적 아름다움을 넘어, 삶과 죽음, 사랑과 상실, 인간 존재의 고통과 슬픔이 깊이 배어 있다.

윤선도는 이미 1636년 유배지 영덕에서 둘째 아들 의미義美의 죽음을 접한 경험이 있었다. 그런데 이번에는 가장 아끼던 막둥이마저 세상을 떠났으니, 그의 가슴은 참담하여 무너지는 듯했다. 너무 큰 슬픔에 정신을 잃을 지경이었다고 전해진다. 그의 작품은 겉으로는 평온한 자연을 노래하지만, 그 절제된 문체 밑바닥에는 깊이 감춰진 슬픔이 그림자처럼 드리워져 있음을 알 수 있다.

어려서부터 엄격한 가정교육과 훈육을 받은 고산은, 열네 살의 나이에 이미 '자국도회주自國島回舟'라는 한시를 통해 탁월한 문학적 재능을 보여주었다. 무엇보다 한 가정의 가장으로서 그는 세 아들 인미仁美, 의미義美, 예미禮美를 먼저 떠나보내야 했고, 그 상실의 무게는 말로 다할 수 없을 정도였다.

이에 미수眉叟 허목許穆은 윤선도의 묘명墓銘에서 그의 비통한 삶과 가족에 대한 깊은 애정을 상세히 기록했다. 이 글은 단순히 한 인물의 업적을 기리는 것을 넘어, 사랑하는 존재를 잃은 인간의 지극한 슬픔과 상실감을 시대를 초월하여 담아내고 있다.

비간比干은 심장을 갈랐고, 백이伯夷는 굶어서 죽었고, 굴원屈原은 강에 몸을 던졌지만, 해옹海翁은 곤궁해질수록 더욱 굳세져 죽음에 이르러서도 변하지 않았으니. 의로움을 보고 목숨을 건 것은 한가지네.

_《미수기언》〈해옹 윤참의비문〉

원문

尾. 余之賤男也. 生而極穎悟. 余所鍾愛. 己卯仲春. 余自盈德謫所蒙赦而歸. 二十日朝. 行到慶州地要江院. 聞尾患痘瘡. 以是月初一日化去. 痛苦摧裂. 無以爲懷. 馬上屬韻語. 以寫我哀.

貴賤分則殊父子情何異途中聞汝死 未哭心先悸我年四十六喜得膝下稚
眉目眞我兒 良知出凡類甫及三四歲動止如我意紙筆曉愛好梨栗知敬忌
時將簡諒授易學而能記六歲我入海海上仙山邃巾車枏舟處隨我無不至
我遊前後溪先我約草屝我獨棲石室日來巖間戱愛玩奇峭狀解道靈仙祕
喜聞古善行嫌我簡敎示請益到嚔喝靑燈夜不寐前年被逮行忙別若相棄
汝立我馬傍停鞭一回視囚山誰與娛憶汝何曾置今春夢見汝宛入南窓侍
汝豈能遠來 有疑心暗誌幸蒙恩赦歸料汝計日企豈料鬺呵音 是日來道次
汝沒斂不撫汝病藥不試所以增我傷痛悼無與比臨飱涕垂匙騎馬淚霑轡
前謫失所嬌今謫復此値雖緣我惡業酷罰天何事頃歲白眉逝至今心似刺
今又汝背我轉覺身如寄修短實有命傷生爲道累何爲無益悲理遣吾庶幾.

__ 悼尾兒 | 윤선도 | 《고산유고》

하늘이여, 어찌하여 내게 이런 형벌을 내리는가

조 익 | 딸의 장사를 지내며 祭女文

　조선 중기의 문신 조익趙翼의 삶은 지극한 효심이 오히려 불운을 부른 비극과도 같았다. 그는 병자호란 당시 예조판서로서 임금 인조를 남한산성으로 호종해야 했으나, 여든이 넘은 아버지가 갑자기 사라지자 며칠 동안 아버지를 찾느라 그 임무를 수행하지 못했다. 효심에서 비롯된 이 행동으로 그는 한때 관직을 삭탈당하고 유배를 가야 했다. 하지만 아버지를 강화도로 무사히 피신시키고, 경기 지역 패잔병을 모아 남한산성을 포위한 적군을 공격했다는 사실이 참작되어 그 해 12월 석방되었다.

　그러나 조익의 삶은 이후에도 불행이 끊이지 않았다. 사랑하는 딸마저 요절하는 비극을 겪어야 했는데, 심지어 그 딸은 자신보다 앞서 두 자식과 남편을 떠나보내는 참혹한 고통을 감당해야 했다. 이러한 상실과 슬픔 속에서 그가 딸을 위해 지은 제문은 단순한 기록이 아니다. 그것은 지극한 효심과 아버지로서의 통곡, 인간이 겪을 수 있는 극한의 슬픔을 응축해 놓은 절규 그 자체로 남아 있다.

아, 슬프다. 내가 너를 낳고 기를 때 소망은 단 하나였다. 네가 아름다운 배필에게 시집을 가서 두 내외가 늙어 죽을 때까지 함께 화목하게 살고, 또 많은 자손을 낳아 기르며, 세상의 온갖 복을 다 누리며 살기를 바랐다. 그런 내 염원과도 같이 너는 좋은 남편을 만났고, 집안도 화목하였으며, 잘 생기고 영리한 아이도 낳았다. 그래서 나는 내 유일한 소망이 이루어졌음을 알고 매우 기뻐하였다.

그런데 몇 년 사이에 네가 사랑하던 두 아이가 연달아 죽고, 수개월 후 남쪽으로 갔던 네 남편마저 죽고 말았다. 그때 너는 네 남편의 병이 위중하다는 소식을 듣고 곧바로 남쪽으로 달려가 겨우 남편을 만났다. 하지만 이미 네 남편은 말을 하지 못하는 상황이었다. 그때 슬픔에 젖었던 마음이 네 건강을 해쳤을 것이다. 나는 그 때 네게 편지를 보내 "음식을 억지로라도 먹어 건강부터 챙겨라. 뱃속에 있는 아이의 건강을 돌봐야 한다"며 위로했었다.

내가 바란 것은 너는 꼭 죽지 말고 그 아이를 낳은 뒤 그 아비의 제사를 지내도록 하는 것이었다. 그해 9월 다행히 너는 사내아이를 낳았다. 네 어미와 나는 물론 너 역시 매우 기뻐하며 불행 중 다행이라고 여겼다. 하지만 그 애가 태어난 지 일 년 만에 네가 죽고, 네가 죽은 지 한 달 만에 그 아이 또한 죽고 말았다.

너와 네 가족이 모두 안개나 연기처럼 사라져버려 다시는 이 세상에서 볼 수 없게 되었구나. 세상에 어찌 이렇게 참혹한 일이 일어날 수 있단 말이냐.

아, 슬프다. 올해 4월 16일, 내가 너를 서울로 떠나보내며 서로 울며 이별하였다. 너는 부모에게 작별을 고하고, 집안의 모든 이들과도 하나하나 인사를 나누었다. 어린 자식들의 머리를 쓰다듬으며 떠났으니, 그때 어찌 이것이 영원한 이별이 되리라고 짐작이나 했겠느냐.
8월에 내가 너를 찾아가려 하였으나, 가는 길에 사정이 생겨 중도에 돌아오고 말았다. 너는 병든 몸으로 내가 오기를 애타게 기다리다가, 내가 되돌아갔다는 소식을 듣고는 눈물 흘리며 상심하다 끝내 세상을 떠났다. 하늘이여, 하늘이여, 어찌하여 내게 이런 형벌을 내리는가. 이게 도대체 무슨 운명이란 말인가.

아, 슬프다. 너의 그 단아한 얼굴과 목소리가 내 귀와 눈에 이렇게 남아 있거늘, 언제쯤 내 마음의 아픔이 그치랴.
오호, 이제는 이승에서 너를 도저히 볼 수 없구나. 언제나 내가 죽어 너를 다시 만날 수 있단 말인가. 이제 나이도 들고 몸도 쇠약해지고 있으니 너를 만날 날이 그리 멀지 않을 것이다.

네 장사를 지내고자 지금 여기 섰다(옛날에는 사람이 죽으면 임시로 땅에 묻었다가 몇 달 뒤에 장사를 지냈다). 네 영정 앞에 앉아서 이렇게 너를 영결하는구나. 이렇게 울부짖는 지금 내 마음은 갈기갈기 찢어지는 듯하여 근처의 온 산천이 모두 빛을 잃는 것 같구나. 지하에 있는 너도 아픈 이 아비의 마음을 알고 있느냐. 아아, 슬프고 애달프다.

_《포저집浦渚集》

운명이란 얼마나 잔혹하고 무정한 것인가. 조익은 충성으로 임금을 섬기고, 효심으로 아버지를 모셨으며, 바른 도리로 세상을 살았건만, 하늘은 어찌하여 그에게 이토록 가혹한 시련을 내렸을까. 눈앞에서 사라진 딸, 세상을 등진 사위, 어린 생명을 채 피우지도 못하고 떠난 외손자들… 그가 부여잡을 수 있는 것은 이미 식어버린 손과, 이제는 형체조차 닿을 수 없는 허공뿐이었다.

"하늘이여, 하늘이여! 어찌하여 내게 이런 형벌을 내리는가!"

조익의 통곡은 들판의 바람이 되고, 강물의 울음이 되어 천지를 뒤흔들었다. 그의 목소리는 세월을 건너 오늘 이 순간까지도 메아리처럼 남아, 한 인간이 겪는 절절한 부성애의 무게를 전해준다. 살아남은 자의 슬픔이란 이토록 지독하고 깊은 것이다. 죽은 자는 이승의 괴로움에서 벗어났을지언정, 남은 자는 기억의 감옥 속에서 날마다 고통받으며 삶을 되풀이한다.

그는 매일 새벽, 아이의 웃음을 떠올리고, 해 질 무렵이면 다시 그 이름을 부르며 눈물을 흘렸다. 그리움과 통곡이 겹겹이 쌓여 가슴을 찌르는 날마다, 그의 마음속에는 지울 수 없는 공허와 절망이 번졌다. 과연 저 먼 하늘

아래에서, 죽은 자는 이 아비의 아픈 마음을 알기나 할까. 혹은 이별이란, 떠난 자보다 남은 자에게 더 잔혹한 벌이기에, 살아 있는 자만이 끝없이 되새겨야 하는 운명의 형벌인 것일까.

원문

嗚呼. 吾生汝育汝. 唯望得賢配. 琴瑟和協. 偕至老壽. 子姓蕃庶. 享世間之福. 配旣得賢矣. 閨門和樂矣. 生兒又英妙矣. 常喜所望之得諧矣. 奈何三兩年來. 兩兒旣相繼死. 兒死之數月. 墰又死於南方. 汝聞其疾革. 馳往視之. 僅得見面. 已不能語. 此時汝之心懷痛毒. 安能不傷生耶. 我每書勉汝強歠粥以自保者. 以遺腹兒爲說. 而汝之不死. 亦冀生此兒. 以續其父之祀也. 至其年九月. 果得生男子. 而其狀貌端好. 吾夫妻與汝皆喜. 以爲不幸之幸矣. 乃兒生之朞年. 汝又死. 汝死之踰月. 兒又死. 汝之夫妻子女皆煙滅而無復遺者. 世間禍故. 豈有如是之慘者乎. 天乎天乎. 何獨於吾女酷烈如是耶. 汝之仁厚柔順. 出於凡婦人甚遠. 而何得禍如是耶. 豈吾得罪於天而降之罰. 使受此摧裂之苦耶. 汝自今年正月得疾. 初甚微. 以爲偶然感冒不足憂. 而至得嘔吐之證. 始甚憂之. 然豈意以是而死耶.

嗚呼. 今年四月十六日. 乃送汝上京. 與汝相泣而別. 汝旣辭於父母. 遍與家人別. 兒童亦撫之而去. 豈意此終爲永訣耶. 八月. 吾往見汝. 至所沙有故而返. 汝臥病之中. 苦待吾往. 及聞其返. 涕泣傷懷. 以至終不得見. 天乎天乎. 此何爲哉.

嗚呼. 汝面汝言. 在吾耳目. 我心悼痛. 何時而已乎. 嗚呼. 此生終不得復見汝矣.

不知何時死而見汝於地下乎.吾衰且老.計亦不幾時矣.今將入地.來與汝訣.
呼慟腸裂.山川爲之慘色.計汝亦知之也.嗚呼哀哉.

__ 祭女文 | 조 익 |《포저집》

나 죽거든 너와 한 기슭에 누우련다

이산해 | 아들을 곡하다 哭子

　아계鵝溪 이산해李山海는 조선 중기 문신으로, 《토정비결土亭秘訣》을 집필한 토정 이지함李之菡의 조카이자, 오성과 한음으로 유명한 한음 이덕형李德馨의 장인이었다. 문장과 서화에 능하여 선조조 문장팔가文章八家 중 한 명으로 손꼽혔으며, 조광조와 이언적의 묘비까지 쓸 정도로 지식과 예술에서 당대 최고로 인정받았다.

　하지만 그의 삶은 순탄치 않았다. 북인의 우두머리가 된 후, 권력 투쟁과 당파 싸움 속에서 수많은 선비들이 파직되었고, 아계 역시 공공의 적으로 지목되며 절친한 벗인 율곡栗谷 이이李珥, 송강松江 정철과도 결별할 수밖에 없었다. 이후 정권이 바뀌고 나서야 겨우 숨을 돌릴 수 있었지만, 쉰넷이라는 나이에 경상도 평해도 유배를 떠나야 했다.

　유배지에서의 삶은 더욱 고달팠다. 아내와 어린 남매가 전란을 피해 천리 길을 헤매 유배지까지 찾아왔지만, 그 고난의 끝에서 아들은 갑작스레 세상을 떠나고 만다. 그 순간, 아계의 마음에는 하늘이 무너지는 듯한 절망과 슬픔이 번졌다. 그는 참을 수 없는 비통함을 제문으로 토해내며, 어린 아들의 영혼을 위로하고 자신의 가슴을 짓누르는 상실을 견뎌냈다.

아계의 절절한 통곡이 담긴 제문은 한 인간이 느낄 수 있는 가장 깊은 부모의 사랑과 그리움, 그리고 운명 앞에서 무력한 인간의 고뇌가 오롯이 담겨 있다. 그 글을 읽는 이라면 누구라도, 시대를 넘어 전해지는 아비의 슬픔 앞에서 마음을 울릴 수밖에 없을 것이다.

네가 어이 나를 버리고 떠나
홀홀히 나를 돌아보지도 않느냐
울며 가슴 쳐도 너는 알지 못하고
목 놓아 불러 봐도 너는 깨지 않네
네가 간지도 어언 반 달이 지났건만
어이 한 번 꿈속에도 오지 않느냐
정령이 어찌 자각이 없으랴마는
나의 슬픔 더할까봐 걱정해서겠지
경진년에 네 형을 곡할 당시엔
지하에 함께 못 묻힘이 한스러웠는데
이듬해 봄 다행히도 너를 얻어
슬픈 심정이 자못 위로되었었지

아침저녁으로 장성하기를 바랐나니
얼마나 마음 쏟아 지성껏 가르쳤던가
네 나이 겨우 열 살이 지나자
훤칠하게 또래들 중에 빼어났었지
지난해 뜻밖에 전란을 만나서
열 식구가 산속으로 피신할 적에
허둥지둥 네 어미와 누이를 따라
천 리 먼 이곳 유배지로 찾아왔었지
갖은 고초를 겪으며 높은 재를 넘고
주림 목마름 참으며 산길 물길 지나
황보촌에 와서 산 지 삼 년 동안
죽으로 끼니 때워도 탈이 없기에
네가 맘껏 뛰놀게 내버려두고
네가 건강해 내 마음 든든했었지
다리 아픈 것쯤 걱정하지 않았더니
마침내 위독해질 줄 누가 알았으랴
여드레 만에 기운이 실낱같더니만
가물가물 점점 끊어지려 했었지
사람들은 삿된 귀신이 붙었다 했지만
허탄한 소리라 나는 듣지 않았고
어떤 이는 종기가 안에서 생겼다 해도

이 말 역시 근거 없다 믿지 않았지
맥을 짚어보아도 아무도 병을 모르니
무슨 수로 좋은 약인들 쓸 수 있었으랴
완연한 너의 이목구비가
내 옆자리에 항상 있는 듯하고
낭랑한 너의 웃음소리는
먼저 간 네 형들과 노는 듯하네
해 저물면 너 오길 기다리고
밤 깊으면 너를 불러 함께 잤지
때때로 네가 죽은 줄도 잊고 지내다
소스라쳐 문득 정신이 들곤 한단다
통곡해도 소용없는 줄 익히 알지만
너무도 사랑했기에 억누르기 어렵구나
죽음에 어찌 나이의 선후가 있으랴만
죽지 못한 이 몸 슬픔이 끝이 없단다
네 형이 겨우 스무 살에 죽더니만
지금 너는 열네 살에 요절하였구나
아들을 잃은 사람 물론 많겠지만
누가 나처럼 참혹한 슬픔 겪었으랴
내가 평소에 악한 업을 많이 쌓아
겹친 재앙을 이렇게 불러들였구나

무주공산에다 너의 널을 묻고서
향화를 사르고 한 번 곡을 하노라
네가 놀던 곳에는 동풍이 불어와
풀은 지난해처럼 이렇게 푸르건만
너는 가서 다시 돌아오지 않으니
이 내 가슴이 어이 찢어지지 않으랴
조만간에 성은을 입고 사면되거든
말을 빌려 너의 유골을 싣고 가서
고향 산에 돌아가 고이 안장하고
나 죽거든 너와 한 산기슭에 누우련다
나의 소원은 오직 이것뿐이지만
사람 일이란 알 수 없음을 어이하리요
넋은 어디고 마음대로 갈 수 있으려니
네 형을 찾아가 함께 잘 지내려무나.

__《아계유고鵝溪遺稿》권2 〈기성록箕城錄〉

사면이 되면 말을 빌려 아들의 유골을 싣고 고향으로 가서 산에 안장하고, 죽으면 산기슭에 나란히 눕는 것이 소원이라고 끝맺은 후에도 아들을 위한 그의 부르짖음은 계속 된다. 〈밤에 일어나夜起〉라는 그의 시를 보자.

발자국 소리 가까워졌다, 다시 멀어지고
인기척이 있는 듯하여 내 아이인가 했더니
일어나보니 쓸쓸할 뿐 아무도 없어
달빛만 뜰에 가득하고 산새 구슬피 우네.

_《아계유고》 권2 〈기성록箕城錄〉

이산해의 글은 조선의 수많은 부성애 중에서도 가장 처절하고 아름다운 절규라 할 만하다. 그는 권력의 중심에서 이름을 떨쳤지만, 인생의 끝자락에서는 오직 아들을 향한 그리움만이 남았다. 유배지의 황량한 산골에서 그가 붙잡을 수 있었던 것은 차가운 달빛과 이미 사라진 아이의 희미한 흔적뿐이었다.

그의 시 속에서 아들은 단순한 자식이 아니었다. 세상에 대한 마지막 희망이자, 절망 속에서 그를 지탱해준 유일한 불씨였다. 그 불씨마저 꺼지자, 세상은 순식간에 어둠으로 잠겼고, 남은 것은 죽음보다 깊은 침묵뿐이었다.

"죽음에 어찌 나이의 선후가 있으랴만, 죽지 못한 이 몸 슬픔이 끝이 없단다."

이 한 줄에는 인간의 무력함과 사랑의 깊이가 동시에 담겨 있다. 아버지는 아들의 죽음 앞에서 아무것도 할 수 없었고, 그 무력함이 그의 가슴을 천 갈래로 찢어놓았다. 그는 울고 또 울며, 그 절규를 글로 새겨 남길 수밖에 없었다. 그것이 곧 아들에게 바칠 수 있는 마지막 제사이자, 남겨진 삶의 유일한 의미였다.

그는 죽음을 두려워하지 않았다. 아들과 함께 누울 수 있다면, 그것이 곧 구원이자 안식이기 때문이다. 살아서는 서로를 잃었지만, 죽어서라도 같은 흙이 되고자 한 그 마음이야말로 사랑의 가장 순수하고 지극한 본질이었다.

밤이 깊어질수록 아들에 대한 그의 그리움은 더욱 선명해졌다. 쓸쓸한 뜰, 가득한 달빛, 멀어지는 발자국 소리. 그것은 아들을 찾아 헤매는 아버지의 마음이 만들어낸 환청이자, 끝없는 기도였다.

그는 이미 세상으로부터 유배된 몸이었지만, 진정한 유배는 사랑하는 이를 잃은 마음이었다. 이별 이후에도 아들을 찾아 헤매는 그의 영혼은 생전에도, 사후에도 그리움의 유배자로 남았다.

이산해의 통곡은 단순한 한 사람의 비탄이 아니다. 절망의 끝에서도 사랑을 놓지 않은, 세상 모든 부모의 마음을 대변하는 인간의 원초적 울음이다. 그 울음은 오늘날까지도 우리의 가슴을 깊이 울린다.

원문

汝何棄我去 邁邁不我顧

哭擗汝不知 長呼汝不寤

汝逝已半月 胡不一入夢

精靈豈無知 恐我增摧慟

庚辰哭汝兄 恨未同入地

翌春幸得汝 哀情頗自慰

朝夕冀長成 何心勤訓誨

汝齡纔過十 頎然出同隊

前歲値喪亂 十口竄林谷

遑遑隨母妹 千里尋遠謫

間關踰峻嶺 跋涉忍飢渴

三年黃保里 饘粥幸無恙

任汝恣遊嬉 恃汝尙康壯

脚痛吾不憂 誰知竟危劇

八日氣如線 奄奄漸就絶

人疑邪作祟 誕妄吾不許

或言腫內發 此說亦無據

證訝皆不識 何由試良藥
宛宛汝眉目 如在吾坐側
琅琅汝笑語 如對兩兄謔
日暮待汝歸 夜深呼汝宿
時時忘汝死 翻然忽驚覺
固知慟無益 情鍾難自抑
死豈有先後 未死情未了
汝兄二十亡 今汝十四夭
人孰不哭子 誰如我偏酷
平生吾積惡 致此殃禍沓
空山寄旅櫬 香火時一哭
東風舊遊地 草如去年綠
汝去不復廻 如何不摧裂
早晚倘蒙恩 貨馬載汝骨
歸葬故山土 死後同一麓
志願止此足 人事奈難必
魂去無不之 尋兄好追逐.

_ 哭子 | 이산해 | 《아계유고》

말보다 눈물이 앞서니

정 철 | 딸의 죽음을 전해 듣고 祭亡女崔家婦文

우리 역사에서 송강 정철鄭澈만큼 극과 극의 평가를 받는 인물도 드물다. 문장가로서 그는 윤선도와 더불어 가사문학의 대가로 손꼽히며, 조선 문학사에 길이 남을 아름답고 정교한 가사를 다수 남겼다. 그의 글 속에는 세련된 언어와 섬세한 감정이 깃들어 있어 오늘날까지도 많은 이들의 마음을 울린다.

정치인으로서의 정철은 관용과 아량이 부족하고 편협했다는 비판을 피해 갈 수 없다. 그 대표적인 사건이 바로 기축옥사己丑獄事다. 1589년, 기축년 10월 정여립鄭汝立이 모반을 꾸민다는 고변이 일어나자, 그는 우의정으로 발탁되어 사건을 처리하는 과정에서 수많은 동인 선비를 죽음으로 몰아넣었다. 천여 명에 달하는 선비가 희생되었고, 그들의 가족과 후손이 겪은 고통은 헤아릴 수 없었다.

하지만 권력의 영광은 오래가지 못했다. '권불십년 화무십일홍權不十年 花無十日紅'이라는 옛말처럼, 정철 역시 권력의 정점에서 곧 밀려나 유배를 떠나야 했다. 그리고 그가 유배지에서 마음을 다잡기도 전에, 사랑하던 딸의 부음을 듣게 된다. 문학과 권력, 가족과 인간적 슬픔이 한꺼번에 그에게 몰아친 순간이었다.

만력萬曆(명나라 신종의 연호로, 1573년부터 1620년까지 사용된 명나라의 공식 연호) 19년 (1591년, 선조 24년) 세차歲次 신묘辛卯 6일 모일某日에 네 아비 늙은 송강은 임금의 견책譴責을 받고 이제 바닷가에 물러나와 있으므로, 멀리 네 빈소殯所에서 일보는 사람으로 하여금 대신 술 한 잔을 따라 망녀 최씨 부의 영 앞에 부어주노라.

아, 너는 본디 성품이 인자하고 유순하며, 자질이 아름답고 맑아서 연마를 더하지 않아도 곧 금金이요, 옥玉이었다. 내가 네 배필을 가릴 때 애혹愛惑(여자와 사랑에 빠져 눈이 멂)에 빠짐을 면치 못하여 병이 든 사람에게 출가시키어 두어 달 만에 네 남편이 죽으니 네 나이 겨우 스물둘이었다. 유약한 네가 이런 참혹한 변을 당하여 곡벽哭擗(죽은 사람을 애통해 하며 가슴을 두드리고 뛰는 것으로 벽용擗踊이라고도 함)을 절차 없이 하며 죽기로 작정하고 먹지를 않아 하루에도 몇 번씩 기절을 하니 이 소식을 들은 나는 차마 가까이 할 수조차 없었다. 너는 삼년상을 다 치른 후에도 더욱 조심하며 흰옷과 소박한 음식으로 열두 해를 보냈다. 이에 날이 갈수록 말라감을 슬프게 여겨 맛있는 음식이라도 먹으라고 권하면 가슴속에 맺힌 통한에 말보다 눈물이 앞섰다. 네 뜻을 꺾을 수 없음을 안 나는 아무 말도 없이 마주앉아 목메어 슬퍼할 뿐이었다. 그러다가 마침내 너는 고질병을 얻어 마침내 생명을 부지할 수 없는 지경에 이르고 말았다. 이에 나는 다시 전날에 한 말을 거듭하였다. 그러자 너는 차츰 아버지 말에 따르겠다고 하면서도 또 시일을 끌기만 했다. 그리고 죽기 며칠 전에야 겨우 맛있는 음식을 먹겠노라며 자청해 말하기를 "부모의 명을 어기면 효孝가 아닌즉, 내 장차 죽을 것이라 잠깐 제 뜻을 굽히겠습니다"라며 조금 먹더니 이내 죽고 말았다.

아, 저 푸른 하늘이여. 덕德은 주고 수명壽命은 아꼈으니, 하늘의 이치가 어찌 이다지도 망망茫茫한 것인지. 이것을 비록 하늘의 운명이라고 하지만 사람의 잘못도 있다고 볼 수 있지 않겠느냐. 추운 겨울 찬방에 얼음과 눈발이 살에서 나올 정도였으니, 건강한 사람도 어렵거늘 하물며 병이 든 몸으로 어찌 부지할 수 있었겠느냐.

너는 집이 본래 가난하여 염장鹽藏과 식량이 여러 번 떨어졌었다. 남편의 집에 정사情事가 맞지 않음을 애달프게 여겨 조그마한 집 한 간이라도 마련하여 제사 범절을 받들어 보려는 것이 평생의 지극한 소원이었으나, 힘이 모자라 뜻을 이루지 못하고 여러 가지 군색한 일로 가끔씩 마음을 상하며 속으로 녹아들어 그것이 불치의 병이 되고 말았다. 용한 의원에게 맡긴 것도 오히려 등한한 일인데, 하물며 이 요찰夭札(뉘우치고 통곡함)이야말로 곧 나의 과실이니 백년이 지나도록 참통慘痛(뉘우치고 통곡함)하여도 미칠 수 없는 일일 것이다. 더욱 통탄할 일은 병이 들었을 때 서로 보지 못하고 죽을 때에도 영결永訣을 못한 일이로다. 한 조각 밥과 나약한 노복奴僕이라도 하사받을 것을 너와 같이 나누려고 문서를 작성하였으나, 네 병이 위독하므로 네 마음이 불안하게 될까 저어하여 비밀에 붙여두고 말하지 않았는데, 나의 이러한 애통을 네가 아는지 모르는지, 이젠 네가 의뢰할 바는 오직 영서迎曙에 있는 무덤의 남편뿐일 것이다. 살아서 겪은 애통은 비록 괴로웠으니 죽어서는 즐거움이 틀림없이 많을 것이다. 이것이 오직 네 소원이었을 것인데 나 역시 어찌 슬퍼만 하랴. 더구나 고양高陽에 계신 우리 선산의 송재松梓(소나무와 가래나무)를 서로 마주보게 되었으니, 다른 날 혼백이 서로 더불어 비양飛揚할 것이다. 그러면 우리 아버지와 딸로 맺은 인연이 인간에서의 기쁨은 비록 적었지만 지하에서의 낙樂은 무궁하리니 또 무엇을 슬퍼하리오. 너 역시 괴로운 회포를 너그러이 하고 아비가 따라주는 술 한 잔 와서 들라. 상향.

_《송강집松江集》원집 권2

송강 정철의 이 제문은 냉혹한 정치인의 얼굴 뒤에 감춰진, 한 인간의 가장 절절한 슬픔을 고스란히 보여준다. 그는 조선의 권력 투쟁 한가운데서 수많은 생명을 죽음으로 몰아넣은 냉혹한 관료였지만, 한편으로는 아비로서 사랑하는 딸의 죽음을 견디지 못해 밤마다 통곡하던 사람이었다. 이에 그의 글에는 권력도, 명예도, 학문도 모두 사라지고 오직 '한 아비의 슬픔'만이 남아 있다.

그는 세속의 허망한 일들에 매여 있는 동안, 젊은 나이에 남편을 잃고 홀로 고통 속에 살다 죽어가는 딸의 곁을 지켜줄 수 없었다는 사실을 평생의 한으로 안고 있다.

"덕은 주고 수명은 아꼈으니, 하늘의 이치가 어찌 이다지도 망망한가."

이 탄식은 하늘을 향한 원망이자, 자기 자신을 향한 참회의 외침이기도 하다. 딸의 삶이 궁핍하고 병들었던 것은 아비로서 자신의 무력함 때문이라 여기며, 그는 '백 년이 지나도록 뉘우쳐도 미칠 수 없는 일'이라 고백한다.

그의 문장은 눈물처럼 흐르고, 그 눈물은 냉정한 정치가 송강을 인간 정철로 되돌린다. 딸이 죽은 후에도 그는 그녀를 향한 연민과 그리움을 거두지 못하고, 그 혼이 남편 곁에서 평안을 얻기를 간절히 빈다.

"죽어서는 즐거움이 틀림없이 많을 것이다. 이것이 오직 네 소원이었을 것인데, 나 역시 어찌 슬퍼만 하랴."

비탄 속에서도 자식을 위로하려는 이 한 문장은, 아버지의 간절한 이별의 언어이자 사랑의 마지막 손길이다.

정철은 끝내 현실의 권세를 잊고, 하늘을 향해 한없이 낮아진 목소리로 제문을 마친다.

"우리 아버지와 딸로 맺은 인연이 인간에서의 기쁨은 비록 적었지만, 지하에서의 낙은 무궁하리니 또 무엇을 슬퍼하리오."

이 구절에는 살아서는 정권의 소용돌이에 휩쓸려 서로의 온전한 시간을 갖지 못한 부녀가, 죽음이라는 경계를 넘어 영원한 안식 속에서 만나기를 바라는 아비의 간절한 기원이 서려 있다.

송강의 제문은 냉혹한 권력자에게도 피가 흐르고, 눈물이 흐른다는 사실을 일깨운다. 그의 문장은 냉철한 이성과 시인의 감성이 교차하는 지점에서 탄생한, 인간의 순수하고 지극한 슬픔의 기록이다. 그런 점에서 볼 때, 그의 수많은 시와 가사 가운데서도 이 한 편의 제문이야말로 송강 정철이 '사람 정철'이었음을 증명하는 가장 인간적인 문장이라 할 수 있다.

원문

維萬曆十九年歲次辛卯六月某日. 汝父松江翁負譴退在海濱. 遙令殯側執事代奠一杯于亡女崔氏婦之靈.

嗚呼. 爾其性惠而婉. 資美而淑. 不離不琢. 而金而玉. 余於擇配. 未免愛惑. 以病人匹. 數月而歿. 年纔什二. 汝甚幼弱. 遭茲慘毒. 哭擗無節. 分死不食. 一日屢絶. 聲音所逮. 余不忍近. 制畢三霜. 小心愈謹. 衣素飯糲. 十有二年. 哀其日槁. 勸以葷饘. 中心隱痛. 淚. 激言先. 知不可奪. 相擘撫咽. 因循荏苒. 轉成痼疾. 支離久喘. 形容已脫. 悶不能救. 更申前說. 徐當從命. 且延時月. 死前數日. 自求滋味. 曰違親命. 於孝則未. 吾將死矣暫屈素志. 不久而終.

嗚呼彼蒼. 與德齒壽. 理何茫茫. 此雖天命. 人事致之. 嚴冬冷室. 氷雪生肌. 強亦難恃. 病何能支. 家本窮空. 鹽米屢罄. 汝於夫家. 情事不應. 爰立小屋. 奉爾烝嘗. 平生至願. 力薄未遑. 諸般奇寒. 種種妻傷. 潛銷暗鑠. 竟至膏肓. 委之庸醫. 猶曰不慈. 況茲夭札. 職余之失. 百年慙痛. 已矣無及. 尤可痛者. 病不相視. 歿不永訣. 片田殘口. 分自賜籍. 契券之成. 汝病之篤. 恐汝心動. 祕而不發. 此等哀悰. 知乎不知. 所賴迎曙新阡. 惟夫是依. 生哀雖苦. 死樂無違. 惟汝悢願. 余亦何悲. 況吾高陽. 松梓相望. 異時魂魄. 相與飛揚. 然則我父子人間之樂雖少. 而地下之樂無窮. 又何哀哉. 汝亦少寬苦懷. 來擧乃翁此杯. 尙饗.

__ 祭亡女崔家婦文 | 정　철 |《송강집》원집 권2

팔공산 동쪽 기슭에 아이를 묻으니

양희지 | 어린 아들 영대를 묻고 瘞兒壙記

조선 초기 문신 대봉大峯 양희지楊熙止는 한성부우윤漢城府右尹(지금의 서울 부시장)을 지낸 학문과 덕망으로 이름 높은 인물이었다. 그러나 공직에서의 명성과 학문적 성취에도 불구하고, 그는 가장 인간적인 아픔을 피할 수 없었다. 어린 아들 영대榮大를 먼저 떠나보내는 고통이었다. 아들의 죽음은 단순한 슬픔을 넘어 삶의 의미를 뿌리째 뒤흔드는 비극이었으며, 양희지는 아들의 무덤을 찾아가 그 모습을 되뇌며 끝없는 그리움과 안타까움을 글로 풀어냈다.

그의 제문에는 부모로서 겪는 근원적 고통과 인간적 연민이 고스란히 담겨 있다. 아버지로서 아들의 죽음을 막을 수 없었던 극한의 무력감, 남겨진 삶을 어찌 이어가야 할지에 대한 혼란, 그리고 삶과 죽음을 바라보는 깊은 성찰이 절절하게 흐른다. 글의 한 자 한 자에는 아들을 향한 사랑과 그리움이 깃들어 있으며, 동시에 인간이 느낄 수 있는 가장 깊고 섬세한 슬픔이 담겨 있다.

양희지의 제문은 단순한 상실의 기록이 아니라, 부모와 자식 사이의 사랑, 인간의 나약함과 강인함, 그리고 죽음 앞에서 느끼는 근원적 외로움과 연민을 모두 담아낸 문학적 걸작이라 할 수 있다. 그리움이야말로 인간 정서의 가장 깊고 다층적인 면모임을 깨닫게 하는 글이기 때문이다.

여기는 내 어린 자식 영대의 무덤이다. 성화成化 12년 병신년(1476년, 성종 7년) 나는 성은聖恩을 입어 장의사藏義寺에서 독서를 하고 있었는데, 조대허曹大虛(조위의 字)가 금산金山에 갔다가 오는 도중 집에서 보낸 편지를 가져왔다. 9월 4일 오시午時에 아들을 낳았다는 내용이었다. 나는 너무 기뻐서 아이의 이름을 영대榮大라고 지었다. 이는 이 날 저녁 임금으로부터 선온주宣醞酒(궁중에서 담근 술)와 붓을 하사받는 영광을 입었기 때문에 그 영광을 기념하기 위해서였다.

같은 해 섣달에 휴가를 얻어 고향에 돌아가 아이를 보니 골격이 장대하고 눈과 눈썹이 그린 것처럼 또렷하였다. 이에 기쁜 얼굴로 집사람을 돌아보며 "아이를 잘 기르시오. 용렬한 놈은 아닌 것 같소"라고 말하였다.

아이는 두 살에 수천 글자를 해득하고, 세 살에 붓을 들어 큰 글자를 쓰니, 획이 자못 힘차고 생기가 있었다. 그리고 네다섯 살에 벌써 시와 산문을 지어 사람들을 놀라게 하였다. 그리고 여섯 살에《주역周易》에서 설명한 세상의 변화에 대한 이치를 이해하니, 홍겸선洪兼善(홍귀달의 '字'), 허헌지許獻之(허침의 '字') 등이 입을 모아 칭찬하였고, 나 역시 마음속으로 아이의 영특함을 기특하게 생각하였다.

신축辛丑(1481년) 가을, 달성達城 미리美里라는 마을로 거처를 옮겼다. 그때 아이는 제 형을 따라 선사암仙楂菴에 가서 머물고 있었다. 그 암자는 옛날 최고운孤雲(최치원의 '字')이 벼루를 씻던 연못이 있는 곳으로, 아이는 날마다 그 연못 주위를 돌아다니며 시를 짓고 노닐었다.

그러던 어느 날 아이가 형에게 이르기를 "꿈에 도사가 나타나서 나를 안고 하늘로 올라갔어요"라고 하였다고 한다. 그 일이 있은 후 아이는 병을 얻어 집으로 돌아왔다. 그리고 며칠 만에 죽고 말았다. 이 날이 임인壬寅(1482년) 6월 17일이다.

아, 애석하여라. 이런 내게 채기지蔡耆之(조선 전기의 한글소설《설공찬전》의 저자인 '채수'의 '字')는 "도사는 분명히 최신선(최치원)일 걸세. 아마 그 아이의 재주를 사랑하여 데려간 모양이야. 그러니 너무 애석하게 생각지 말라"고 위로 하였다.

하지만 이는 억지로 끌어다 붙인 허망한 말이다. 최고운이 신선이 되어 떠난 지 어언 천여 년이 되었거늘, 어찌 아직까지 죽지 않고 지금에 와서 한 어린아이를 데려간단 말인가. 생각긴대, 내가 평생에 지은 죄악이 아이에게 옮아 가 그 목숨을 짧게 했을 것이 틀림없다. 그렇지 않다면 그토록 장대한 기골과 기특한 재주를 갖고 태어난 아이가 어찌 열 살도 안 되어 죽는단 말인가. 아이가 태어나던 날 집사람의 꿈에 키가 크고 눈썹이 하얗게 센 노인이 와서는 "댁에 기남자奇男子(재주와 슬기가 남달리 뛰어난 사내아이)가 태어날 것입니다"라고 했다는데 내가 생각하기에는 아이가 보았다던 그 도사가 바로 그 눈썹이 하얗게 센 노인인 것 같다.

아, 절통하고 슬프다! 이 해 팔월 열엿새에 팔공산八公山의 동쪽 기슭에 남향으로 아이를 묻으니, 이 아이의 성은 양楊 씨이고, 아버지는 이름이 희지熙止로 홍문관弘文館 교리인데 사천현령泗川縣令으로 자청하여 임지에 있다가 어떤 일로 인해 체직遞職(관직이 바뀌거나 교체되는 것)되었으며, 어머니는 이 씨이다.

_《대봉집大峯集》 원집 권2

불행은 늘 예고 없이 찾아오는 법이다. 조선 초기의 문신 대봉 양희지는 그 누구보다 청렴하고 곧은 벼슬아치였다. 그러나 세상은 그에게 너무나 가혹하였다.

한성부 우윤으로서 세상을 다스리던 그는 어느 날 벼슬길에서 내려와 한낱 한 아비로서 어린 아들의 무덤 앞에 서야 했다. 세상에서 가장 총명하고 귀하던 피붙이를 먼저 떠나보내야 했던 것이다.

그는 무덤 앞에서 떨리는 손으로 제문을 썼다.

"여기는 내 어린 자식 영대의 무덤이다."

그 문장 하나만으로도 이미 그의 심장이 찢어지는 듯하다.

그는 팔공산 동쪽 기슭에 아들 영대를 묻으며 이렇게 말했다.

"아비는 죄인이다. 너는 잠들어 있고, 나는 살아남았다. 이제 남은 생은 죄를 갚는 세월일 뿐이다."

그의 제문은 그렇게 끝난다. 짧지만, 세상 모든 아비의 눈물이 그 안에 담겨 있다.

원문

此. 吾殤兒榮大之藏也. 成化十二年丙申. 余承恩讀書于藏義寺. 曺大虛自金山來. 傳家書. 兒以九月四日午時生矣. 余喜甚. 名之曰榮大. 蓋是夕. 有宣醞賜筆之榮. 而因大虛聞其生. 故所以志也. 臘月納由還. 見其骨格淸俊. 眉眼如畫. 笑謂家人曰. 善育之. 不是庸凡物.

二歲. 能識數千字. 三歲. 能運筆書大字. 字畫軒然飛動. 四歲五歲. 能作詩著說. 皆驚人語. 六歲能解交易變易之理. 洪兼善. 許獻之. 交口稱之. 以爲子安居實. 無以過之. 而余亦心奇其警敏也. 辛丑秋. 余取達城山川之夷曠. 挈寓于美理. 今年夏. 兒隨其兄. 往棲仙楂菴. 菴有崔孤雲洗硯池. 兒日倘佯嘯詠於池上. 謂其兄曰. 夢一道人. 挾我飛上天. 仍病歸家. 不數日而夭. 是壬寅六月十七日也.

嗚呼惜哉. 蔡耆之慰之曰. 道人分明是崔仙. 而愛其才. 相感相携而去. 何悲焉. 此則强作詼誕之語耳. 假使兒雖有太白長吉之才. 崔仙之仙. 去已千秋矣. 焉有不昧精魄. 眷顧於一少兒. 與之相感而相携也. 只緣余平生罪惡. 移於兒而短其命也. 不然. 豈以兒俊骨奇才而玉折於十歲之前也. 兒降之日. 家人夢. 偉然皓眉翁. 來言奇男子生. 意者道人. 無乃此皓眉翁而爲之消息於來去否.

嗚呼絶悲矣. 厥八月既望. 瘞于八公山卯麓向离之坎. 兒姓楊氏. 父熙止. 以弘文館校理. 乞郡出守泗川縣. 以事遞. 母李氏.

__ 瘞兒壙記 | 양희지 | 《대봉집》

봄바람에 떨군 눈물 적삼에 가득하네

강희맹 | 아들 인손麟孫의 죽음을 애도하며 悼子篇

조선 전기의 명신이자 문장가인 강희맹姜希孟은 우리나라 최초의 농학자로 잘 알려져 있다. 그의 《금양잡록衿陽雜錄》은 세종世宗의 명으로 편찬된 《농사직설農事直說》과 함께 조선 농학의 근간을 이루는 농서로, 당시 농업과 학문 전반에 큰 영향을 미쳤다.

문장가로서도 그는 중국의 사마천司馬遷이나 구양수歐陽脩와 견줄 만큼 뛰어난 재능을 지녔다. 그러나 명성과 학문적 업적 뒤에는 아버지로서 차마 감당하기 힘든 참척의 고통이 숨겨져 있었다. 강희맹은 스스로를 달래며 이렇게 말하였다.

"신사년 가을, 아들 인손麟孫과 함께 공부하던 아이들이 시를 지었는데, 인손이 장원을 차지했다. 하지만 나는 인손에게 '일찍부터 헛된 이름이 나면 학문에 도움이 없으니 시를 배우지 말라'고 했다. 한 번은 연경燕京(지금의 '북경'. 춘추전국시대 연나라의 수도였기 때문에 연경이라고 부른다.)에 갈 때 집안 사람들에게 슬프게 생각하지 말라고 당부하였는데, 인손이 울부짖으며 전별 장소까지 따라와 눈물을 흘렸다. 이를 보는 내 가슴 역시 아프기 그지없었다."

인손은 어린 시절부터 경솔하거나 허튼소리를 하지 않았으며, 총명하고 어질었고 부모를 향한 효성 또한 남달랐다. 그러나 그 착하고 밝은 아들이 갑작스레 세상을 떠나자, 강희맹의 세상은 하루아침에 텅 비어버렸다.

낮에는 아들의 목소리가 들릴 듯 문밖을 서성였고, 밤에는 아들의 체온이 남아 있을 것 같은 이부자리를 어루만지며 하루하루를 견디었다. 그 깊은 슬픔과 그리움은 결국 그의 시 속에 고스란히 담겼다.

아들 두니 아들 두니 나이가 열세 살이라
육친六親이 안고 끌며 선남이라 일컬었지
스승 따라 글 읽고 의리를 깨달으니
이따금 비범한 이야기를 하였었지
보배 못지않게 애지중지하였었지
이 늙은이 어떻게 요사할 줄 알았겠나
사람 만나 말하자니 마음이 부끄럽네
아, 한 번 노래하자 노래가 암담한데
봄바람에 떨군 눈물이 적삼에 가득하네.
이 늙은이 험난한 연경 길 떠나니

아이가 울부짖어 모습이 야위었지
아이가 구천 떠나 늙은이와 이별하니
이 늙은이 쫓아갈 도리가 없었지
문 닫고 말없이 우두커니 앉았으니
남산인들 이 사람 근심보다 높겠는가
아, 두 번 노래하자 노래가 끝나지 않아서
옆 사람 마음이 쓰리고 쓰렸다네.

어제는 아이들이 동각에 가득 모여
앞 다투어 호명하며 해학 잘도 하더니만
오늘 아침 아이들이 달리며 울어대고
슬픔 품고 이따금씩 조문객 왔네
어인 일로 길게 누워 불러도 못 듣고
일평생 이 마음에 상처를 주었는가
아, 세 번 노래하자 노래가 점점 빨라지니
따라가고 싶지만 천지가 비좁네.

아이 살고 내가 죽으면 내가 죽지 않은지라
가문 명성 안 끊겨 오래도록 빛나지만
내가 살고 아이가 죽으면 내가 바로 죽은 것이니
형영만 남아서 쓰러질 뻔하였다네

문경공 후손이 백 명도 안 된지라
만년에 아이 얻고 마음이 좋았는데
의지하고 싶어도 아이가 없으니
내 마음 일신 위해 상심한 게 아니었지
아, 네 번 노래하자 눈물이 주룩주룩
하늘을 쳐다보니 그저 아득하기만 하네.

깊이 든 큰 병도 치료할 수 있지만
일념의 이 상심(傷心)은 어느 때나 치료되나
월형(刖刑)(발꿈치를 베는 형벌)을 당한 절름발 애꾸눈도 걷거나 보지만은
아이 잃은 이 늙은이 무엇을 한다는 말인가
때로는 번민 털고 관대하고 싶었지만
마음속에 슬픔이 때 없이 찾아드네
이 마음은 마땅히 이 몸과 존재할 터
일생을 무궁한 슬픔 길이 품겠네
아, 다섯 번 노래하자 노래가 슬퍼지니
구천(九天)의 어느 곳에서 내 아들을 찾으랴.

사람들이 찾아와 슬퍼 말라 하면서
그 아이와 전생에 원한이 있었다 말하네
그 말을 들려보고 감정을 눌렀지만

갑자기 생각나면 눈앞이 캄캄했지
나에게 정주니 어떻게 견디겠나
사랑이 고통 되니 어찌한단 말인가
아, 여섯 번 노래하자 노래가 안 되니
천지가 끝이 없지만 마음은 끝이 없어라.

싹이 나서 꽃 못핀 게 천명이 아니라고
소동파의 그 말이 옛날부터 전래됐지
안전에 갑자기 쌍명주를 잃고 나니
꽃만 피고 결실 못해 더욱더 가련하이
보양하며 날마다 성립하기 바랐는데
귀신이 왜 그리 빨리도 앗아갔나
부르다가 속이 타도 곧 바로 죽지 않고
노안에 눈물 없어 마음만 망연했지
사람들이 무정한 걸 이상하게 여기지만
마음 항상 들끓을 줄 어떻게 알겠는가
아, 일곱 번 노래하기 이 무슨 인연인고
천명을 어이하랴, 천명을 어이하랴.

__《사숙재집私淑齋集》권4

강희맹의 글에는 울음 대신 침묵이, 절규 대신 절제가 담겨 있었다. 그러나 그 절제된 문장 사이사이에는 아들의 이름을 부르는 아비의 떨리는 목소리, 끝내 받아들일 수 없는 슬픔, 그리고 사라져버린 미래에 대한 그리움이 고스란히 배어 있었다.

　한 시대의 명문장가였던 강희맹은, 그 순간만큼은 그저 한 아비였다. 세상 모든 명예와 학문은 사라지고, 남은 것은 오직 떠난 아들에 대한 끝없는 그리움과 하늘을 향한 원망뿐이었다. 그러나 그는 그 마음을 글로 남김으로써, 죽은 자와 살아 있는 자 사이, 눈물과 절제 사이, 사랑과 절망 사이의 가장 인간적인 경계를 보여주었다.

　밤이 깊어갈수록 그의 마음은 더욱 선명히 아들의 빈자리를 느꼈다. 달빛이 차갑게 비치는 뜰, 멀리서 들려오는 발자국 소리, 바람결에 스치는 이름, 모든 것이 아들을 찾아 헤매는 아비의 마음이 만들어낸 환청이자 기도였다. 살아서는 서로를 잃었지만, 글 속에서라도 아버지와 아들은 다시 만나고 있었다.

　그런 점에서 볼 때 강희맹의 글은 단순한 제문이 아니다. 그것은 사랑과 상실, 인간의 무력함과 그럼에도 불구하고 끝까지 놓지 않는 마음의 기록이며, 세월을 넘어 오늘을 사는 우리에게도 여전히 울림을 주는 '인간의 슬픔의 본보기'다.

원문

有子有子年十三. 六親携抱稱善男. 從師讀書頗知義. 往往吐出非常談. 老夫寧知及夭札. 重之不減雙金南. 今日送兒隔九原. 逢人欲說猶懷慚.

嗚呼一歌兮歌以黮. 春風吹淚盈裙衫. 老夫朝燕蒙險艱. 兒呼老夫毀形顔. 兒歸九泉別老夫. 老夫無路能追攀. 兀然閉閣坐無語. 終南安得齊憂端.

嗚呼二謌兮歌木蘭. 傍人爲我茹辛酸. 昨日輦兒滿東閣. 爭呼小字善爲譴. 今朝群兒走且泣. 含悲往往來弔客. 爾胡長趴叫不聞. 百年使我傷心曲.

嗚呼三歌兮歌轉促. 欲從遠遊天地窄. 兒存我亡我不亡. 家聲不替久遊光. 我存兒亡我卽亡. 只留形影幾欲僵. 文敬公孫不盈百. 晚歲得兒心最良. 我欲倚兒兒不存. 我心非爲一身傷.

嗚呼四歌兮我涕滂. 仰視皇天徒蒼茫. 膏肓大疾尙可醫. 傷心一念療何時. 刖者能行眇者視. 失兒老夫何所爲. 我時排悶欲自寬. 悲自中來來無期. 是心當與此身存. 一生永抱無窮悲.

嗚呼五歌兮歌且噫. 九原何處尋吾兒. 人來慰我莫歎嗟. 渠是三生冤債家. 我

聞此語稍抑情. 一念忽來昏眼花. 情鍾我輩我何堪. 愛翻爲苦其奈何.

嗚呼六歌兮不成歌. 天地有窮心無涯. 苗而不秀豈其天. 坡仙此語古來傳. 眼前忽失雙明珠. 秀而不實尤可憐. 保養日日望成立. 鬼物奪我何其顚. 驚呼熱中未死. 老眼無淚心茫然. 人來怪我太無情. 焉知却是心常煎.

嗚呼七歌兮何因緣. 奈何天耶奈何天.

__ 悼子篇 | 강희맹 |《사숙재집》권2

2장

차가운 달빛 아래 홀로 서서 — 생의 반쪽을 잃고

아내와 남편, 생의 반쪽을 잃고
남은 자의 고요한 절규.

체면 아래 숨겨둔 눈물 속에서,
진정한 사랑의 얼굴이 드러난다.

그대 목소리와 얼굴이 점점 멀어지니

심노숭 | 아내 완산 이 씨 영전에 바치는 제문祭亡室文

조선 최고의 로맨티스트로 효전孝田 심노숭沈魯崇을 꼽는다. 그야말로 그는 애처가요, 로맨티스트였다. 심노숭은 아내를 위해 시를 짓고, 화공을 불러 아내의 초상화를 그릴 만큼 깊은 사랑을 보였다. 그러나 그렇게 사랑하던 아내는 젊은 나이에 세상을 떠났다. 벼슬에 나가지 못해 가장의 역할조차 다하지 못했던 그는, 그 죽음 앞에서 뼈에 사무치는 그리움에 잠기게 된다. 한 달이 지나도록 잠을 이루지 못하자, 그는 마침내 그리움의 불길을 시로 달래기 시작했다.

그는 아내를 떠올리기만 해도 눈물이 흘렀다. 결국 그는 그 눈물의 근원을 찾아 나섰고, 그렇게 탄생한 글이 바로 〈누원淚原〉이었다. 주위에서 "죽으면 알지도 못할 텐데, 무엇 하러 그토록 시를 쓰느냐"고 만류하자, 그는 조용히 말했다.

"죽으면 아무것도 모른다는 말, 그건 내가 도무지 견딜 수 없는 말이오."

그에게 시는 애도의 언어가 아니라, 아직 끝나지 않은 사랑의 언어였다.

그의 〈망실문亡室文〉은 아내 완산 이 씨가 삼청동 집에서 세상을 떠났음을 고하는 글로 시작된다. 그는 그 글에서 아내의 목소리와 얼굴이 점점 기억 속에서 희미해지는 것을 슬퍼하며, 이제는 꿈속에서도 그녀를 만나지 못하게 되었음을 절절히 토로한다.

유세차 임자壬子 5월 27일, 나의 아내 완산 이 씨가 집에서 세상을 떠났다. 나는 그 목소리와 얼굴이 점점 멀어지는 것을 슬퍼한다. 이제는 꿈속에서도 만나기 어려울 것이니, 애통한 마음에 한을 새기고 가슴속에 그 아픔을 묻어두노라.

그대의 죽음이 이토록 슬픈데, 살아 있는들 무슨 즐거움이 있으랴. 이 모든 세월이 한바탕 꿈이로다. 그대, 부디 먼 곳을 먼저 둘러보시게나.

… (중략) …

그대의 성품은 참을성이 깊었고, 인상은 온화했으며, 기운 또한 강건했네. 그래서 병을 이겨낼 것이라 믿었건만, 결국 병을 이기지 못하고 떠나고 말았지. 그것이 다 나의 마음이 어질지 못한 탓이라 생각하니 더욱 슬프기만 하네. 당신의 병이 어찌하여 생겼는지 그 까닭을 따져 말하자면, 당신은 아마 듣기 싫어할 것이네. 가난한 살림에 시래깃국조차 배불리 먹지 못했던 당신에게, 인삼이나 복령 같은 귀한 약재를 바랄 수나 있었겠는가. 그 추운 겨울밤, 눈이 내리고 아이는 배가 고파 울었지만 줄 것이 없었네.

당신은 아이를 강보에 싸서 따뜻하게 품에 안고, 오히려 밝게 웃으며 이렇게 말했지.

"언젠가 오늘의 이 일도 추억이 되어, 웃으며 이야기할 날이 올 거예요."

하지만 전생의 업보가 아직 다하지 않아 병은 깊어졌고, 당신은 끝내 어린아이의 안위를 걱정하며 제수씨에게 잘 부탁하였지. 그러나 세상일이란 참으로 덧없도다. 아청(심노숭의 셋째 딸로 어린 시절 죽음)이 당신보다 먼저 저승으로 가버릴 줄을 누가 알았겠는가.

아이의 혼을 달랜 뒤, 그날 새벽에 처제가 꿈을 꾸었다 하네. 당신은 곱게 단장한 옷차림으로 서 있었고, 아이는 당신 곁에서 웃으며 놀고 있었다지. 처제가 그 뒤를 따라가려 하자, 당신은 돌아서서 조용히 손을 들어 작별을 고했단다. 그 꿈이 단순한 동기감응이었을지라도, 내 가슴속 슬픔은 더욱 깊어져 간장이 다 녹는 듯하였네. 아직 어린 송이(심노숭의 둘째 딸. 심노숭은 부인 이씨와의 사이에서 1남 3녀를 낳았지만, 송이를 제외하고는 모두 어린 시절 죽었다.)는 사태를 알지 못해 통곡할 줄도 모르네.

_《효전산고孝田散稿》

심노숭은 죽은 아내에게 마치 살아 있는 사람에게 말하듯, 이런저런 이야기를 풀어놓는다.

그는 아이 넷을 낳아 셋을 먼저 떠나보내고 하나만 남았다는 것, 그 아이가 아내를 꼭 빼닮아 그녀가 무척 기뻐했다는 사실, 그리고 아이가 영특하여 가르쳐주는 대로 무엇이든 잘 따라 배웠다는 이야기를 덤덤히 적는다.

또한 아내의 병세가 깊어지자 멀리 나가지 못하고 곁을 떠나지 않았던 일, 그리고 임종 직전 아내가 남긴 마지막 말을 떠올린다.

"공연히 지아비 잠 깨우지 마세요."

이 얼마나 다정하고 가슴 절절한 말인가. 특히 숨이 차오르고 혀가 굳어 말조차 하기 어려운 그때에 남긴 다음의 한마디는 듣는 이의 가슴을 미어지게 한다.

"가군家君(남에게 자기 남편을 이르는 말)께 인사를 못 드리니, 죽어가면서도 더욱 마음이 아픕니다."

그의 절절한 망실가는 그렇게 이어진다.

파주坡州에 새 집을 짓고 살고자 했던 오랜 계획을 당신은 아직도 기억하고 있을 것이네. 사묘祠廟를 봉안하고, 어머니를 마저 모셔놓은 뒤, 나는 남아 있다가 결국 관 속에 잠든 당신과 더불어 이곳으로 오게 되었네.
당신을 보내고 난 뒤, 새벽에 잠이 깨면 베개에는 온갖 상념이 줄을 이어 찾아드네. 어디 그것 뿐인가. 불도 켜지 않은 가운데 낙숫물 소리만 들려오네. 지나간 시절을 회상하니 문득 한 소식을 한 스님과도 같네. 진실로 슬퍼할 만한 것이 죽음이지만 살아 있다고 한들 도대체 어떠한 즐거움이 있을 것인가. 한 세상 사는 것이 유장한 세월 속에 한바탕 꿈과 같으니. 당신 먼저 멀고 먼 그곳을 구경하기 바라네.

지난해 오늘을 회상하니 가슴이 아릿하네. 남산 아래 있던 집에서 쟁반에는 떡이 가득 담기고 마루 위엔 웃음소리가 가득했네. 어린아이는 찹쌀떡을 내어놓고, 당신은 나를 위해 술 한 잔을 따라 주었네. 술에 취한 나는 시를 읊었고, 그러다 보니 밤이 다 지나갔네.

덩그렇게 큰 집에 혼자서 남아 집을 지키고 있는데도 나는 길 가는 나그네 같네. 당신 혼령이 아직 어두워지지 않았다면, 이런 나를 내려다보고 깊이 슬퍼할 것이네. 지금도 피어 있는 꽃들과 집을 둘러싸고 있는 나무 위에선 매미들이 울어대네. 푸른 하늘엔 흰 구름이 유유히 흘러가고, 땅에는 저렇듯 푸른 강물이 흐르네.

임이여, 부디 이곳으로 임하게. 상향.

_《효전산고》

심노숭의 망실가는 〈동원(東園)〉이라는 시에서 절정을 이룬다. 여기서 그는 부인 이 씨가 죽은 지 일 년 만에 남산 옛집에 갔다가 동생의 부인이 차려준 밥상에 쑥이 올라온 것을 보고 부인 생각에 눈물이 났었다며 고백하고 있다.

동쪽 정원에는 눈이 녹아 계곡물에 더하고
고운 구름 떠있어 봄 그늘을 땅에 드리우는데
적막한 후당(後堂)에는 겹문이 닫혀있고

거미줄, 엉긴 먼지가 대나무 주렴에 쌓였네.

낮은 담장 동편 밭두둑 늙은 괴나무 아래에
실 같은 푸른 싹, 쑥이 자라나는데
그대는 오순도순 해마다 쑥을 삶았으니
동서들이 모여 앉은 방안에는 웃음소리.

치마는 걷어 올려 허리춤에 묶었고
손에 쥔 작은 호미 갈고리처럼 굽었는데
늙은 시부모 다가와선 잔소리는 얼마던가
아이는 대바구니, 쑥 캐는 길 뒤를 좇네.

어느새 물이 끓으면 쑥이 익도록 불을 넣고
북쪽 시장에선 젓갈 사고 서쪽 시장에선 기름을 샀네
문 앞에 장사치들 생선을 꿰어 팔면
생선 비늘 벗겨내어 제철음식 갖추었지.

나는 또한 저녁 식사에 반드시 술을 찾았으니
그대는 패물을 풀어 여종에게 쥐어주며
행여나 지체 말라 조곤조곤 당부하니
골목 어귀 신씨네는 술을 새로 걸렀다더군.

밥상 앞에 둘러 앉아 웃음소리 가득했고
나 또한 시 읊으며 온갖 시름 버렸는데
이 몸은 지난해 서쪽으로 떠나가서
3개월간 산수를 즐기며 천 리 밖을 노닐었더니.

돌아오자 당신은 병들었고 쑥 또한 시들었는데,
그대 울며 말하기를
"가실 기약 있는데 어찌 지체하십니까.
시간이란 강물처럼 사람을 기다리지 않고
인생이란 그 사이가 하루살이 같은 것.
이 몸은 죽으나 내년에도 쑥이 돋을 테니,
새 쑥을 보거들랑 제 생각이 나시겠죠."

오늘 우연히 제수씨가 밥을 내왔는데,
밥상 위의 여린 싹에 문득 목이 메는구려.
그 시절 나를 위해 쑥 캐던 당신,
이제 그 얼굴 위로는 쑥이 돋는 한 줌의 흙이.

_《효전산고》

심노숭은 서른한 살 되던 해, 사랑하는 아내를 잃었다. 그의 아내는 생전에 새 집을 지으며 말했다.

"이 집 주변에 꽃과 나무를 많이 심어요. 나중에 계절마다 꽃이 피고 지면 얼마나 좋을까요."

하지만 그녀의 바람은 이루어지지 못했다. 새집을 다 짓기도 전에 세상을 떠난 것이다.

심노숭은 아내를 새집 가까이에 묻었다. 그리고 그 곁에 나무를 심기 시작했다. 매화, 복숭아, 버드나무, 느티나무까지 ― 그는 계절마다 다른 향기와 그늘을 주는 나무들을 심었다. 그 모든 나무는 곧 아내의 숨결이 깃든 정원이 되었다.

그는 이렇게 말했다.

"죽은 뒤에도 무궁한 세월 속에서, 이 나무들과 더불어 그대와 함께 있고 싶다."

그의 삶은 그날 이후 멈추었다. 그러나 시는 멈추지 않았다. 죽은 아내를 그리며 수십 편의 시문을 썼기 때문이다. 밤마다 등불을 밝혀 글을 쓰며, 한 자 한 자마다 그리움을 새겼다. 그것은 단순한 슬픔이 아니라, 죽은 이를 향한 살아 있는 사랑의 기록이었다.

그의 글에는 언제나 아내가 있었다.

"봄이 오면 쑥이 돋겠지요. 새 쑥을 보면 제 생각이 나시겠죠."

이 마지막 아내의 말을 그는 평생 가슴에 새기며 살았다. 그의 시는 한 남자의 절절한 사랑이자, 이별 이후에도 계속되는 영혼의 대화였다.

원문

東園雪消層磵流 春陰垂地嬌雲浮
寂寂重門後堂闃 蛛絲冒塵竹簾頭
女墻東畔古槐下 綠芽如絲新艾抽
君在年年煮艾會 堂中歡笑聚娌妯
摺裳裙對束在腰 手裏短刀曲如鉤
老親臨視課多少 採採行隨兒携簍
須臾湯成復炊熟 北市買醬西市油
門前商賈貫目魚 狼藉皮鱗備時羞
我又當飡索一飮 解珮君與小婢謨
重言叮嚀飭待遲 巷口申娘新釀篘
匝坐盤筵笑語喧 我亦吟詩失千愁
前年我行西出關 三月湖山千里遊
歸來君病艾亦老 泣道行期何遲留
時物如流不待人 人生其間如蜉蝣
我死明年艾復生 見艾子能念我否
今日偶從弟婦食 盤中柔芽忽梗嗾.

　　　　　　　　　　　　__ 東園 | 심노숭 |《효전산고》

이불 안고 앉아서 날을 새우네

강희맹 | 아내 순흥 안 씨의 죽음을 애도하며 /五更歌

1482년 임인년 겨울, 강희맹은 사랑하던 부인 순흥 안 씨가 죽자 애도의 마음으로 '밤새 슬피 부르는 노래 다섯 편'이라는 〈오경가五更歌〉를 지어 규방閨房의 벽에 붙여놓았다. 그의 노래는 밤의 다섯 시각(초경부터 오경까지)에 따라 슬픔이 점점 깊어가는 과정을 담고 있다.

초경(初更, 밤 7시~밤 9시) 인정人定(조선 시대 밤에 통행을 금지하기 위하여 종을 치던 일)
종소리에 주위가 조용한데
눈을 감아도 잠이 없어 오래도록 멀뚱거리네
앉았다 누웠다 신음하며 여윈 몸 일으키니
어떻게 이 춥고 기니긴 밤을 보내리.

이경(二更, 밤 9시~11시)에 자려 해도 잠은 오지 않아

잠을 청하려고 억지로 두세 잔을 마시네

만 가지 생각이 뒤엉켜 더욱 어지러우니

상반되는 일이 마음에 걸려 견디기가 어렵네.

삼경(三更, 밤 11시~새벽 1시)에 잠 못 들어 턱을 괴고 앉았는데

등불 그림자는 경고更鼓 소리 드무네

구부정하게 기댄 채로 한밤을 지내며

창을 밀치고 옮겨가는 은하수를 자주 보네.

사경(四更, 새벽 1시~새벽 3시)에도 오히려 침상에 무릎 붙이지 못하는데

깊은 아픔은 끝없이 내 창자를 짓누르네

천지가 다함이 있어도 시름은 다하지 않으니

진실로 병이 아님을 아는 것이 또한 깊은 병이네.

오경(五更, 새벽 3시~새벽 5시)의 닭 울음소리에 종소리도 따라 우는데

일어나 이불 안고 앉아서 날을 새우네

아침이 온다고 해서 시름이 사라지는 것 아니니

시름은 밤의 어두움으로 인해 더욱더 깊어지네.

_《사숙재집》

떠난 아내를 그리는 슬픔이 마치 한 폭의 풍경화처럼 서정적으로 펼쳐진다. 글 속에는 잎이 흩날리는 가을 산의 정경과 함께, 생전에 다하지 못한 마음에 대한 회한이 고요히 배어 있다.

그는 한때 나란히 걷던 길을 이제 혼자 걸으며, 아내가 있던 자리를 눈으로 더듬고, 그녀의 목소리가 스미던 방 안 공기마저 그리워한다. 텅 빈 집은 더 이상 단순한 공간이 아니라, 추억이 깃든 '그리움의 그릇'이 된다.

이를 두고 어떤 이는 그 슬픔을 중국의 옛 시를 빌어 다음과 같이 표현하기도 했다.

저 가을 산을 어떻게
혼자 넘지
그대와 둘이서도
그렇게 힘들었는데…

떠난 사람의 빈자리가 유독 크게 느껴지는 것은 바로 이 때문이리라.

사랑이 깊을수록, 그 사랑을 잃은 자리도 더 깊어지는 법이다. 진심은 즐겁고 행복할 때보다, 외롭고 쓸쓸한 순간에 더욱 투명하게 드러난다. 그의 글이 오래 남는 이유는, 그 슬픔이 눈물이 아니라 사랑의 다른 이름으로 피어나기 때문일 것이다.

원문

歲壬寅冬. 夫人歿. 傷悼之極. 因作五更歌. 書諸闈壁.

初更人定四壁靜. 瞠眼無眠長耿耿.
坐趺吟呻閣瘦軀. 何以度此寒夜永.

二更欲睡睡不來. 引睡強傾三兩盃.
萬念繁興轉紛撓. 未堪氷炭嬰于懷.

三更不寐坐支頤. 燈影微明更鼓稀.
旋倚居然過夜半. 拓窓頻看星河移.

四更猶未膝添床. 沈痛無端迫我腸.
天地有窮愁不盡. 固知非病亦膏肓.

五更鷄叫趁鍾聲. 起擁衾裯坐達明.
不是朝來愁便去. 愁仍夜暗倍冥冥.

_ 五更歌 | 강희맹 | 《사숙재집》

내세에는 바꾸어 태어나, 그대에게 이 슬픔을 알게 하리

김정희 | 아내 예안 이 씨의 죽음을 애도하며 配所輓妻喪, 夫人禮安李氏哀逝文

'추사체'라 불리는 독창적인 서체를 완성한 추사秋史 김정희金正喜는 인생의 한때를 가시울타리 속에서 보냈다. 그는 벼슬길의 영예 대신 유배의 고독을 택한 것이 아니라, 시대의 질곡 속에서 밀려난 몸이었다.

그가 받은 형벌은 위리안치圍籬安置로 죄인이 달아나지 못하도록 탱자나무 가시로 울타리를 두르고, 그 안에 가둔 뒤 감호인만이 드나들 수 있게 하는, 육체의 감금이자 정신의 속박이었다.

세상과 단절된 그 땅, 제주. 바람은 추사의 마음을 더 세차게 몰아쳤고, 밤이면 파도는 마치 세속의 모든 인연을 지워버리듯 귓가를 때렸다. 그러나 그 속에서도 추사는 붓을 놓지 않았다.

'날이 차가워진 뒤에야 소나무와 잣나무가 늘 푸르다는 것을 안다'는 뜻의 《세한도歲寒圖》는, 절망의 시기에 그가 유배지에서 그린 외롭지만 감사

한 마음을 담은 그림이었다.

연경에 머물던 제자 이상적李尚迪이 스승의 이름이 세상에서 잊힌 뒤에도 변함없이 책을 구해 보내오자, 그는 그 정성에 감동해 그림 한 폭으로 고마운 마음을 전했다.

그 무렵 그가 동생 명희命喜에게 보낸 편지 한 통이 남아 있다. 그 안에는 바람보다 차갑고, 그러나 그만큼 단단한 추사의 하루가 담겨 있다.

가시울타리를 치는 일은 이 가옥 터의 모양에 따라 하였다네. 마당과 뜰 사이에서 또한 걸어 다니고 밥 먹고 할 수 있으니, 거처하는 곳은 내 분수에 지나치다고 하겠네. 주인 또한 매우 순박하고 근신하여 참 좋네. 조금도 괴로워하는 기색이 없는지라 매우 감탄하는 바일세. 그 밖의 잡다한 일이야 설령 불편한 점이 있더라도 어찌 그런 것쯤을 감내할 방도가 없겠는가.

_《완당전집阮堂全集》권2

그는 제주도로 유배된 지 3년째 되던 1842년 11월 13일 아내 예안 이 씨가 세상을 떠났다는 갑작스런 부음을 받는다. 비록 몸은 떨어져 있었지만 자나 깨나 지아비를 위해 찬물饌物(반찬거리)을 보내던 정성 지극한 아내였다. 이에 그는 그런 아내에게 다음과 같은 마음을 담은 편지를 자주 보내곤 했다.

이번에 보내온 찬물은 숫자대로 받았습니다. 민어는 약간 머리가 상한 곳이 있으나 못 먹게 되지는 아니하여 병든 입에 조금 개위(開胃, 위의 소화기능을 돕고 식욕을 돋우는 방법)가 되었고, 어란(魚卵)도 성하게 와서 쾌히 입맛이 붙으오니 다행입니다. 여기서는 좋은 곶감을 얻기가 쉽지 않을 듯하니 배편에 네다섯 접 얻어 보내주십시오.

_《완당전집》권5

이렇게 수도 없이 보냈던 편지를 이제 다시는 보낼 수 없게 된 것이다. 그는 하늘이 무너지고, 땅이 꺼지는 듯한 절망과 슬픔 속에서 〈배소만처상(配所輓妻喪)〉이라는 글과 가슴에 사무치는 제문을 남긴다.

월하노인 통해 저승에 하소연해
내세에는 우리 부부 바꾸어 태어나리
나는 죽고 그대만이 천 리 밖에 살아남아
그대에게 이 슬픔을 알게 하리라.

_《완당전집》권10

아내의 부음을 듣고도 마음대로 갈 수 없는 신세였던 추사. 게다가 살면서 아내에게 잘해주지 못한 일들이 자꾸 떠올라 위와 같은 시를 지었다고 한다. 그 내용은 중매의 신인 월하노인에게 하소연해 다시금 죽은 아내와 부부의 연을 맺게 해달라는 것이었다.

그는 이어서 가슴에 사무치는 제문을 지었다.

임인壬寅(1842년) 11월 13일 부인이 예산의 묘막에서 임종하였으나, 다음 달 15일 저녁에야 비로소 부고가 바다 건너로 전해져서, 남편 김정희는 상복을 갖추고 슬피 통곡한다. 살아서 헤어지고, 죽음으로 갈라진 것을 슬퍼하고 영원히 간 길을 좇을 수 없음이 뼈에 사무쳐서 몇 줄 글을 엮어 집으로 보낸다. 글이 도착하는 날 그에 인연해서 영구靈柩 앞에 고할 것이다. 거기에 이르기를 다음과 같이 한다.

아아, 나는 강 앞에 있고 산과 바다가 뒤를 따랐으나 아직 내 마음을 흔들리게 한 적이 없었다. 그런데 한낱 아내의 죽음에 놀라 가슴이 무너지고 마음을 걷잡을 수 없으니, 대체 이 무슨 까닭인가.

아아, 대체로 사람마다 죽음이 있거늘 홀로 부인만 죽음이 없을 수 없으리오. 죽을 수 없는데 죽은 까닭에 죽어서 지극한 슬픔을 품게 되었을 것이고 기막힌 원한을 품게 되었을 것이다. 그래서 장차 뿜어내면 무지개가 되고 맺히면 우박이 되어 족히 공부자孔夫子의 마음이라도 움직일 수 있겠기에 산과 바다보다 더 심함이 있는가 보다.

아아, 30년 동안 효를 행하고 덕을 쌓아서 친척들이 칭찬하였고 친구와 관계 없는 남들에 이르기까지도 감격하여 칭송하지 않는 사람이 없었지만 사람이 해야 할 떳떳한 일이라 해서 부인은 받기를 즐겨하지 않았다. 그러나 그대로 잊을 수 있겠는가.

내 일찍이 '만약 부인이 죽으려면 나보다 먼저 죽는 것만 못할 것이니 그래야 도리어 더 좋을 것이다'라고 장난삼아 말하면, 부인은 들은 체도 하지 않고 가버렸었다. 하지만 이는 진실로 세속의 부녀자들이 크게 싫어하는 것이나 그 실상은 이런 것이니, 내 말은 끝까지 장난에서 나온 것만은 아니었었다. 그런데 지금 마침내 부인이 먼저 죽고 말았으니, 먼저 죽은 것이 무엇이 시원하겠는가. 내 두 눈으로 홀아비가 되어 홀로 사는 것을 보게 할 뿐이니, 푸른 바다와 넓은 하늘처럼 나의 한스러움만 끝없이 사무치는구나.

_《완당전집》권7

가시울타리 속에서 추사는 고독에 감금된 몸이 아니라, 세상을 향한 마음까지 봉인된 존재였다.

하루하루를 돌로 쌓듯 쓸쓸히 견디던 그에게, 아내의 죽음은 바람 한 줄기에도 무너지는 집처럼 삶의 기둥을 무너뜨린 일이었다. 그토록 단단했던 마음이 한순간에 허물어지고, 학문도, 벼슬도, 이름도, 모두가 부질없는 허상으로 느껴졌을 것이다.

그는 말한다.

"아아, 산과 바다도 내 마음을 흔들지 못했는데, 한낱 아내의 죽음에 가슴이 무너졌다."

이 한 줄의 고백 속에는 유배지의 바람보다 차가운 슬픔이 서려 있다.

세상과 단절된 그가 마지막까지 붙잡고 있던 것은 한 사람의 이름, 그 사람의 숨결, 그리고 다정한 음성의 잔향이었다.

그는 죽은 아내에게 편지를 보내듯 제문을 썼다.

"내세에는 우리 부부 바꾸어 태어나리."

그 말은 맹세라기보다, 미처 다하지 못한 사랑에 대한 눈물 어린 속죄였다. 살아 있을 때 더 다정하지 못했던 자신을 탓하며, 그가 그토록 견고히 쌓아 올린 '선비의 자존심'은 무너지고 말았다.

그의 붓끝은 더 이상 글씨가 아니라 눈물의 선을 그었다. 또한, 그의 제문은 슬픔을 기록한 글이 아니라, 그리움을 견디려는 한 인간의 기도였다.

원문

那將月老訟冥司
來世夫妻易地爲
我死君生千里外
使君知我此心悲

___ 配所輓妻喪 | 김정희 | 《완당전집》 권7

壬寅十一月乙巳朔十三日丁巳. 夫人示終於禮山之楸舍. 粤一月乙亥朔十五日己丑夕. 始傳訃到海上. 夫金正喜其位哭之. 慘生離而死別. 感永逝之莫追. 綴數行文. 寄與家中. 文到之日. 因其饋奠而告之靈几之前曰.

嗟嗟乎. 吾桁楊在前. 嶺海隨後. 而未嘗動吾心也. 今於一婦人之喪也. 驚越遁剝. 無以把捉其心. 此曷故焉.

嗟嗟乎. 凡人之皆有死. 而獨夫人之不可有死. 以不可有死而死焉. 故死而含至悲如奇寃. 將噴而爲虹. 結而爲雹. 有足以動夫子之心. 有甚於桁楊乎嶺海乎.

嗟嗟乎. 三十年孝德. 宗黨稱之. 以至朋舊外人. 皆無不感誦之. 然人道之常. 而夫人所不宵受者也. 然倻也可忘.

昔甞戲言. 夫人若死. 不如吾之先死. 反復勝焉. 夫人大驚此言之出此口. 直欲掩耳遠去而不欲聞也. 此固世俗婦女所大忌者. 其實狀有如是者. 吾言不盡出於戲也. 今竟夫人先死焉. 先死之有何快足. 使吾兩目鰥鰥獨生. 碧海長天. 恨無窮已.

__ 夫人禮安李氏哀逝文 | 김정희 | 《완당전집》 권10

어리고 철없는 두 딸은 누가 돌보며

김종직 | 아내 숙인 조 씨 영전에 바치는 제문 祭亡妻淑人文

점필재佔畢齋 김종직金宗直은 사림의 큰 스승으로, 문장과 역사에 모두 뛰어났으며 의리를 중시한 도학의 중심 인물이었다. 그의 학문은 제자인 김굉필金宏弼, 정여창鄭汝昌, 유호인兪好仁 등으로 이어졌고, 특히 김굉필은 조광조趙光祖를 통해 그 학맥을 계승했다.

그러나 위대한 선비이자 학자로서의 모습 뒤에는 한 사람의 남편으로서, 한 여인의 지아비로서 겪은 깊은 인간적 슬픔이 있었다. 아내를 먼저 떠나보낸 그는, 평생 실천해온 의리와 학문을 뒤로 하고 한 인간으로서의 상실과 그리움 속에서 아내를 위한 제문을 남겼다. 제문에는 학문적 성취나 명예와는 무관하게, 오직 남편으로서 느끼는 절절한 사랑과 상실의 아픔이 고스란히 담겨 있다. 아내를 잃은 슬픔 속에서 그는 죽음 앞에서도 무력할 수밖에 없는 인간의 한계를 마주했다.

모월 모일에 부夫 김종직은 삼가 술과 제물을 갖추어 감히 망실 조 씨 숙인의 영에 고하나이다.

아, 숙인이여! 어찌 이다지도 빨리 나를 버리는가. 백 년을 기약했더니 겨우 삼분의 일이로세. 30년 동안 부부생활이 하루아침에 영결이란 말인가. 지난 일을 곰곰이 생각하면 어찌 차마 말로 다하리오.

아, 슬프다. 그대는 명문에서 태어나서 나 같은 선비의 짝이 되었네. 유순하고 어질고 너그럽고 인자하며, 마음속에는 척도가 있었네. 선비先妣(돌아가신 어머니)를 공경히 받들며 늙게는 더욱 화락하니, 선비께서는 항상 말씀하시기를 "우리 며느리는 추상할 만하다"고 하셨네. 나의 자매들도 의가 좋아 서로 화합하여 올케와 시누이 사이가 한 번도 거슬림이 없었네. 고향이나 친척들에게도 편벽되게 누구를 좋아하고, 누구를 싫어하지 않았으니, 덕은 어찌 이처럼 오롯한데 수명은 어찌 이처럼 갖추지 못했는가.

아, 슬프다. 내 천성이 구졸鳩拙(힘들고 어려워도 편안히 거함)하여 양식이 항상 떨어졌는데, 그대 역시 가난을 잘 견디고 이익에 뜻을 두지 아니하며, 허름한 음식과 궂은 옷으로 시종이나 다름없었네. 제사나 손님 접대에는 의물儀物을 반드시 갖추고, 시고 짠 것을 좋아하여 콩잎국도 맛있게 만들었네. 그대는 맹광孟光(남편을 지극히 섬겨 밥상을 눈썹 높이까지 올려 바쳤다는 양홍의 처)과 시상柴桑(도연명이 살았다는 산)의 척씨翟氏(도연명의 아내)를 닮았으니 나는 깊이 의지했었네. 벼슬을 그만두고 산에서 나무하고, 물에 가서 고기 낚아, 늘그막에 서로 의지하여 여생을 보전하려 했더니, 이게 웬일인가.

아, 슬프다. 그대는 세상에 와서 한 번도 좋은 시절을 보지 못하고 고생만 하다 갔네. 한 돌이 채 못 되어 어머니가 돌아가시자, 외종조 내외가 어린 당신을 길렀네. 출가하기 전에 여러 차례 의지를 잃고 외조모를 따라 여자가 지켜야 할 도리를 배웠네. 외조모 돌아가신 뒤 그 침통함을 어이 견뎠나.
내 집에 들어와서도 좋은 일, 궂은 일이 겹쳐 일어났지만, 즐거운 일 눈가에 차지 않고 화를 입은 것은 유난히 컸네. 두 번 삼년상을 지내는 동안 정성을 다해 제사를 받들었네. 도를 듣지 못한 나를 만나 온갖 귀신이 장난을 하여 2녀 5남을 연거푸 여의니, 그대는 오장이 찢어져서 본병이 다시 발작했네.

아, 슬프다. 그대의 병은 산후에 생긴 것으로 풍사風邪(감기)와 혈독血毒이 가슴속에 뭉쳐 다니다가 10년 동안 약으로 다스려 적취된 것은 녹아났네. 간혹 다시 발작했지만 그 증세는 대단하지 않았고, 오래되면 의당 없어지고 거의 회복되었기에, 드디어 그대로 두고 치료에 힘쓰지 않았더니, 끝내 그 병으로 세상을 마쳐 나로 하여금 부끄럽게 하였네.

아, 슬프다. 그대 부친 강건하여 당상堂上(정3품상 이상의 고위 관리)에 계시는데 좋은 때 아름다운 날에 누가 술을 마련하며, 아무것도 모른 채 방에서 놀고 있는 어리고 철없는 두 딸은 누가 돌보며, 시집갈 때 누가 그 짐을 꾸려 주리오. 그대의 동생들은 모두 저렇듯 건강한데 오직 당신만이 없으니 수염을 그슬려가며 끓인 죽을 누굴 위해 맛보리. 정제庭除(뜰)에 가득 찬 노비가 그늘을 잃어 의지할 곳 없으며, 좌우 사환들은 누가 주장하며, 집을 새로 지어 연못도 있고 정원도 있는데, 그대는 머물러주지 아니하니, 누구와 더불어 주선하리요.

아, 슬프다. 적막한 서쪽 창은 그대가 살던 데라 이부자리와 세수 기구를 평시같이 벌여놓고, 음식을 대접하는 것도 역시 편의를 따랐네. 그러나 그대는 옛날에 아이를 많이 낳았어도 하나도 제대로 기르지 못했으니, 집상執喪(어버이 상(喪)에서 예절을 지키며 상제(喪祭) 노릇을 하는 것)할 자식 그 누구이랴.

이제 다 그만이다. 나는 병을 칭탁하여 사직하고 일 년 복을 입으려 했는데, 그릇되게 임금의 은혜를 입어 약을 내려 치료하게 하시니, 은명恩命(임금이 임관(任官)이나 유죄(有罪)에 관(關)하여 내리던 명령)을 저버릴 수 없어 장차 서울로 가게 되었네. 그대의 장사葬事에는 내가 장차 돌아오리다. 유명幽明이 간격이 없으니 응당 내 서러움을 알걸세. 아, 슬픈 일이다.

미곡米谷의 벌에 송추松楸가 울창한데 옥과玉果의 양룡兩龍이 있어 그 가운데 그대를 안장했네. 그대의 모친과 아들은 양룡 동쪽에 있네. 그대의 유택은 섣달에 경영키로 했으니, 구천九泉에서나마 가족들이 모이게 되면 그 즐김이 무럭무럭 하리라. 아, 죽은 자는 그렇거니와 산 사람은 누구를 따른단 말인가. 술을 부어 고하노니 슬픈 마음 다함이 없네.

아, 슬프기 그지없다.

_《점필재집佔畢齋集》

너무도 애절한 글이다. 한 시대의 도학을 이끌던 지엄한 선비에게 이토록 깊고도 다정한 사랑이 숨어 있었다니, 놀랍기만 하다. 한 글자 한 글자마다 절절히 배어 있는 그리움과 회한, 그 속에 서린 생의 무게는 오늘날의 우리를 향해도 여전히 생생하게 울려온다. 수백 년의 세월이 흘렀건만, 그 애도의 염念은 조금도 바래지 않아, 읽는 이의 가슴을 파고들며 오래도록 저며온다.

생육신 가운데 한 사람인 추강秋江 남효온南孝溫은 그의 문집《추강냉화秋江冷話》에 다음과 같이 기록했다.

> 점필재 선생이 상주로서 삼년상을 치르는 동안, 아침저녁으로 제상 앞에 나아가 곡을 할 때면 그 곡성이 하늘을 흔들었고, 그 길을 지나던 사람 가운데 눈물을 흘리지 않은 이가 없었다.

그 얼마나 절절하고 간절했으면, 모든 이가 그 소리를 듣고 함께 울었을까. 도리를 생명처럼 지키던 선비가, 사랑하는 이를 잃고는 그 도리보다 앞서 인간의 진심으로 울부짖었던 것이다. 그의 울음에는 교훈이 아니라, 다만한 사람을 잃은 인간의 가슴이 있었다.

  예나 지금이나, 곁에 있을 때는 그 존재의 귀함을 모르고 사라지고 나서야 비로소 그 의미를 깨닫는다. 하루하루 함께 숨 쉬던 모든 것이, 떠나가고 나면 그 자리가 땅만큼 넓고 하늘만큼 높아진다. 마치 그것이 세월이 증명한 진리라도 되는 듯이.

원문

月日. 夫具位金宗直. 謹以淸酌時羞之奠. 敢哀告于亡室曺氏淑人之靈. 嗟嗟淑人. 棄我何亟. 百年之約. 三分纔一. 卅年伉儷. 一朝而訣. 追惟往事. 胡寧忍說.

嗚呼哀哉. 君生名族. 配我儒素. 柔淑寬慈. 中有尺度. 祇順先妣. 晩益和裕. 先妣每云. 吾婦可慕. 我姊我妹. 驩然相護. 姒娣之間. 一無或忤. 鄕里親戚. 孰偏好惡. 德何克全. 壽何不具.

嗚呼哀哉. 我性鳩拙. 甑石虁眞. 君亦安貧. 不事嬴利. 菲食惡衣. 始終罔異. 如値賓祭. 儀物必備. 君調醎酸. 蘋蘩亦美. 五噫孟光. 柴桑翟氏. 君實似之. 我所深倚. 方謀休官. 採山釣水. 白首相依. 以保餘齒. 玆計幾就. 胡遽至此.

嗚呼哀哉. 君之生世. 艱厄重仍. 年未周星. 母疾不興. 外曾考妣. 鞠育哀矜. 未及于笄. 累失所憑. 從外王母. 女範其承. 王母又沒. 沉痛曷勝. 及歸于我. 休咎輒徵. 歡不滿眼. 得禍尤弘. 兩更三年. 黽勉嘗蒸. 我蔑卙道. 百鬼侵陵. 二女五男. 相踵魂升. 君以摧裂. 夙癠轉增.

嗚呼哀哉. 昔君得疾. 實因解娩. 風邪血毒. 于中旋轉. 十載服藥. 積聚銷殫. 往

往復患. 厥證亦淺. 久而當已. 庶幾平善. 遂致因循. 治療不勉. 竟以此終. 令我
慚覵.

嗚呼哀哉. 君之嚴君. 康强在堂. 良辰佳節. 誰侑酒觴. 君之兩女. 少者在房. 他
日于歸. 誰辦其裝. 君之諸弟. 譽聞俱良. 蒸鬐臛粥. 誰爲而當. 奴婢滿庭. 失廕
俍俍. 左右使喚. 誰其主張. 新築屋廬. 有園有塘. 君不留居. 誰與周章.

嗚呼哀哉. 寂寥西閤. 君其在玆. 衣衾盥櫛. 象君平時. 飮食供具. 亦且隨宜. 君
昔劬勞. 終無一兒. 執喪者誰. 嗚呼已而. 我欲斛疾. 爲服杖期. 謬蒙上眷. 賜藥
以醫. 難辜恩命. 將赴京師. 君之襄事. 吾將遄歸. 幽明無間. 當知我悲.

嗚呼哀哉. 米谷之原. 松楸欝葱. 玉果兩壠. 安厝其中. 君母及子. 在兩壠東. 營
君宅兆. 卜以玄冬. 九泉會合. 其樂融融. 逝者然矣. 生者曷從. 奠酹以告. 號慟
莫窮. 嗚呼哀哉.

__祭亡妻淑人文 | 김종직 | 《점필재집》

꿈속에서라도 한 번 만났으면

이시발 | 측실 이 씨 영전에 바치는 제문祭側室文

벽오碧梧 이시발李時發. 그는 문신으로서는 드물게 전장을 누비며 임진왜란과 정유재란, 그리고 이괄의 난 등 나라의 위기 속에서 공을 세운 무장형 관료였다. 평생을 나라를 위해 바치며 강단 있고 냉철한 인물로 기억되지만, 한편으로는 누구보다 뜨겁고 한결같은 사랑을 품은 사람이었다.

1609년, 광해군 즉위 원년. 그는 평생 아끼던 측실側室(본처 외에 함께 사는 부인), 덕수 이씨가 세상을 떠나자 참을 수 없는 비통함 속에서 한 편의 제문을 남겼다.

그녀는 다름 아닌 신사임당의 손녀이자 율곡 이이의 조카딸로, 그 품격과 재능이 남달랐던 여인이었다.

이시발은 그녀를 처음 본 순간부터 마음을 빼앗겼다고 고백한다.

"그대의 자태에 반해 반 년 동안을 잊지 못했다."

그의 글에는 한 시대의 무장도, 조정의 판서도, 도리를 중시하던 선비도 없다. 오직 한 여인을 사랑했던 한 남자의 절절한 회한만이 남아 있다. 그 문장은 단순한 추모의 글이 아니라, 사랑과 존경이 함께 깃든 영혼의 고백문이었다. 하지만 두 사람의 사랑은 유난히 고된 길 위에 놓여 있었다.

이시발은 성주목사, 경주부윤, 함경도 감사, 평양감사 등 외직을 전전하며 무려 11년 동안 객지를 떠돌았다. 그 모든 세월을 그의 아내는 묵묵히 따라다녔다. 낯선 땅에서 병든 몸으로 남편을 돌보고, 고향으로 돌아가고 싶다는 마지막 소망조차 이루지 못한 채 세상을 떠났다.

더 가슴 아픈 것은, 남편이 사신을 맞이하러 떠난 사이 그녀가 홀로 눈을 감았다는 점이다. 임금의 명을 거역할 수 없었던 그는 끝내 임종을 지키지 못했고, 장례조차 타인의 손에 맡길 수밖에 없었다. 그가 제문에서 토해낸 절규는 바로 그 죄책감과 이별의 참담함이었다.

만력 37년(1609년, 광해군 1년) 7월 13일 영옹穎翁은 죽은 측실 이 낭자李娘子의 영혼에 고합니다.

아아, 슬프고 슬프다. 나를 버리고 그대는 어디로 갔는가. 내 그대에게 항상 이르기를 "그대는 나보다 열여섯 살이 적으니 반드시 나보다 뒤에 죽을 것일세"라고 하면, 그대는 꼭 대답하기를 "제가 먼저 죽어야 합니다"라고 하였지. 그런데 그대는 진실로 나보다 먼저 죽었구려. 죽고 사는 것이나 수명이 길고 짧은 것은 모두 운명에 달렸으니, 인력으로 어쩔 수 없지. 하지만 왜 이리 슬프단 말인가. 목이 막혀 말이 나오지 않네.

오호라, 내가 옛날에 후사를 위해 측실을 구할 때 그대의 자태에 반해 거의 반년 동안을 잊지 못했었네. 그러다가 마침내 그대의 부모로부터 허락을 받고 그대를 데리고 왔었지. 그때 나는 그대의 뜻과 행동 그리고 총명한 재질과 정숙한 바탕을 보며, 평범한 집안의 규수와는 다르다고 생각했었네. 진실로 그대는 시부모에게 공손하고 남편에게 정성을 다하였으며 형제와 우애하니, 이 모두가 타고난 천성이 아닌 것이 없었네.

그 밖에도 그대는 문장이 해박하고 거문고와 바둑도 능하였으며 자수刺繡도 잘하였고 글씨와 그림에도 조예가 깊었으니, 내가 그대를 특히 사랑한 것이 어찌 그대의 외모가 아름답기 때문이겠는가.

_《벽오유고碧梧遺稿》

언젠가 그는 아내에게 다음과 같이 말했다.

"당신은 아직 젊고 나는 늙었으니 언젠가는 내가 없는 세상에 오래도록 그대 혼자서 살아야 할 것이네."

그런데 아내가 먼저 타향에서 죽고 말았다. 아내의 소원은 고향으로 돌아가편히 사는 것이었는데 끝내 그 소원을 이루지 못하게 된 것이다.

그보다 앞서 아내가 아이를 낳던 날 저녁 친정아버지의 부음이 들려왔다. 그러나 효성이 지극한 아내가 만일 그 소식을 들으면 충격으로 건강을 해칠까 두려워 기운이 회복된 뒤에 알리려고 미루었다. 친정아버지의 부음조차 모른 채 죽은 것이다. 그러니 그 슬픔이 더욱 컸다.

이시발이 먼 길을 떠나게 되었을 때 아내는 다시 일어나지 못할 줄 알았는지 눈물을 흘리며 그의 손을 잡고 이렇게 호소하였다고 한다.

"이제 다시는 못 뵙겠군요." 이에 그는 눈물을 삼키며 아내를 위로하였다.

아아, 슬프기 그지없네. 오늘의 이 슬픔은 너무 참담할 뿐이네. 내가 그대 곁을 떠난 지 사흘 만에 그대는 죽고 말았네. 나는 도중에 그대의 부음을 전해 받았지만 돌아올 수 없었네. 그래서 장례를 치르는 모든 절차가 그대도 알지 못하는 다른 사람에 의해 행해지고 말았네. 어찌 이런 일이 있으리라고 상상이나 했겠는가. 생전의 모든 애통함이 이처럼 맺히고 맺혔는데, 언제나 이 슬픈 마음이 풀릴 수 있겠는가.

… (중략) …

아아, 이렇게 끝난단 말인가. 그대의 낭랑한 목소리를 다시는 듣지 못하게 되었단 말인가. 아름답던 그대의 얼굴을 이제 다시는 보지 못하게 되었네. 그대의 목소리가 귓가에 들리는 듯하고, 그대의 얼굴이 눈앞에 어른거려서 애달프기가 한이 없네. 그대의 목소리, 그대의 얼굴을 언제나 잊을 수 있겠는가.

이제는 오직 바라기를 꿈속에서라도 그대를 한 번씩 만났으면 싶네. 하지만 한참이 지났건만 한 번도 꿈속에 나타나지 않네. 무정하여서 그런가, 바람처럼 떠도는 영혼이 갈 곳을 몰라서 그런가.

아아, 지난 10년의 사랑이 한 순간인 것 같은데 슬픔은 한평생 동안 남아 있을 것 같네. 기뻐하던 시기는 어찌 그리 짧고, 슬퍼해야 할 시간은 왜 이리도 길다는 말인가.
'죽으면 서로 만날 수 있다'는 옛사람의 말이 있네. 그 말이 진정 거짓이 아니고 사실이라면 얼마 지나지 않아 그대를 다시 만날 수 있을지도 모르겠네. 누군가가 말했지. '인연이 있으면 새로운 세상에서 다시 맺어질 수 있다'고. 우린 정녕 다시 맺어질 기약이 있을까.

아아, 그런 일은 일어나지 않을 것이네. 다만 큰 소리로 한 번 외치면서, 이 가없는 정을 호소해보네. 슬프고도 애통하네.

_《벽오유고》

　

누군가의 말처럼, 죽음은 끝이 아니라 결과다. 그러나 그 결과는 언제나 예고 없이, 준비할 틈도 없이 찾아온다. 하루아침에 세상이 낯설어지고, 어제까지 숨결을 나누던 사람이 이승의 언어를 버리고 떠나버린다.

남은 자는 여전히 그 자리에 머문다. 어디선가 문이 열리면 그가 들어올 것 같고, 바람이 스치면 그 목소리가 들릴 것 같아 밤마다 가만히 귀를 세

워보지만, 죽은 이는 단 한 번도 신호를 보내지 않는다. 그저 깊은 침묵 속에서 산 자의 그리움만 메아리칠 뿐이다.

함께 웃던 날들은 손끝에서 흩날리는 먼지처럼 금세 사라지고, 남은 것은 차마 말로 다 할 수 없는 슬픔뿐이다. 그리움은 흐르지 못한 채 제자리를 맴돈다.

사랑이 깊었던 만큼 이별은 잔혹하고, 함께했던 순간이 찬란했던 만큼 그 부재는 참담하다. 그러나 이시발의 글처럼, 그 절망의 끝에도 사랑은 여전히 살아 있다.

그는 죽은 이를 향해 이렇게 속삭인다.

"그대는 떠났으나, 나는 아직 그대를 향해 산다."

이 얼마나 처연한 고백인가. 삶은 언젠가 모두 흩어지지만, 사랑만은 그렇게 쉽게 사라지지 않는다. 그리하여 그는, 그리고 우리는 죽은 이를 부르며 오늘도 살아간다.

원문

維萬曆三十七年歲次己酉七月庚辰朔十三日壬辰. 潁翁祭于亡側室李娘子之靈.

嗚呼. 汝其棄我而何之. 我嘗謂汝曰. 汝年少我十六歲. 汝之死當後我. 汝必曰. 我願先死. 嗚呼. 汝今先我而死歟. 死生修短. 有命有數. 余固知無奈何於此而抑之. 余情有不忍於汝者. 今欲有言. 氣已先塞.

嗚呼. 昔余之求嗣卜姓也. 聞汝有美質. 寤寐反側殆半歲焉. 果得汝之爺孃許汝歸我. 自定情以來. 觀汝志行. 其聰明穎悟之才. 端靜淸淑之資. 果非尋常閨秀之比. 所以愛敬于親. 盡誠于所夫. 友于兄弟者. 無非得於天性. 而至其博文史. 精琴棋. 工刺繡. 解書畫. 乃其餘事之能. 余之情鍾特甚者. 豈徒爲才色之美而已. 自汝登吾門. 余卽祗役于外. 星而慶達而咸. 今又於箕. 凡十一年于茲矣. 汝常隨余. 同我旅食. 未嘗與汝一日共一鍋同一瓢者. 良以此也. 然汝年尙少. 余齒未嘗晚節. 契闊謂有其日. 豈謂今日夭歿於殊鄕. 而終乖居室之願耶. 當汝分娩之夕. 汝之家君凶訃適至. 余知汝之誠孝極天. 必至哀毁傷生. 故擬待汝之起疾而傳之. 豈謂汝竟不知汝父之死而身亦死耶. 汝方疾亟. 詔使臨境. 奔走應接之際. 已覺其不專於救視. 深以爲恨. 況當出疆. 義在隨行. 汝旣

知余行之不可挽. 余亦知汝病之將不救. 汝乃脈脈相看. 垂淚執于連呼曰. 哀哀不得再相見也. 更不暇出一辭. 余亦恐汝之心動益傷. 中抱無窮之慟. 而外爲慰解之言. 翩然告別而去.

嗚呼. 此日之慟. 天地鬼神知之. 亦不勝其慘怛矣. 余行三日. 汝果不救. 汝計到日. 余猶西邁. 旣不得見其瞑. 又不得聞其訣. 又不得撫其屍. 初終凡事. 皆付於汝所不知人之手. 嗚呼. 此豈汝平日之所願. 亦豈汝平生之所料哉. 一生至慟. 長結於此. 而恐無可解之日也. 嗚呼. 海兒之疾. 沈痼數月. 汝嘗慮此兒之死. 豈意汝之死先于海. 而海之死又相隨耶. 以汝言之. 則父己子三世俱歿於兩月之間. 天之降酷禍. 一至於此耶. 汝亡十二日之後. 余始返自龍灣. 荒凉旅殯. 母子相對. 嗚呼此慟. 肝膽欲裂. 彼蒼者天. 曷其有極. 余之西行. 汝問回期. 我今及期而返. 已何之汝. 昔余之自外而歸. 汝必迎門而笑. 今我之歸. 汝何頹然若此.

嗚呼. 吾將歸汝櫬於湖鄉. 埋汝骨於新卜之阡. 仍爲余後日同歸之地. 庶不負汝之素願. 其果能如計耶. 且當使汝婢僕. 守汝之墳. 使三年香火不絕. 汝其知耶不知耶. 新生之兒. 生死未可卜. 而達敏兩兒. 今己稍長. 我當撫養愛育. 有加於汝在之時. 冀其長成. 使汝祀事有托. 汝亦默佑於冥司. 無令夭歿如汝則幸矣.

嗚呼已矣. 琅琅之音琅琅之音. 今不可復聞. 宛宛之容. 今不可復見. 而言猶在耳. 顏猶在目.

嗚呼. 有此耳此目. 之何時可忘也. 今猶有望於一見者. 只是夜夢之間. 而自汝之亡. 迨未一相接. 嗚呼. 汝豈獨無情一至於此. 想其神魂飄蕩. 杳莫知其所之耶.

嗚呼. 十年之懽愛. 曾不能以一瞬. 而死別之悲. 長爲百年之慟. 懽何其短. 慟何其長. 嗚呼. 地下相從. 古有斯說. 倘或不誣. 早晚有再見之地耶. 更卜他生. 人亦有言. 末了之緣. 抑有再結之期耶. 嗚呼. 必無此理. 一聲長慟. 慟言有終而情不可極. 嗚呼慟哉.

__ 祭側室文 | 이시발 | 《벽오유고》

상엿소리 한 가락에 구곡간장 미어져

권문해 | 아내 현풍 곽 씨 영전에 올린 제문亡室淑人郭氏文

초간草澗 권문해權文海는 스무 살 되던 해에 스물네 살 현풍 곽 씨를 아내로 맞았다. 하늘이 맺어준 인연이었다. 그들은 서로 의지하며 30년을 함께 살았다. 슬픔과 괴로움, 기쁨과 즐거움을 나누며 세월을 함께 보냈지만, 아이는 끝내 얻지 못했다.

그러던 어느 날, 쉰을 앞둔 나이에 아내는 홀연히 세상을 떠났다. 그는 그 죽음을 받아들이지 못한 채, 90일 동안 상복을 벗지 않았다. 하루에도 몇 번씩 영정을 바라보며 피눈물을 삼켰다. 때로는 하늘을 원망하는 듯, 또 때로는 죽은 아내를 향해 속삭이듯, 그는 그리움을 담아 제문을 썼다.

본디, 부부란 하늘이 정하여 마련하는 바이며, 오륜의 첫째로 생민生民의 비롯이요, 만복의 근원이라 하는 바이니 인륜人倫에서 가장 소중한 것이외다.

내 나이 스물이요, 그대의 나이 스물네 살에 하늘이 우리를 짝지어주셨으매, 그때가 계축 2월이었소. 그대는 엄전한 모습과 아름다운 덕을 지녀 집안을 화평하게 하고, 부녀의 도리를 다하였소. 해서 우리가 부부로 맺어진 이래 짜증을 부리거나 시샘하는 것을 30년 간 단 한 번도 보고 듣지 못하였소.

오호, 서러워라. 나는 맏아들이요, 그대는 외동딸로 나이 쉰이 다 되어 귀밑머리가 희어지도록 유자유녀有子有女 아들딸 두기를 바랬지만, 한 아이도 보지 못하였소. 조용히 하늘의 이치를 헤아리니, 나무도 열매가 있고, 풀포기도 씨앗이 있으며, 물고기도 새끼를 치고, 메뚜기도 알을 까는데, 어찌하여 하늘은 우리에게 은혜를 베풀지 아니하여 후사를 걱정하게 하셨는지. 그대와 마주앉아 허전한 무릎이 텅 비어 외로운 것을 탄식하며 하늘을 원망하기도 했었소.

아아, 그러나 옛 속담에 자식을 두지 못한 이는 수壽를 누린다고 하기에 오래도록 해로할 줄로만 믿었더니 어찌하여 조그만 병을 못 이기어 갑자기 세상을 버리셨소. 나이 쉰을 넘었으니 짧았다고는 못하려니와 여든 노모가 계신데 어찌 미리 떠난다는 말이오. 이제 아침저녁 어머님 봉양과 맛있는 음식 받들기는 누가 할 것이며, 어머님이 돌아가신 뒤에는 누가 있어서 어머니의 초종初終(초상(初喪)이 난 뒤부터 졸곡(卒哭)까지 치르는 온갖 일이나 예식)을 치를 것이오. 생각이 여기에 미치니 하염없이 눈물이 샘솟는구려.

나무와 돌은 풍우에도 오래 남고, 가죽나무와 상수리나무 또한 예전 그대로 아직 살아 저토록 무성한데 그대는 홀로 어디로 간단 말이오. 서러운 상복을 입고 그대 영궤를 지키고 서 있으니 둘레가 이다지도 적막하여 마음 둘 곳이 바이없소. 아들이라도 하나 있었더라면 날이 가면서 성장하여 며느리도 보고 손자도 보아 그대 앞에 향화香火('향을 피운다는 뜻으로, '제사(祭祀)'를 이르는 말)가 끊이지 않을 것을.

오호, 슬프다. 저 용문산 아버님 산소 곁에 터를 잡아 그대를 장사 지내려 하오. 그곳 골짜기는 으슥하고 소나무는 청청히 우거져 바람소리 맑으리라. 그대는 본시 꽃과 새를 좋아했으니 적막산중 무인고처에 홀로 된 진달래가 벗이 되어 드릴 것이오. 거기서 그대는 시아버님을 모시겠지요. 친정아버님의 무덤이 멀리 상주尙州에 있다고 너무 걱정하지 마시오. 부녀의 삼종지도三從之道(여자들이 따라야 할 세 가지 도리)는 이승과 저승이 달라져도 마찬가지이며, 상주와 이곳 예천은 혼백이 왕래하기에 그다지 멀지 않으니, 넋이 서로 만남은 물이 흘러감에 상류와 하류가 서로 이어지는 것과 같을 것이외다. 이제 그대가 저승에서 추울까 봐 어머님께서 손수 수의를 지으셨으니 이 옷에는 피눈물이 젖어 있어 천추만세千秋萬世를 입어도 해지지 아니하리다.

오호, 서럽고 슬프다. 사람이 죽고 사는 것은 우주에 밤과 낮이 있음과도 같고 사물의 시작과 마침이 있음과 다를 바 없는데, 이제 그대는 상여에 실려 저승으로 떠나니, 나는 남아 혼자 어이 살리. 상엿소리 한 가락에 구곡간장九曲肝腸('아홉 번 구부러진 간과 창자라는 뜻으로, 굽이 굽이 사무친 마음속 또는 깊은 마음속을 비유하는 말)미어져 길이 슬퍼할 말마저 잊었다오.

―《**초간일기**草澗日記》

    초간정草澗精은 권문해가 벼슬을 내려놓고 고향 예천으로 돌아와 금곡천가에 세운 정자다. 번잡한 세상일을 모두 내려놓고, 자연과 벗하며 평화롭게 늙어가고자 지은 안식처였다. 하지만 운명은 잔혹했다. 초간정이 완공된 그해에 아내가 세상을 떠나고 말았기 때문이다. 이후 초간정은 더 이상 휴식 공간이 아니었다. 아내의 숨결이 남은 집이자, 그리움이 머무는 슬픔의 정자가 되었다.

    사람들은 그를 강직한 선비로 기억하지만, 그의 마음은 누구보다도 다정하고 섬세했다. 그는 아내의 죽음 이후 한동안 세상과 인연을 끊고, 날마다 울면서 지냈다고 한다. 《초간일기》의 한 구절은 그가 얼마나 깊은 상실에 잠겨 있는지 보여준다.

    아내가 세상을 떠난 뒤로는 일기를 쓸 겨를이 없었다. 하루에도 백 번 눈물이 나고, 그리움은 그치지 않았다.

    초간정의 마루 끝에 앉아 흐르는 강물을 바라보며 그는 수없이 이렇게 되뇌었을 것이다.

    "함께 늙어가자던 그 약속이 어찌 이리도 허망하게 흩어졌는가."

원문

乾坤之定. 夫婦之出. 倫其有五. 序則居一. 生始福源. 人紀之極. 我年二十. 君年卄四. 天定厥配. 歲在于癸. 婉順之容. 貞嘉之德. 宜其一家. 不失婦則. 磎之聲. 姤猜之說. 三十年來. 一不耳入.

嗚呼. 我爲長子. 君爲獨女. 有子有女. 思我繼序. 年迫知命. 兩鬢如絮. 未見一兒. 人事可憫. 冥思天道. 生理不盡. 木有花實. 草有荄甲. 魚兒滿腹. 蠡子九十. 天何不惠. 於我獨靳. 身後之歎. 君我何間.

嗚呼. 無子者壽. 俗諺之常. 偕老之約. 庶幾無彊. 云胡一疾. 而至奄忽. 年過五旬. 不爲夭札. 堂有老母. 已迫頤期. 今何先逝. 棄之如遺. 晨夕之養. 甘旨誰供. 百歲之後. 襄事誰奉. 言念至此. 哀淚泉湧. 木石長存. 樗櫟最壽. 下民孔多. 君獨何咎.

嗚呼. 弟有二子. 取一爲嗣. 君多撫育. 無異出己. 今知讀書. 年已十二. 使之服衰. 侍君靈几. 勿謂寂寞. 無子有子. 日望成長. 有婦有孫. 奉君香火. 期垂後昆. 嗚呼. 瞻彼龍門. 先考攸宅. 卜君之兆. 于彼其側. 洞壑幽深. 松檜蒼鬱. 君其奉侍. 以妥以寧. 遠隔先壟. 勿以炊情. 三從之義. 無間幽明. 商襄不遠. 魂必來往.

如水之在. 流通下上. 慮君身寒. 製送裳服. 慈母手線. 血淚沾濕. 千秋萬歲. 服之無斁.

嗚呼. 人之死生. 如晝有夜. 有始有卒. 脩短同化. 素軿旣駕. 靈道脩阻. 一聲鑱露. 長慟無語.

　　　　　　　　　　__ 祭亡室淑人郭氏文 | 권문해 | 《초간일기》

그대 목소리 아직 들려오는 것 같고

안정복 | 아내 숙인 성 씨 영전에 바치는 제문 祭淑人昌寧成氏文

《동사강목東史綱目》의 저자로 잘 알려진 실학자 순암順庵 안정복安鼎福은 당대의 학문을 이끌며 치열하게 진리를 탐구한 학자였지만, 그 삶의 이면에는 세속의 명예로도 가릴 수 없는 깊은 고뇌와 눈물이 있었.

안빈安貧을 삶의 근본으로 삼았던 그는 가난을 대수롭지 않게 여겼으나, 사위 권일신權日身이 천주학에 물들어 의절해야 했을 때 사상과 의리 사이에서 몹시 괴로워했다. 그리고 그 모든 고통의 끝에 아내와의 이별, 그리고 외아들 경증景曾의 죽음이 찾아왔다. 그때의 절망은, 유학의 도리로 다스릴 수 있는 범주를 훌쩍 넘어선 인간의 통곡이었다.

안정복은 열여덟 살에 성순成純의 딸 숙인 성 씨를 아내로 맞아 마흔일곱 해를 함께 했다. 그러나 1775년 겨울, 사랑하는 부인이 세상을 떠났다.

그의 아내는 오래전부터 병을 앓았다. 하지만 좋은 약 한 첩 쓰지 못한 채 갈수록 시들어갔다. 이에 안정복은 아내의 죽음을 "굶주리고 지쳐서 얻은 병이었다"라고 고백하며, 자신의 무력함을 한탄했다.

을미乙未(1775년, 영조 51년) 3월 무신戊申에 정복이 삼가 숙인 창녕 성 씨의 영전에 고하고 곡합니다.

숙인이 죽은 지 벌써 석 달이 되었구려. 이미 석 달이나 지났는데도 죽었다는 생각이 들지 않아 밖에서 돌아오면 목소리가 들려오는 것 같고, 배가 고프면 밥을 달라고 하려하고, 병이 들면 간호해주기를 바라는 생각이 들고, 집안에 헤아려서 결정할 일이 있으면 상의하려는 생각이 들어, 이러한 마음이 문득 일어났다가 그치곤 한다오. 47년간 즐거움과 괴로움을 함께하고 슬픔과 기쁨도 함께 하여 금슬琴瑟을 타는 것과 같이 지냈는데, 이제는 다 그만이구려.

아, 애통합니다. 이제 숙인이 정말 죽었구려. 숙인이 나와 함께 우리 부모를 섬길 때 항상 맛있는 음식이 충분하지 못한 것을 근심하다가 갑자기 부모를 잃는 고통을 당하는 바람에 잘 봉양하고자 하는 소원을 끝내 이루지 못하였는데, 이제 돌아갔으니 지하에서 친정부모와 시부모들이 상종하여 친정부모에게는 저녁인사를 드리고 시부모에게는 아침 문안을 드리며 평일과 같이 기쁘게 받들면서 인간세상과 다름없이 단란한 즐거움을 누리고 있는 지요. 만약 그렇다면 숙인의 죽음은 불행이라 할 수 없고, 이렇듯 지지리도 죽지 않고 있어서 숙인과 더불어 즐거움을 함께 하지 못하는 자가 외려 슬픈 것이오.

아, 애통합니다. 애도의 마음을 가지고 시난날을 생각하건대, 효성스럽고 조심스러운 숙인의 행실은 천성에서부터 비롯된 것으로 우리 집안에 들어온 이후로 한 번도 어긋난 적이 없었기에 시부모가 사랑하고 집안사람들이 좋게 생각하였소. 공경으로 뜻을 받들기를 잠시도 게을리 하지 않았고 뜻을 거역하는 표정과 주제 넘는 일을 일찍이 시부모 앞에서 한 번도 하지 않았소. 이것은 젊어서부터 늙을 때까지 하루와 같이 행하였던 일이었고, 병이 들었을 때는 음식을 마련하는 일 외에도 약 달이는 일까지 몸소 하고 남에게 맡기지 아니하였소.

우리 집이 매우 가난한데다 식구가 많고 제사도 많으며 손님도 많아 해마다 들어오는 수입으로는 그 절반도 충당할 수가 없었는데, 숙인은 마음과 힘을 다하여 좌우로 어려운 살림을 꾸려나가 나의 성의를 극진히 하고야 말았소. 병들어 위태로운 때도 제사드릴 때가 되면 비록 몸소 제기祭器를 잡지는 못하더라도 한밤중까지 잠자리에 들지 않고 물품을 살폈으니, 선조를 향한 정성이 남보다 뛰어나지 않았다면 어찌 능히 이와 같이 할 수 있었겠소.

숙인은 성품이 유순하고 검소하여 오직 음식을 만드는 일만을 스스로 맡았으니,《시경詩經》에 이른바 "잘못한 것도 없고 잘할 것도 없이 오직 술과 음식만 이에 의논한다"는 것은 숙인을 두고 한 말일 것이오. 내 성격은 강하고 급하여 부모님 앞에 있을 때라도 더러 온화한 안색이 부족히였는데, 그러면 숙인이 반드시 경계하여 말하기를 "저는 옛날의 효자는 안색을 부드럽게 하고 모습을 유순하게 한다고 들었지 굳세고 꼿꼿한 기색으로 부모를 섬긴다는 말은 듣지 못하였습니다. 실로 이렇게 하지 않는다면 어찌 학문을 귀하게 여기겠습니까"라고 하였소. 내 비록 선천적인 병통을 과감하게 고치지는 못했으나 그 말에 마음속 깊이 감복하곤 했다오. 다만, 내가 소활하고 자상함이 부족하여 일찍이 숙인에게 한마디도 이런 말을 하지 않았기 때문에 숙인이 늘 자기를 알아주지 않는다고 하였으나, 내가 어찌 숙인을 알지 못했을 것이며, 숙인이 몰라준다고 탓을 한 것 또한 어찌 또한 참말이었겠소.

아, 내가 몸이 약하여 젊어서부터 병치레를 잘하다가 만년에 기이한 병에 걸렸는데, 증세가 나타날 때는 짧은 순간도 목숨을 보장하기가 어려웠소. 그럴 때면 숙인이 근심 걱정으로 애태워 밥도 먹지 않고 잠도 자지 않았으며 옷 벗을 겨를도 신발을 신을 벗을 겨를도 없었는데, 이렇게 하기를 늙도록 조금도 게을리 하지 않았소. 그러니 내가 지금까지 목숨을 부지하고 있는 것은 숙인의 힘이 아니고 뭐겠소. 이것이 비록 아내 된 사람이 보통 하는 일이기는 하지만 숙인이 정성을 다하고 뜻을 다한 것은 남들이 미칠 바가 아니었소.

이제 나만 홀로 살아남고 숙인은 돌아가 버렸으니 이 은혜를 어찌 잊을 수 있겠소. 한스러운 것은 우리 집이 가난하여 숙인으로 하여금 하루도 그 몸을 편히 두지 못하게 한 것이오. 지게미와 겨도 배불리 먹지 못하였고 겨울에는 솜옷이 없고, 여름에는 갈포葛布(칡으로 짠 베)가 없었으며 풀을 포개어

자리를 깔고 치마를 잘라 이불로 삼았으니, 이것은 사람들이 견디지 못하는 바였소. 그런데도 내가 혹 위안이라도 하면 숙인은 "남들보다 살림을 못해서 그런 것입니다"라고 대답했었소. 숙인은 검소한 자세를 조금도 누그러뜨리지 않아 죽는 날에 이르러서도 오히려 정성스럽기만 했는데 어찌 살림하는 것이 남들보다 못하였다고 하겠소. 검손하게 자신을 낮추는 숙인의 덕을 여기에서 더욱 볼 수가 있는 것이오.

사실 6, 7년 전부터 숙인의 병이 징후가 있었는데, 설사와 체기는 늙은이들에게 으레 있는 병이 아니니, 병든 원인을 따져보면 실로 궁하게 살아 굶주리고 지쳐서 그런 것이었소. 그런데도 끝내 좋은 약을 써서 그 원기를 보충해 주지 못한 채 그럭저럭 세월만 보내다가 지난해에 이르러 병세가 더욱 악화되어 이렇게 되고 말았으니, 어찌 세상이 끝나도록 잊히겠소. 아마 죽을 때까지 깊은 한이 될 것이오. 지난겨울 이후로 병세가 더 이상 어찌할 수 없다는 것을 알고 장례 준비를 하고자 하였는데, 숙인이 손수 짠 명주가 있다는 말을 듣고 그것을 쓰려고 하였으나 숙인이 강력히 말렸으니, 대개 그 뜻이 훗날 나를 위해서 쓰게 하려는 것이었소. 비록 병중에 있었으나 나를 향하는 뜻은 이와 같이 지극하였던 것이오. 비록 작은 일이지만 나도 모르게 가슴이 아파온다오.

임진壬辰(1772년, 영조 48년) 이후 내가 두 번 소명을 받아 나아가게 되었는데, 숙인이 경계하기를 "세상길이 험난하여 곧은 도리가 용납되기 어렵습니다.

다만 생각하건대, 당신은 천성이 소활(疎闊)하여 남을 지나치게 믿으니 말세에 처신하는 도리가 아닌 듯합니다. 우리 집안은 본래 선비의 집안으로서 높은 벼슬이 귀한 줄을 모르니 농사일에 힘써서 아침저녁 끼니나 이어가면 이것으로 그만입니다. 이제는 봉양할 부모님도 안 계시는데 벼슬하여 무엇 하겠습니까"라고 하였소. 이것이 어찌 세속의 용렬한 아낙네가 말할 수 있는 것이겠소.

아, 애통합니다. 순박하고 근면한 기질과 단아하고 깨끗한 지조, 자신을 낮추는 덕을 이제는 다시 볼 수가 없구려. 내 평생에 가볍게 남을 허여하지 아니했는데 어찌 숙인에 대해서만 지나치게 칭찬하는 말을 하겠소.

아, 애통합니다. 숙인이 이제 혈육(血肉)과 육체로부터 벗어나 태허(太虛)의 두 기운 사이에서 호탕하게 노닐고 있을 것인데, 나의 이 말을 듣고서 나를 불쌍하고 가련하게 여길 것인지 아니면 천명(天命)을 알지 못한다고 웃을 것인지 모르겠구려. 한 아들은 의지할 데 없이 외롭게 있고 한 딸은 아직 시집가지 못했기에 내 마음이 아픈데, 숙인도 어쩌면 마음이 아플 것이오.

이제 초하루 전(奠) 드릴 때를 당하여 불러주어 쓰게 하여 고하노니, 신령이 만약 안다면 이렇게 간절하고 애틋한 마음을 살피소서.

아, 애통합니다. 삼가 흠향하소서.

_《순암집(順菴集)》

안정복은 아내가 죽은 지 석 달이 지나도록 그 사실을 인정하지 않았다. "숙인! 숙인"이라고 부르며, 수십 년을 함께한 삶의 조각들을 하나하나 더듬었다.

집으로 돌아오면 혹시나 그 목소리가 들려올까, 문틈 너머로 그녀의 발자국 소리가 들릴까, 그는 무심히 귀를 기울였다. 그런 모습이 너무도 애달파, 읽는 이의 가슴까지 저릿하게 한다.

사랑이란, 어째서 이토록 아프고, 그토록 오래 남는 것일까. 세월이 흐르고 세상이 바뀌어도, 우리가 겪는 이별의 고통은 조금도 다르지 않다.

이를 생각하면, 수백 년 전 이 땅에서 사랑하는 이를 떠나보내며 통곡하던 그들의 울음이 오늘의 우리에게도 이렇게 속삭이는 듯하다.

"지금, 당신 곁의 모든 것을 아끼고 사랑하라. 떠난 뒤에는, 아무리 부르짖어도 그 목소리는 다시 돌아오지 않으리."

원문

今日是乙未三月戊申朔也. 夫鼎福謹告于淑人昌寧成氏之靈而哭之曰.
淑人之亡. 今已三月矣. 今已三月而猶不知其爲死也. 自外而入. 有若聲音之
相聞. 饑而有求食之意. 病而有求安之念. 家務之商量者. 忽若有相議之心. 輒
起旋止. 四十七年. 同甘苦共悲歡. 如鼓瑟琴之義. 至此已矣.

嗚呼痛哉. 今淑人定死矣. 淑人昔與我共事吾親. 恒以甘旨之不充爲憂. 遽纏
風樹之痛. 未遂善養之願. 淑人今歸矣. 下從父母舅姑于泉下. 其能夕乎父母.
朝于舅姑. 承歡如平日. 而團聚之樂. 與人世無間耶. 若然則淑人之死. 不可謂
不幸. 而顧此遲遲不死. 不與淑人同此樂者. 果可悲矣.

嗚呼痛哉. 今因哀悼之心. 追念疇昔之事. 淑人孝謹之行. 根于天性. 入門以後.
未有違德. 舅姑愛之. 室家宜之. 敬恭承奉. 不敢暫解. 咈逆之色. 違越之事. 未
嘗一施于舅姑之前. 自少至老如一日. 若其有疾. 則食物之外. 至於藥餌調煎
之類. 躬自行之. 不以委人. 我家貧甚. 人口衆多. 而祭祀之繁重. 賓客之浩煩. 歲
入不能供其半. 淑人殫竭心力. 左右拮据. 要以盡吾誠而止焉. 及其疾病危困
之時. 若當享祀之辰. 雖不能躬執籩豆. 而達宵不寐. 照察物品. 其非向先之
誠有過人者. 能如是乎.

淑人性度柔順.謙下爲事.惟以甘旨自任.詩所謂無非無儀.惟酒食是議者.其惟淑人乎.我性勁急.雖在父母之前.或欠愉惋之色.則淑人必戒之曰.吾聞古之孝子.有柔色婉容.未聞以勁直之氣事親.苟不如是.何貴乎學.我之胎疾.雖未能勇革.心焉欽服.蓋已深矣.但余踈迂少曲折.其於淑人.未嘗以一言相假.淑人每以不知己爲言.然我豈不知.而淑人之以不知爲尤者.亦豈實語哉.噫.余稟質自少善病.晚嬰奇疾.疾症之動.頃刻難保.淑人憂勞焦煎.當食不食.當寢不寢.衣不暇解.足不暇履.不以老而少懈.使我保有今日.淑人之力也.此雖家人之常事.而淑人之殫誠盡意.非人所及也.今我獨存.淑人歸矣.此恩其可忘哉.

所可恨者.緣吾窮貧.使淑人不得一日安其身.糟糠不厭.冬無絮夏無葛.疊草而席.折裯而被.人所不堪.而我或慰之.則對之以克家之不及人.淑人之勤儉不懈.至于屬纊之日.而尙猶眷眷.則豈克家之不及人而然耶.淑人謙下之德.於此尤可見矣.六七年來.淑人病情.信有源委.泄痢之候.隔滯之症.實非老境所宜.究厥所祟.亶由於居窮飢寒.而終不能用以大劑.補其眞元.荏苒年歲.至于去年.病勢添重.以至于斯.此豈非終天之恨哉.去冬以後.我知病勢之無可爲也.欲治送終之具.而聞有淑人手線繭紬.將欲用之.淑人力止之.蓋其意爲我他日地也.雖在疾病之中.向我之意.若是至焉.事雖瑣細.不覺心痛.

壬辰以後. 我再被召赴. 淑人戒之曰. 世路多巇. 直道難容. 第念丈夫天性踈濶. 信人太過. 恐非處末世之道也. 吾家儒素. 不知軒冕之貴. 不如服田力穡. 以救朝哺之資. 斯已可矣. 今則致養無所. 仕宦何爲. 此豈俗間庸婦所能道哉.

嗚呼痛哉. 淳謹之質. 端潔之操. 謙下之德. 今不得復覩矣. 我平生不輕許人. 豈於淑人. 爲溢美之辭. 嗚呼痛哉. 淑人今已蟬蛻于血肉軀殼之中. 浩蕩于太虛二氣之間. 聞我此言. 其或矜而憐之耶. 抑或笑其不知命耶. 是未可知也. 一子煢子. 一女未奔. 此我心之所痛. 淑人亦或傷心否乎. 今因朔奠. 呼寫伸告. 靈若有知. 鑑此衷曲. 嗚呼痛哉. 尙饗.

__ 祭淑人昌寧成氏文 | 안정복 | 《순암집》

서러움에 눈물만 줄줄 흐르누나

허 균 | 망처 숙부인 김 씨 제문, 행장 亡友祭文, 亡友淑夫人金氏行狀

조선 선비들은 사랑하는 이를 잃어도 좀처럼 그 슬픔을 겉으로 드러내지 않았다. 눈물은 가슴속에만 삼키고, 탄식은 글 속에만 새겼다. 그들에게 슬픔이란 절제의 언어로 다듬어야 할 감정이었고, 애통이란 오히려 인내를 통해 품격으로 승화시켜야 할 덕목이었다.

허균許筠 또한 그랬다. 그는 세상 앞에서는 문장가요, 혁신가였지만, 사랑을 잃은 사내로서는 그저 한없이 약하고 애잔했다. 젊은 나이에 세상을 떠난 부인을 향한 그의 글에는 울음소리 대신 눈물의 잔향이 스며 있고, 말 한마디 없이 세상을 등진 이를 향한 끝없는 그리움이 흐르고 있다. 그는 부인의 이름을 부르지 못한 채, 그녀가 남긴 따스한 숨결을 글로 붙들었다.

"그대 넋이 있다면 눈물을 줄줄 흘리리."

그 한 줄에 담긴 것은 허균이라는 이름 이전에 한 인간의, 한 남편의, 한 시대의 절절한 사랑이었다. 아마도 그는 부인의 무덤 앞에서 묵묵히 술 한 잔을 올리며 이렇게 속삭였을 것이다.

"부디 그곳에서는 추위도, 전란도 없기를. 내가 그대에게 미처 다하지 못한 사랑을, 이 글로 대신하나이다."

망처제문 亡妻祭文

오직 부인은 본성이 공경스럽고 정성스러웠고

그 덕은 그윽하고 고요하였네

일찍이 시어머니 섬길 때

시어머니 마음은 몹시도 기뻤다네

죽어서도 시어머니 따라

이 산에 와서 묻히는구려

휑뎅그렁한 들판 안개는 퍼졌는데

달빛 쓸쓸하고 서리도 차구려

의지 없는 외로운 혼은 훗날 그림자 얼마나 슬프겠는가

십팔 년을 지나서

남편 귀히 되어 높은 벼슬에 오르니

은총으로 추봉하라는

조서가 내려졌네

미천할 때 가난을 함께 하면서

나의 벼슬 높기만을 빌더니만

벼슬하자 그대는 벌써 죽어 없어졌으니

추봉의 은총만 부질없이 내려졌네

어찌하면 영화를 같이 누릴고

내 마음 하염없어라

아마도 그대 넋 알음이 있다면

그대 또한 눈물을 줄줄 흘리리

녹으로 내린 술 한 잔 들구려

서러움에 눈물만 줄줄 흐르누나.

_《성서부부고屋所覆瓿藁》권15

망처 숙부인 김 씨 행장亡妻淑夫人 金氏 行狀

부인의 성은 김 씨요, 서울의 대성이다. 고려조 정승 방경方慶의 현손인 척약재 구용九容은 고려 말 이름을 떨쳤고, 벼슬이 삼사 좌사左使에 이르렀다. 그 4대손인 윤종胤宗은 무과에 급제해 벼슬이 절도사였고, 그 아들 진기震紀는 경자년에 사마시에 합격, 별제로 벼슬에 나아갔다. 그리고 그가 휘 대섭大涉을 낳으니 그 또한 계유년 사마시에 합격, 도사로 첫 벼슬에 나아갔다. 이후 관찰사 심공沈公 전銓의 딸에게 장가를 드니 부인은 바로 그 둘째딸이다.

융경隆慶(중국 명나라 목종 때의 연호) 신미辛未(1571년, 선조 4년)에 태어나 나이 열다섯에 우리 집에 시집왔다. 성미가 조심스럽고, 성실하고도 소박하여 꾸밈이 없었으며 길쌈하기에 부지런하여 조금도 게으름이 없었고, 말은 입에서 내지 못하는 듯이 하였다. 모부인母夫人(시어머니) 섬기기를 매우 공손하게 하여, 아침저녁으로 반드시 몸소 문안드리고, 음식을 드릴 때 꼭 맛을 보고 드렸다. 또 철따라 제철 음식을 푸짐하게 대접했다.

종들을 엄격하게 다루었지만 잘못을 너그럽게 용서해주었고 욕지거리로 꾸짖지 않으니 모부인께서 칭찬하시기를 "참으로 어진 며느리로다"라고 하셨다. 내 한창 젊은 나이에 부인에게 압류押留하기를 좋아하였지만 싫은 기색을 얼굴에 나타낸 적은 거의 없었으며, 어쩌다 내가 조금이라도 방자하게 굴면 문득 말하기를 "군자의 처신은 마땅히 엄중해야지요. 옛사람은 술집, 다방에도 들어가지 않는다던데, 하물며 이보다 더한 짓이겠어요?"라고 하였으므로, 내 그 말을 듣고 마음으로 크게 부끄러워 조금이나마 다잡음이 있었다. 그리고 항상 내게 부지런히 글공부하기를 권하여 "장부가 세상에 나서 과거에 급제하여 높은 벼슬에 올라 어버이를 영화롭게 하고, 제 몸을 이롭게 하는 사람도 많습니다. 당신은 집이 가난하고, 시어머님은 늙어 계시니 재주만 믿고 허송세월하지 마십시오. 세월은 빠르게 흐르니 뉘우친들 어찌 뒤따를 수 있겠습니까?"라고 하였다.

임진년(1592년, 선조 25년) 왜적을 피하던 때는 마침 태중胎中이어서 지친 몸으로 단천까지 가서 7월 7일에 아들을 낳았다. 나는 이틀 후 왜적이 갑자기 몰아닥치자 순변사 이영李泳을 대신해 마천령磨天嶺을 지키게 되었다. 그리하여 어머니를 모시고 그대를 이끌고서 밤을 새워 고개를 넘어 임명역에 이르렀는데, 그대는 지쳐서 아무 말도 하지 못하였다. 그때 동성同姓인 허행이 우리를 맞아 해도(海島)에 피란하였으나 머물 수가 없었다. 억지로 산성원 백성 박논억(朴論億)의 집에 이르러 10일 저녁 숨을 거두매, 소 팔아 관을 사고, 옷을 찢어 염(殮)을 하였으나, 오히려 체온이 따뜻하므로 차마 묻지 못하였는데, 갑자기 왜적이 성진창(城津倉)을 친다는 소문이 들리므로 도사공이 급히 명하여 뒷산에 임시로 묻으니 그때 나이 스물둘로 같이 산 지 여덟 해였다.

아, 슬프다. 그 아들은 젖이 없어 일찍 죽고, 첫딸은 잘 자라서 진사 이사성(李士性)에게 시집 가 아들 딸 하나씩을 낳았다.

기유(己酉)(1600년, 광해 1년)에 내가 당상관(堂上官)으로 승직하여 형조참의로 임명되니 예에 따라 숙부인으로 추봉되었다. 아, 그대 같은 맑은 덕행으로 중수(中壽)도 못한데다가, 뒤를 이을 아들도 없으니, 천도(天道) 또한 믿기 어렵다. 바야흐로 우리 가난할 때, 당신과 마주앉아 짧은 등잔 심지를 돋우며 반짝거리는 불빛에 밤을 지새워 책을 펴놓고 읽다가 조금 싫증을 내면 당신은 반드시 농담하기를 "게으름 부리지 마십시오. 나의 부인첩(夫人帖)이 늦어집니다"라고 하였는데, 18년 뒤에 한 장의 빈 교지를 궤연(几筵)(죽은 사람의 영궤와 그에 딸린 모든 것을 차려 놓는 곳)에 바치게 되고 그 영화를 누릴 이는 나와 귀밑머리 마주 푼 짝이 아닐 줄을 어찌 알았겠는가. 당신이 만약 앎이 있다면 반드시 슬퍼하리라.

아, 슬프다. 을미년(1595년, 선조 28년) 가을 길주에서 돌아와 또한 강릉 외사(外舍)에 묻었다가, 경자년(1600년, 선조 33년) 3월 선부인을 따라 원주 서면 노수(蘆

載에 영장永葬하니, 그 묘는 선산 왼쪽에 있으며 인좌 신향이다. 삼가 행적을 적노라.

_《성서부부고惺所覆瓿藁》 권15

허균이 남긴 글에는 피 묻은 듯한 문장들이 많다. 그것은 문장의 기교가 아니라, 마음의 언어였다. 그는 세상이 알아주지 않아도 좋다고 생각했다. 다만, 한때 자신을 바라보며 미소 짓던 그 여인을 글 속에서라도 다시 만나고 싶었을 뿐이었다.

"내 마음 하염없어라."

그 한 줄에 모든 것이 들어 있다. 벼슬의 영광도, 세속의 허명도, 사랑을 잃은 한 인간에게는 아무 의미가 없었다.

허균의 글은 그래서 단순한 제문이 아니다. 그것은 한 시대의 겉모습 속에 숨은, 인간의 가장 깊은 정情과 애愛의 기록이다. 그는 결국 이렇게 말하고 있는지도 모른다.

"사랑하는 이를 잃은 슬픔이야말로 사람을 가장 인간답게 만든다."

원문

惟靈性惟恭恪 德則幽閑 早事先姑 姑志甚驩 死而從姑 來窆玆山 荒野煙蔓 月苦霜寒 孑孑孤魂 悲影之單 踽十八年 夫貫陞班 恩覃追封 紫誥回鸞 賤時共貧 祈我高官 及官已歿 寵命徒頒 焉得同榮 我懷漫漫 想魂有志 其亦 此蘭 一酹宜醥 悲來涕潸.

_ 亡妻祭文 | 허 균 | 《성소부부고》권15

夫人姓金氏. 上洛大姓也. 前朝大相方慶之女孫惕若齋九容. 有盛名於麗季. 官至三司左使. 其四代孫胤宗. 武擧官節度. 而其子震紀. 庚子司馬. 筮仕別提. 定生諱大涉. 亦司馬癸酉. 而筮仕都事. 娶觀察使靑松沈公銓之女. 夫人卽其第二女也.

生隆慶辛未. 年十五歸吾家. 性謹愿樸而無飾. 勤於織紝組紃無少怠. 言若不出口. 事母大夫人甚恭. 晨夕必親省. 食必嘗進. 遇節則饋時食甚豐.

待婢僕嚴. 而怒罔詈以惡語. 母大夫人稱之曰. 我賢婦也. 余方少年好狎遊. 無幾微見於顏面. 若或少縱則輒曰. 君子處己當嚴. 古人有不入酒肆茶房者. 況甚於此乎. 余聞而心愧. 少或戢焉. 常勸余勤學曰. 丈夫生世. 取科第躋無仕. 可以爲親榮. 而私於己者亦多. 君家貧姑且老. 勿恃才而悠泛度日. 光陰迅速. 後悔曷追乎.

及壬辰避賊之日.方娠困頓至端川.七月初七日.生子.越二日.賊猝至.巡邊使李瑛退守磨天嶺.余侍母挈君.達夜踰嶺.至臨溟驛.氣之不能語.時同姓人許珩.邀與俱避海島.不得留.強至山城院民朴論億家.初十日夕.命絶.以牛買棺.裂衣以斂.肌肉尚溫不忍埋.俄聞賊攻城津倉.都事公亟命權厝後岡.享年二十二.而同住凡八年.

嗚呼痛哉.其子以無乳夭.初生一女.長適進士李士星.生子女各一.
己酉.余陞堂上拜刑曹參議.以例追封淑夫人.噫.以君之淑行.年不克中壽.且絶其嗣.天道亦難諶矣.方其窮時.對君挑短檠.熒熒夜艾.展書讀之.稍倦則君必戲曰.毋怠慢遲我夫人帖也.豈知十八年之後.只以一張空誥.薦之於靈座.而享其榮者.非吾結髮之述.君若有知.亦必嗟悼.

嗚呼哀夫.乙未秋.返自吉州.又瘞於江陵外舍.庚子三月.從先夫人永窆於原州西面蘆藪.其原則在先壟之左.寅坐而申向也.謹狀.

— 亡妻淑夫人金氏行狀 | 허 균 | 《성소부부고》권15

뜻은 무궁하나 말로는 다 하지 못하고

송시열 | 아내 이 씨의 부음을 전해 듣고 祭亡室李氏文

송시열宋時烈. 그 이름은 《조선왕조실록》에만도 삼천 번 넘게 등장한다. 그는 조선의 학문과 정치, 그리고 명분의 세계를 관통한 거인이었다. 하지만 그의 마지막 삶은 권세의 영광과는 너무도 먼 비참하기 그지없었다.

1689년, 장희빈이 낳은 아들(훗날의 경종)을 세자로 봉하는 문제로 조정이 들끓던 때였다. 송시열은 끝내 자신의 신념을 굽히지 못하고 상소를 올렸다. 그 한 장의 상소가 그의 운명을 바꾸었다.

숙종肅宗은 대노했고, 곧바로 그를 제주로 유배했다가 이듬해 국문을 하기 위해 한양으로 압송했다. 그 길은 곧 죽음으로 향하는 길이었다.

"그의 죄는 이미 드러났으니, 굳이 국문할 필요가 없습니다."

남인의 수장 민암閔黯이 이렇게 고하자, 숙종은 잠시 침묵하다가 말했다.

"국문이라 쓰인 글자를 '사사賜死'로 고쳐라."

그 한마디로 모든 것이 끝났다.

1689년 6월 8일 새벽, 전라도 정읍의 어느 황량한 들녘. 송시열은 맨땅 위에 거적 한 장을 깔고 앉았다. 제자들이 그 자리가 너무 초라하다고 눈물로 호소했으나, 그는 조용히 웃으며 이렇게 말했다.
"우리 선인께서 돌아가실 때, 이만한 자리도 깔지 못하셨네."
그가 마신 사약은 독이 아니라 숙명처럼 느껴졌을 것이다. 그는 그렇게, 평생을 명분으로 살고 명분으로 죽었다. 하지만 그 명분의 이면에는 아내의 임종조차 지키지 못한 한 남편의 애통함이 숨어 있었다.
그가 세 번의 유배길에서 보낸 세월 동안, 사람의 죽음은 멀리서 들려오는 소식으로만 닿았다. 그는 부음을 듣고도 달려갈 수 없었고, 장례를 치를 수도 없었다. 그래서 남은 것은 단 한 장의 제문. 그 짧은 글 속에 그는 마지막으로 아내의 이름을 불렀다. 피로 쓴 듯한 그 문장은,
사대부의 절제를 넘어선, 피로 쓴 듯 절절한 한 인간의 통곡이자 그리움이었다.

숭정崇禎(중국 명나라의 마지막 황제 의종 때의 연호) 정사년(인조 12년, 1617년) 5월 초 나흘 형벌을 기다리는 사람 은진 송시열은 망실 이 씨의 영구가 조정의 의논이 급박한 까닭으로 길일吉日을 미처 가리지 못하고 급히 유성儒城 산기슭에 권조權厝(임시로 관을 가매장 해 안치하는 일)한다는 소식을 듣고 멀리서 제전의 찬구를 보내어 작은 손자 회석晦錫을 시켜 영구 앞에 대신 고하게 하옵니다.

아, 나와 당신이 부부의 인연을 맺은 지 53년이 지났습니다. 그 동안 가난함에 쪼들리어 거친 밥도 항상 넉넉하지 못하여 손발이 다 닳도록 고생하던 그 정상은 이루 다 말할 수 없습니다. 그리고 내가 쌓은 앙화殃禍(지은 죄의 앙갚음으로 받는 재앙) 때문에 아들딸이 많이 요절하였으니, 그 슬픔은 살을 도려내듯이 아프고 독하여 사람으로서는 견디어낼 수 없는 일이었습니다. 게다가 근세近世에 이르러서는 내가 화를 입어서 당신과 떨어져 살아온 지가 벌써 4년이 되었습니다.

때때로 나에게 들려오는 놀랍고 두려운 일들 때문에 마음을 녹이고 창자를 졸이면서 두려움에 애타고 들볶이던 것이 어찌 끝이 있었겠습니까. 끝내 몸이 지쳐 병에 걸려서 이 지경에 이르렀으니, 그 처음과 끝은 따져보면 나로부터 비롯되지 않은 것이 없습니다. 타고난 운명이 좋지 않아서 이같이 어질지 못한 사람과 짝이 되었으니, 당신이야 나를 원망하지 않는다고 하더라도 내 어찌 부끄러운 마음을 이겨낼 수 있겠습니까.

지난해부터 빨리 가서 만나보고 싶었지만 뭇 의논에 저지되어 문득 다시 머뭇거리면서, 혹 시의時議(사람들의 의론)가 차츰 누그러지고 목숨이 조금 늦추어지면 서로 만나서 편히 지낼 그날이 있을 것 같기에 왕복한 편지 내용이 모두 이에 대한 일이었는데, 이와 같은 뜻을 마침내 저버렸으니, 더욱 눈을 감기 어려웠을 것입니다.

지난번 흉보凶報를 받았을 때 급히 자손들에게 명하여 만의萬義에 장사를 지내서 자부子婦(며느리)와 서로 의지할 수 있게 하라고 하였더니 갑자기 이처럼 시세가 급박하여 또한 계획대로 되지 않았고, 이 또한 한 가지 불행이라 하지 않을 수 없습니다. 그러나 시인들의 논죄가 바야흐로 극에 달하였고, 바다의 장기瘴氣가 몸을 매우 괴롭히므로, 이 생명이 끝나는 것도 아침이 아니면 저녁일 것입니다. 나의 자손과 여러 아우들은 마땅히 나의 뼈를 고향 산에 묻어줄 것이고 또한 당신도 마땅히 옮겨서 나와 합장合掌해줄 터이니, 살아서는 떨어져 있었으나 죽어서나마 함께 살 수 있는 때가 바로 그때일 것입니다. 이밖에 또 무슨 말이 필요하겠습니까.

아, 현재 떠도는 소문이 매우 패악悖惡스러우니 당신이 만약 세상에 살아 있더라도 어떻게 이처럼 망극함을 견뎌내겠습니까. 그렇다면 먼저 돌아가서 캄캄하게 아무것도 모르는 것이 도리어 나중에 죽을 사람의 부러움이 될 것입니다.

아, 또한 그렇습니까. 또한 평일에 잘 생각하던 것처럼 지하에서도 가슴을 치며 안절부절못합니까.

아, 일이 창졸간에 나왔고 떠날 사람의 출발 시간이 임박했으므로 뜻은 무궁하나 말을 다하지 못하였습니다. 오직 당신은 어둡지 않을 터이니, 나의 슬픈 정성을 살펴주시오.
아, 애통하고 또 애통합니다.

_《송자대전宋子大全》 권153

집은 너무도 멀어, 돌아가고 싶어도 돌아갈 수 없었다. 들려오는 소식은 하나같이 불길했고, 병든 몸은 날로 쇠약해졌다. 설상가상으로 사랑하던 아내마저 세상을 떠났다. 한때는 하늘을 나는 새도 떨어뜨린다던 권세를 누렸지만, 지금 그의 곁에는 그 어떤 사람도, 위로도 남아 있지 않았다.

그의 아내는 평생을 그와 함께 고난의 그림자 속에서 살았다. 정적들이 칼끝처럼 몰려올 때마다, 그녀는 밤마다 불안에 떨며 기도했을 것이다. 혹여 내일 아침 남편의 이름이 역적으로 불리지는 않을까, 그 소식이 역참을 타고 들려오지는 않을까, 그 불안한 세월 속에서도 끝까지 남편을 믿고 기다렸을 것이다. 그러나 그 기다림의 끝은 이별이었다.

그는 유배지에서 아내의 부음을 들었고, 빈소조차 찾지 못한 채 손자를 대신 보내 제문 한 장을 올렸다. 그 순간의 심정이란, 하늘이 무너지고 땅이 꺼지는 것과 다름없었을 것이다. 그가 그토록 믿고 의지했던 명분이며 도의도, 사랑하는 사람의 죽음 앞에서는 아무 힘도 쓰지 못했다.

아마 그는 깨달았을 것이다. 세상 모든 권력과 이름이 다 부질없음을, 남은 것은 오직 '그리움'이라는 한 글자뿐임을.

원문

維崇禎丁巳五月初四日. 待刑人恩津宋時烈聞亡室李氏之. 柩. 以朝論之急. 不暇擇吉. 倉皇權厝于儒城之山麓. 遠遣奠具. 使少孫晦錫代告于柩前曰.

嗚呼. 吾與君爲夫婦. 五十三載于斯矣. 其間迫於吾之貧. 糟糠未嘗厭. 而拮据勤苦之狀. 有不可勝言. 且以吾之積殃. 子女多夭. 其悲割痛毒. 有非人之所能堪者. 及至近歲. 遭罹禍釁. 與之契闊者. 于玆四年矣. 時時傳聞駭懼. 其所以消心煎腸. 驚怖妙迫者. 曷有其極. 卒之致羸瘻疾. 以至於斯. 究厥始終. 罔非由我命之不淑. 配此無良. 君雖不怨. 我何勝惡. 粤自去歲. 亦欲來會. 而群議所沮. 輒復越趄. 謂或時議稍緩. 危端少延. 則相携乘便. 似有其日. 書辭往復. 無非此事此志終孤. 目尤難瞑. 日者承凶. 亟令子孫歸葬於萬義. 使與子婦相依. 忽此事急. 又不如計. 亦一不幸也. 雖然. 時人之論罪方劇. 瘴海之鑠肌已深. 此生之盡. 匪朝伊夕. 吾之子孫與諸弟. 倘歸骨於故山. 亦當遷君而合祔矣. 穀異死同. 此維其時. 此外復何言哉.

嗚呼. 目今流聞甚惡. 君如在世. 何耐挏極. 然則倏然先逝. 冥然不知. 還爲後死者所羨也.

嗚呼. 其亦然乎其亦如平日之善懷而椎胸癲躅於暗中耶.

嗚呼. 事出倉卒. 行人
臨發. 意無窮而言不能盡. 惟君不昧. 鑑我悲誠. 嗚呼哀哉. 嗚呼哀哉.

__ 祭亡室李氏文 | 송시열 | 《송자대전》권153

가슴을 어루만지며 통곡하노라니

변계량 | 아내 오 씨를 위한 제문 祭亡室吳氏文

고려 말 조선 초의 학자 변계량卞季良은 이색李穡과 정몽주鄭夢周의 문하에서 수학하고, 1385년(우왕 11년) 문과에 급제해 전교典校(지방 향교를 관리하는 책임자)와 주부主簿(문서와 부적(符籍)을 주관하던 종6품 관직)를 지냈다. 조선이 개국한 뒤로는 20여 년 동안 대제학으로 있으면서 외교문서를 짓고 학문을 정리한, 문장과 덕망을 두루 갖춘 인물이었다.

그가 남긴 수많은 글 중에서도 가장 애틋하고 처연한 것은 아내 오 씨를 위한 제문이다. 세월의 물줄기도, 왕조의 교체도 그 눈물의 자국을 지우지 못했으니, 천 년이 지난 지금까지도 그 종이 위에는 먹물이 아니라 눈물이 번져 있는 듯하다.

그는 임종을 지키지 못했다. 멀리 떨어진 곳에서 날아든 비보를 듣고 숨이 멎은 듯 주저앉았다. 황혼이 깃든 마당에 홀로 앉아 차디찬 달빛 아래 아내의 이름을 불러보아도 돌아오는 건 바람 소리뿐이었다.

아, 해로의 기약이 미처 두 해도 되지 않아 이 지경에 이르렀단 말이오. 생각건대, 지난날 친정에 돌아갈 때 용구龍駒(용인의 옛 이름. 훗날 용구현과 치인현이 합쳐져 용인이라는 이름이 만들어졌다.)의 동쪽에서 아들을 낳아 종통을 잇겠다고 하더니. 어찌 갑자기 이 지경에 이를 줄 생각이나 하였겠소.

아, 이를 어쩐단 말이오, 어쩐단 말이오.
병들었을 때는 약을 쓰지 못했고 죽을 무렵에는 임종도 보지 못하여 한갓 시신만을 어루만지는 나의 마음이 무너지는 듯하다오. 질병이 있을 때는 보통 사람도 조심하는 법인데, 하물며 아이를 가져서 치료에 힘을 다해야 하는 처지이겠소.
처음에 몸이 아플 때 어찌 일찍이 도모하지 않아서 운명하는 지경에 이르러 나를 이렇게 만든단 말이오. 처음 부고를 받고는 꿈인지 생시인지 분간하지 못했다오. 가슴 아프게 옛일을 생각하니 애타는 슬픔에 마치 정신이 나간 듯하오. 친정에 가지 않았더라면 혹시 이 재앙을 면했을는지, 천지가 장구하지만 나의 한스러움이 다함이 있을는지.

사람이 죽고 살며 장수하고 요절하는 것은 하늘에서 부여받아 절로 정해진 수壽가 있는 것으로 만고를 통해 모두 그러했던 것이니, 어찌 약물로 구제할 수 있는 것이며, 어찌 거처 때문에 그러하겠소. 내가 일찍이 글을 읽어 이러한 이치를 밝게 보았으나, 오히려 지금까지 슬퍼서 스스로 위안을 얻지 못한다오.

내가 병이 많은 점을 염려하여 두루 보살펴준 공이 매우 컸는데 이제 누가 주관하고 누가 보살펴서 나를 건강하게 해주겠소. 더구나 백발의 양친께서 생존해 계시는데 갑자기 떠나서 다시 돌아오지 못하게 되었으니, 황천에서 유한遺恨(살아서 뜻을 이루지 못하고 남긴 한. 또는 죽어서도 사라지지 않는 원한)이 있으리라 생각되오.

아, 명인지라 또한 어찌할 수 없으니, 오직 마땅히 … (원문 누락) … 차와 떡을 갖추어 올리고 이 제문으로 흠향하길 권하노니, 가슴을 어루만지며 한번 통곡함에 눈물이 줄줄 흐를 뿐이라오.

아, 영령은 아시오, 모르시오.

_《춘정집春亭集》권11

그는 손자를 보내 제문을 올렸다. 스스로는 가지 못했다. 병든 몸으로 길조차 나설 수 없었고, 나라의 일과 세속의 얽힘이 마지막 이별조차 허락하지 않았다.

그 마음이 어찌 하늘이 무너진 듯하지 않았을까. 아내가 누워 있는 곳이 그리도 가까운 듯 눈앞에 아른거렸으나, 그는 발을 뗄 수 없었다. 한 걸음 나아가면 천 길 낭떠러지요, 뒤로 물러서면 숨이 막혔다. 가야 한다는 의리와 갈 수 없다는 현실 사이에서 그의 가슴은 갈기갈기 찢겨 나갔다.

마지막으로 마주하던 그날, 그는 아내의 손을 꼭 잡으며 "곧 돌아오리라" 했었다. 그러나 그 약속은 끝내 지켜지지 못했다.

그의 부재 속에서 아내는 조용히 눈을 감았고, 그 얼굴조차 다시 볼 수 없게 되었다.

흙 속에 묻힌 아내의 이름을 부를 때마다 그의 입술은 떨리고, 숨은 가늘게 끊어졌다.

"아아, 이제는 볼 수도, 들을 수도 없구나."

그는 천천히 붓을 들었다. 말로 다 하지 못한 사랑과 회한을 오로지 종이 위에 새길 수밖에 없었다. 붓끝이 떨려 글자가 흘러내렸고, 눈물이 떨어져 먹이 번졌다. 그 번진 자국마다 미처 다하지 못한 말들이 숨어 있었다.

그는 제문을 쓰며 수없이 멈추었다. 생전 함께 웃던 날이 떠올라 가슴이 저미고, 한때는 그 손길에 기대어 세상을 견디던 기억이 파도처럼 밀려왔다. 이승의 글이 저승의 아내에게 닿을 리 없음을 알면서도, 그는 끝내 붓을 놓지 못했다. 그것이 그가 아내에게 건네는 마지막 인사이자, 함께했던 모든 세월에 대한 송별의 노래였기 때문이다.

원문

嗚呼. 偕老之期. 曾未再朞. 而至斯耶. 念昔告歸. 龍駒之東. 謂當生子. 以嗣吾宗. 豈意一夕而至斯耶.

嗚呼奈何奈何. 病未得投以藥. 歿未及見其終. 徒撫斂殯. 以摧我衷. 疾病之際. 平人所愼. 況復懷孕. 救療當盡. 日初不豫. 何不早圖. 乃至隕命. 而以誤吾. 訃音初至. 其夢其眞. 痛念昔故. 怛若抽神. 謂言不驗. 儻免此災. 天長地久. 爲恨可涯.

夫死生壽夭. 禀於彼天. 自有定數. 萬古皆然. 豈藥餌之所救. 豈居處之所致. 我嘗讀書. 洞觀此理. 尙此烏悒. 未能自慰. 念余多病. 供給孔將. 誰主誰視. 俾我而康. 又況雙親. 白髮在堂. 遽然長逝. 而不復返. 九泉之下. 想有遺恨.

嗚呼命也. 亦已焉哉. 惟當… 謹於葬埋. 庶無或悔. 以塞我哀. 奠以茶餠. 侑以此詞. 拊膺一痛. 揮涕漣洏. 嗚呼淑靈. 知乎不知.

__ 祭亡媳兒氏文 | 변계량 | 《춘정집》권11

정녕 슬픈 날

혜경궁 홍 씨 | 남편 사도세자(思悼世子)가 뒤주에 갇히던 날

영조(英祖) 38년(1763년) 윤(閏) 5월 열사흘. 유난히도 숨이 턱 막히는 무더위가 궁궐 위에 드리웠던 날이었다. 영조는 아들 사도세자에게 냉혹한 윤음綸音(임금이 신하와 백성에게 내리는 말)을 내렸다.

"네가 나를 저주하고 흉계를 꾸몄으니 죽어 마땅하다. 네가 살고 내가 죽으면 이 나라는 끝장날 것이다."

세자는 그 자리에서 허리띠로 목을 맸고, 춘방春坊(세자의 교육을 담당하는 세자 시강원) 관원들이 부리나케 달려와 그를 겨우 소생시켰다. 살게 된 것이 축복인지, 또 다른 형벌의 시작인지도 모른 채.

절박한 인심 속에 한림翰林(홍문관 소속의 사관으로 문장과 학식, 기록을 담당하는 관리) 임덕제林德踶는 마지막 희망을 걸고 열한 살 어린 왕세손(훗날의 정조)을 업어왔다. 아버지를 살려 달라며 울고 빌게 하기 위해서였다. 그러

나 그 눈물도 영조의 마음을 움직이지 못했다.

결국 뒤주가 끌려왔고, 세자는 그 좁고 어두운 곳에 가두어졌다. 하지만 그 누구도 뚜껑을 덮지 못했다. 손끝에 피 비린 원한이 묻을까 두려웠기 때문이다. 그러자 영조는 친히 내려와서 뚜껑을 덮고, 못을 박게 했다.

그 순간, 한 아버지가 아들을 버린 것이 아니라 한 왕이 한 나라를 지키려 아들을 희생시킨 것이라 그는 믿었을지도 모른다.

여드레 뒤, 사도세자는 스물여덟의 나이로 생을 마쳤다. 뒤주의 풀은 말라가고, 그 속의 사람도 말라갔다.

사랑을 얻자니 가문을 잃고, 가문의 뜻을 따르자니 사랑이 울부짖던 시대. 혜경궁 홍 씨(사도세자의 정비이자 정조의 어머니)는 바로 그 비극의 한가운데에 서 있었다. 그래서 어떤 이들은 말한다.

"《한중록閑中錄》은 사랑을 기록한 책이 아니라 가문을 위한 변명서"일 뿐이라고. 그러나 과연 그것이 전부일까. 궁궐 깊은 곳에서, 혜경궁 홍 씨는 얼마나 자주 치를 떨며 두려워했을까. 그녀는 남편이 사라지면, 그 칼끝이 다음에는 어디를 향할지 잘 알고 있었다. 그러니 그 두려움은 더욱 컸다.

사도세자가 끌려가기 전, 두 사람 사이에 오간 마지막 대화를 기록한 혜경궁 홍씨의 글은 그날의 기이한 고요를 전한다.

> 휘령전徽寧殿에서 사람이 와서 세자를 부르신다 하니, 이상하게도 피하자는 말도 달아나자는 말도 아니하시고, 좌우를 물리치지도 아니 하시고 조금도

화난 기색 없이 썩 용포를 달라 하여 입으시며 이렇게 말씀하셨다.

"내가 학질을 앓는다 하려 하니, 세손의 휘항揮項(머리에 쓰는 것으로 일종의 방한구)을 가져오라."

이에 내가 그 휘항은 작으니 당신 휘항을 쓰시라 하고 나인더러 가져오라 하니 뜻밖에 화를 내시며 말씀하시기를 "자네는 아무튼 무섭고 흉한 사람이로세. 자네가 세손을 데리고 오래 살려 하여, 내가 오늘 나가 죽겠기로 그걸 꺼리어 세손 것을 못 쓰게 하는가. 그 심술을 알겠네"라고 하셨다.

하지만 나는 당신이 그 날 그 지경에 이를 줄은 정녕 몰랐다. 이 끝이 어찌 될꼬. 이제 우리 모자의 목숨은 어찌 될 것인가. 아무런 정신이 없었다.

천만 의외의 말씀을 하시니, 내 더욱 서러워 세손의 휘항을 가져다 드리며 "그 말씀은 마음에 없는 말씀이니 이를 쓰십시오"라고 하자 "싫으이. 꺼리는 것을 써서 무엇 할고"라고 하셨다. 이런 말씀이 어찌 병환病患이 깊이 든 사람 같으시며, 또 어이 공손히 나가려 하시던고. 다 하늘이 하시는 일이나 원통하고 원통하도다.

_《한중록》

정조의 어머니이자, 사도세자의 아내였던 혜경궁 홍 씨에 대한 평가는 시대마다 달라졌다. 누군가는 그녀를 남편의 죽음을 눈앞에서 외면한 차가운 여인으로, 또 누군가는 지옥 같은 궁궐에서 홀로 아들과 왕실을 지켜낸 생존자로 본다.

실록과 《한중록》이 전하는 기록 사이에는 미묘한 틈이 있다. 실록 속의 혜경궁은 예법을 따르고 감정을 절제한 '왕실의 어머니'지만, 《한중록》 속의 그녀는 울부짖는 한 인간, 사랑과 의무 사이에서 끝내 찢겨나간 여인이다.

남편의 광기와 폭언, 아버지의 냉정한 명령, 그리고 궁중의 끝없는 감시 속에서 그녀는 매 순간 '누구의 편도 될 수 없는 사람'으로 살아야 했다. 어쩌면 그녀의 침묵은 방조가 아니라 최후의 생존 방식이었는지도 모른다. 말 한마디, 눈빛 하나에도 목숨이 걸린 세상에서 그녀는 오직 글을 쓰는 일로 기억을 남겼다. 그것이 《한중록》이었다.

그런 점에서 볼 때 《한중록》은 단순한 회고록이 아니다. 그것은 죄인의 아내이자 왕의 어머니였던 한 여인이 '살아남기 위해' 써 내려간 고백의 기록이자 자기 구원의 서사였다.

그녀는 남편의 죽음을 정당화하려 한 것이 아니라, 그날의 피 비린내와 공포, 그리고 끝내 사라지지 않은 사랑을 자신만의 언어로 붙잡으려 했다. 따라서 그녀가 정말 남편의 죽음을 방조한 여인이었는지, 혹은 너른 궁궐 속에서 고독과 공포에 맞서 싸운 여인이었는지, 아니면 결국 아들을 왕위에 올리기 위해 냉철하게 운명을 계산한 조력자였는지는 단정할 수 없다. 다만, 분명한 것은 혜경궁 홍 씨는 절대 단순한 인물이 아니었다는 사실이다.

그녀의 삶은 사랑과 권력, 슬픔과 생존이 교차하는 복합적인 운명이었다. 그리고 그 운명의 그림자는 지금도 《한중록》의 문장 곳곳에 길게 드리워져 있다.

원문

휘령뎐으로 오시고 쇼됴를 브르신다 ᄒᆞ니 이상홀 손 어이 피차 말도 드라나쟈 말도 아니ᄒᆞ시고 좌우를 치도 아니ᄒᆞ시고 조곰도 화증 ᄂᆡ신 긔식 업시 썩 농포을 달나ᄒᆞ야 닙으시며 ᄒᆞ시ᄃᆡ ᄂᆡ가 학질을 알는다 ᄒᆞ랴 ᄒᆞ니 셰손의 휘항을 가져오라 ᄒᆞ시거늘 ᄂᆡ가 그 휘항은 쟉으니 당신 휘항을 쓰시고져 ᄒᆞ야 ᄂᆡ인 드려 당신 휘항을 가져오라 ᄒᆞ니 몽ᄆᆡ 밧긔 썩 ᄒᆞ시기를 쟈ᄂᆡ가 아모커나 무섭고 흉흔 사름이로쇠 즈ᄂᆡ는 셰손 드리고 오리 살나 ᄒᆞ기 ᄂᆡ가 오날 나가 죽게 기ᄉᆞ외로와 셰손의 휘항을 아니 쓰이랴 ᄒᆞ는 심슐을 알게되 ᄒᆞ시니 ᄂᆡ ᄆᆞ음은 당신이 그날 그 지경의 니르실 줄은 모르고 이 슷치 엇지 될고 사름이 다 죽을 일이오 우리 모ᄌᆞ의 목숨이 엇더ᄒᆞᆯ넌고 아모라타 업섯지 쳔만의외예 말ᄉᆞᆷ을 ᄒᆞ시니 ᄂᆡ 더욱 셜워 다시 셰손 휘항을 갓다가 드리며 그 말ᄉᆞᆷ이 ᄒᆞᆫ ᄆᆞ음의 업순 말이시니 이를 쓰쇼셔 ᄒᆞ니 슬희 샤외하는 거슬 뼈 무엇홀고 ᄒᆞ시니 이런 말ᄉᆞᆷ이 어이 병환드니 ᄀᆞᆺᄐᆞ시며 어이 공슌이 나가랴 ᄒᆞ시던고 다 하늘이니 원통 원통ᄒᆞ오다.

＿사도세자가 뒤주에 갇히던 날 | 혜경궁 홍 씨 | 《한중록》

3장

웃음소리 바람 속에 흩어지고
— 형제자매, 어버이를 떠나보내고

함께 자라며 웃던 형제자매와 어버이의 이름이
바람에 흩어진다.

마음속에서는 여전히 손을 잡고 있지만,
현실은 끝없는 이별이다.

한 번 가서는 어찌 돌아올 줄 모르는가

김창협 | 동생 탁이仲而의 재기再朞일에 지은 묘지명仁弟再朞祭文

조선 숙종 대의 문인이자 시인이었던 김창협金昌協은 청렴한 선비로, 형 김창흡金昌翕, 동생 김창집金昌集과 함께 '노론 3김'으로 불릴 만큼 학문과 문예에 모두 뛰어났다. 그는 당대 최고의 문장가이자 시인이었지만, 그 내면은 언제나 고독과 회한으로 가득했다. 붓끝은 온화하고 절제되어 있었으나, 글 속에는 인간의 덧없음과 이별의 아픔이 고요히 스며 있었다.

그의 생애에서 가장 깊은 슬픔은 바로 사랑하는 동생 김창립의 죽음이었다. 일찍 세상을 떠난 동생을 애도하며 쓴 글은 많지만, 그중에서도 재기일再朞日(죽은 지 두 해째 되는 날)에 지은 묘지명은 가장 절절하다. 김창협은 그 글에서 한 인간이 감당해야 하는 '잊힘의 죄책'과 '살아남은 자의 슬픔'을 담담하면서도 처연하게 드러냈다.

그는 손수 제문을 올리지 못했다. 병든 몸으로 길조차 나설 수 없었고, 나라의 일과 세속의 얽힘이 마지막 이별조차 허락하지 않았다. 그 마음이 어찌 하늘이 무너진 듯하지 않았을까. 가까이 갈 수도, 마지막 얼굴 한 번 볼 수도 없는 절망 속에서 그는 종이에 남은 한자 한 자에 혼을 새겼다.

다음은 김창협이 동생의 재기일에 쓴 글이다. 그는 "바빠서 죽은 아우를 생각할 수 없었다"는 말로 미안함을 대신하며, 처음에는 차분히 회상하다가 끝내 감정의 둑을 터뜨리듯 슬픔을 쏟아놓는다.

유세차 을축乙丑(1685년, 숙종 11년) 12월 정해삭丁亥朔 스무엿새 임자壬子. 이 날은 죽은 나의 동생 탁이의 재기일再朞日이다. 그 하루 전 신해일辛亥日에 중형仲兄 창협昌協은 술과 안주를 간략하게 갖추고 곡한 후 강신 술을 부으며 말하노라.

아, 25개월이 지났으니, 고인이 극사隙駟(사마가 달려 틈새를 지나치듯 세월이 빠르다는 뜻)라 이르지 아니하였던가. 그대가 떠나고 어느새 재기일이 되었도다. 궤연几筵(제기의 일종)의 설치와 곡읍哭泣의 절차는 사람들이 빙자하여 의지하는 것인데, 이제 이것을 철거해야 하고, 억지抑止해야 하니, 선왕이 제정한 예인지라 어찌할 수 없는 일이다.

그런데 생각해보니, 내 홀연 오랫동안 그대를 잊고 지냈구나. 안으로 밤낮없이 바쁘고, 밖으로는 원습原隰(높고 마른 땅과 낮고 젖은 땅을 아울러 이르는 말)에 달리게 되어 나라 일에 바빠 사사로운 일은 돌볼 겨를이 없었다. 아침상식이나 삭망의 차례에는 빠지는 것이 십중팔구였다. 살아 있을 때는 돌보고 죽으면 서버리게 된다는 것이 진정 옳은 말이었던가. 날이 멀어지면 날로 잊어버린다는 말이 이것을 두고 한 말인가. 내 진실로 그대를 저버렸구나. 그대 진정 나를 원망하였겠지. 오호라, 이것이 어찌된 일인가.

무릇 죽은 이를 보내는 절차에도 많은 변화가 있기 마련이다. 염을 해서 관을 넣으면 그 형체가 숨겨지고, 장사하여 봉분을 만들면 그 널이 숨겨지며, 일 년이 되어 소상이 되면 복제가 고쳐진다. 그 절차가 매번 변함에 따라 애통한 마음도 매양 새로워지는 것이다. 그러나 궤연이 아직 있고 곡읍이라도 할 곳이 있으니 그래도 유명幽明(그윽하고도 밝은) 간에 그리 멀지가 않고 혼기魂氣의 소통이 그리 소원한 것이 아니었으나, 이제 장차 모든 것이 비게 되고 끊어져서 죽은 사람은 온전한 귀신이 되고 산 사람은 아무것도 빙자하는 것이 없게 될 것이니, 죽은 사람을 보내는 절차는 여기에서 끝이 나게 도는 것이다.
아, 나와 그대가 오늘로써 영결하게 되는구나. 이것이 어찌 슬프지 않겠으며 슬픔이 어찌 더 심하지 않겠는가.

오호, 탁이여! 그 또한 끝이로다. 정영精英한 기氣와 소랑昭朗한 질質이 거두어 돌아갈 곳이 있는가. 응결되어 태어난 물체가 있는가. 물거품이 바다에 녹아도 없어지지 않는 것과 같은 것인가. 아니면 구름이 하늘가에 흩어졌다가 끝내 없어지게 되는 것인가. 사방상하四方上下(세상 모든 곳 또는 우주) 그 어디로 갔는지 알 길이 없구나. 한 번 가더니 삼 년이 되도록 어찌 지금껏 돌아올 줄을 모르는가.

오호, 탁이여! 굴신屈伸·왕래往來·합산合算·소식消息은 다 정해진 수數가 있는 것이니, 하늘이 하는 일을 내가 어찌 하겠는가.

아, 풍아風雅를 깊이깊이 생각했으나 세상에 드문 소리를 떨치지 못하였고, 고금에 높은 뜻을 품었으나 원대한 일을 완성하지 못하고서, 오직 남은 원고에 그 향기를 기탁하였고 비석에 그 이름을 표시하였을 뿐이니, 하늘에 닿는 애통함과 땅에 사무치는 원한이 오직 이에 그칠 따름이다.
오호 탁이여! 그런가 안 그런가. 슬프고 서럽다. 술이나 마시게.

_《농암집農巖集》

형이 동생에게 건넨 마지막 인사는, 결국 인간이 인간에게 남길 수 있는 가장 순수한 언어였다. 그 말에는 화려한 수사도, 꾸민 감정도 없었다. 다만 한 생을 함께 나눈 존재를 잃은 자의 절절한 울음과 돌이킬 수 없는 이별 앞에서 터져 나온 진심이 있었다.
"오호, 탁이여…"
그 호소는 단지 한 사람을 부르는 소리가 아니었다. 이 세상 모든 '남겨진 자'가 언젠가 마음속에서 부르게 될 이름, 시간을 거슬러도 사라지지 않는 그리움의 울림이었다.

　그 목소리는 하늘에 닿아 별이 되고, 땅에 스며 눈물이 되었다. 그리하여 이 글은 한 사람의 슬픔을 넘어, 사랑했던 이를 잃은 모든 이들의 영혼이 공명하는 장송곡이 되었다.

　사랑했던 이를 부르는 그 짧은 호명 속에서 우리는 묻지 않을 수 없다. 기억한다는 것은 무엇인가? 잊는다는 것은 또 무엇인가? 이별이란 단지 죽음의 다른 이름일 뿐인지, 아니면 마음속 어딘가에서 여전히 함께 살아가는 또 다른 형태의 삶인지. 김창협의 그 한마디에는 살아 있는 자가 감당해야 할 시간의 무게, 그리고 끝내 사라지지 않는 인간의 사랑이 함께 스며 있다. 그래서 그의 글은 애도의 기록을 넘어, 사람이 사람을 부르는 영원한 언어로 남았다.

원문

維歲次乙丑十二月丁亥朔二十六日壬子. 實爲吾亡弟卓而之再朞. 其前一日辛亥. 仲兄昌協. 略具醪羞之奠. 哭而酹之曰.

嗚呼. 二十五月. 古人不曰隙駟乎. 汝之亡也. 今適及是朞矣. 筵几之設. 哭泣之節. 人所憑依. 其在是矣. 而今將撤而去之. 抑而止之. 先王制禮. 其末如之何也己. 然吾於汝. 忽焉相忘. 其已久矣. 內迫於夙夜. 外騖於原隰. 鞅掌王事. 不暇顧私. 朝晡之饋. 朔望之奠. 曠而不與十八九矣. 生憐而死捐. 固其然乎. 日遠而日忘. 固謂是乎. 我固負汝乎. 汝固恨我乎.

嗚呼. 此何爲哉. 夫送終之節. 亦多變矣. 斂而蓋棺. 其形隱矣. 葬而封墓. 其柩閟矣. 期而小祥. 其服改矣. 其節每變而其痛每新. 然猶筵几未撤. 哭泣有所. 則幽明之間. 未甚闊. 而魂氣之交. 未甚疎也. 乃今將曠然廓然. 使死者純乎鬼而生者一無憑焉. 則送終之變. 於是乎極矣. 而推我與汝. 方始大訣於今日矣. 此其可以無慟乎. 慟其可以不甚乎.

嗚呼. 卓而其亦已矣. 精英之氣. 昭朗之質. 斂而歸之. 其有處乎. 凝而鍾焉. 其有物乎. 其猶浮漚之滅於海而未嘗亡乎. 抑猶行雲之散乎天而卒無有乎. 四方上下. 何莫知所向. 一往三年. 何至今不復.

嗚呼卓而. 屈伸往來. 合散消息. 此皆有數. 吾如天何哉. 惟其覃思風雅. 而不
能振希聲. 抗志古今而不能充遠業. 徒以殘藁寄其馥而短石表其名. 窮天之
痛. 徹地之恨. 惟此而已矣.
嗚呼卓而. 其然乎. 其不然乎. 嗚呼哀哉尙饗.

— 亡弟再朞祭文 | 김창협 | 《농암집》

목이 메어 오열이 터지네

정약용 | 둘째 형 약전若銓을 회상하며喬兒

조선 역사상 가장 불행했던 선비는 과연 누구일까. 이름이 오르내릴 인물은 많다. 하지만 그 가운데서 으뜸은 단연 다산 정약용이 아닐까. 사랑했던 형제들이 세상을 떠나고, 함께 학문을 닦았던 벗들이 하나둘 사라진 뒤에도, 그의 적들은 여전히 그를 향한 칼을 거두지 않았다. 그 그림자는 18년간의 유배생활과, 집으로 돌아와 산 18년을 합쳐 무려 36년에 걸쳐 그의 삶을 옥죄었다. 그 긴 세월 속에서 다산이 겪어야 했던 시련과 절망은 상상을 초월한다.

손암巽菴 정약전과 다산 정약용은 네 살 터울의 형과 아우였다. 두 사람은 단순한 형제 이상이었다. 학문적 동지이자 지기知己로서 서로를 격려하며 조언을 나누는 평생의 동반자였다. 그러나 서학西學, 곧 천주학을 믿었다는 이유만으로, 그들은 길고 외로운 유배의 길을 떠나야 했다. 다산은 강진으로, 손암은 흑산도로 갈라졌다.

　1801년, 두 사람은 오라에 묶여 먼 남쪽으로 향하던 길에서 마지막 밤을 맞이한다. 나주羅州 북쪽 율정점栗亭店에서, 서로를 바라보며 나누는 한마디 한마디는 평생 다시는 볼 수 없을 형제를 향한 작별의 언어였다. 다음날 새벽, 그들은 그곳에서 헤어졌다. 살아서 다시는 마주할 수 없는 길 위에서, 두 사람의 발걸음은 각자의 운명을 향해 뻗어나갔다.

　다산은 그날 밤의 작별을 마음속 깊이 새기며 〈율정별栗亭別〉이라는 시를 남겼다.

　그 시 한 줄 한 줄에는, 세상과 단절된 고독, 형제를 향한 그리움, 그리고 끝내 헤어질 수밖에 없는 운명을 담은 절절한 마음이 배어 있다. 그 시를 읽는 지금도, 우리는 36년이라는 긴 세월 동안 인간이 감당해야 했던 외로움과 슬픔, 그리고 지극한 우정을 동시에 느낄 수 있다.

　　띠로 이은 가게 집 새벽 등잔불이 푸르스름 꺼지려 해
　　잠자리에서 일어나 샛별 바라보니 이별할 일 참담하기만 해라
　　그리운 정 가슴에 품은 채 묵묵히 두 사람 말을 잃어
　　억지로 말을 꺼내니 목이 메어 오열이 터지네.

　　茅店曉燈靑欲滅
　　起視明星慘將別
　　脈脈永黑黑兩無言

强欲轉喉成塢咽

_《여유당전서》 권4

그 후 두 사람은 비록 먼 거리를 두고 떨어져 지냈지만, 편지를 주고받으며 변함없는 형제애를 이어나갔다. 지금이야 편지를 보내면 아무리 오지라도 사나흘이면 받아볼 수 있지만, 그 시절에는 인편을 통해서만 소식을 전할 수 있었기에, 답장이 오기까지는 한 달도, 두 달도 기다려야 했다. 그 긴 기다림 속에서 형제의 마음은 더욱 깊어졌고, 서로의 편지를 애타게 기다리는 것만이 당시 형제의 유일한 위안이자 낙이었다.

사실 흑산도로 유배를 간 정약전은 식량조차 충분히 받을 수 없는 고난의 처지였다. 바람과 파도가 거센 섬에서의 생활은 끊임없는 육체적 고통과 외로움을 동반했다. 그러나 그는 자신의 고통에만 머물지 않았다. 늘 마음속으로 동생 다산이 처한 고독과 어려움을 먼저 헤아리며 살폈다. 형이 보내는 한 자 한 자의 글에는, 자신을 향한 동생의 애틋한 마음과 고난 속에서도 잃지 않는 인간적 배려가 스며 있었다.

그가 다산에게 보낸 편지를 들여다보면, 단순한 안부를 넘어 삶의 고단함과 세상의 부조리를 함께 나누고, 서로에게 힘이 되어주려는 형제애가 절절하게 담겨 있다. 흑산도의 바람이 거세고 파도가 높아도, 그 마음만은 언제나 다산에게 닿기를 바라는 간절함이 느껴진다.

대개 이 계획은 이별의 괴로움에서 나왔네. 그러나 일이 이미 이에 이르렀으니 어찌할 수 없네. 우리 나이가 이미 쉰이네. 남은 날을 손꼽아 헤아려 봐도 많아야 20년, 적게는 10년이나 6, 7년 뿐일 것일세. 지난 세월을 돌이켜보면 10년도 잠깐이지만 얼마나 되어야 이별의 괴로움을 잊을 수 있단 말인가. 우리는 그만이거니와 어찌 차마 아무 죄 없는 자손들에게까지 각처를 떠돌며 이사하게 해서, 살아서는 나그네의 슬픔과 죽어서는 타향이 넋이 되게 할 것인가. 자네가 결심을 바꾸지 않는다면 나의 처자도 당연히 함께 와서 내가 죽기 전에 바다를 건너 서로 바라볼 수 있을 것이네. 그러나 토지와 집을 모두 팔아도 노자를 충당할 수 없고, 어리고 병든 고아孤兒들의 진퇴를 주선할 수 없을 것이니, 오직 마땅히 옛집에 엎드려 기면서 죽을 날을 기다리는 것이 차라리 나을 것이네.

_《여유당전서》

이는 다산이 가족을 강진으로 이사시키려 한다는 소식을 듣고, 형 정약전이 보내온 편지였다. 편지 속에서 그는 "얼마나 오랜 세월이 지나야 이별의 괴로움을 잊을 수 있겠는가"라며, 다산에게 간절하게 묻고 있다. 이어서 "어찌 차마 아무 죄 없는 자손들에게까지 각처를 떠돌게 하여, 살아서는 나그네의 슬픔을, 죽어서는 타향의 넋을 남기게 할 것인가"라며, 가족을 이사시키려는 계획을 포기할 것을 강하게 권한다.

형의 이 편지를 받은 다산은 결국 가족들을 강진으로 이사시키려던 계획을 접고, 다산초당으로 거처를 옮겨 조용한 안정을 되찾을 수 있었다. 그러나 안타깝게도, 그토록 아끼고 그리워했던 형 정약전은 1816년 6월 6일, 병마에 시달리다 먼 유배지에서 숨을 거두고 말았다.

   이제 더 이상 서로의 안부를 묻는 편지도, 고단한 시간을 위로하는 글도 오갈 수 없게 되었다. 다산이 품었던 형에 대한 그리움과 형이 남긴 간절한 충고는, 바람에 실려 마음 속 깊이 스며드는 서글픈 기억으로만 남았다. 인간이 삶에서 겪는 이별과 상실의 아픔이, 때로는 가장 가까운 사람과의 거리 속에서 얼마나 깊고 오래도록 우리 마음을 흔드는지를, 이 편지는 고스란히 보여준다.

   살아서는 증오한 율정점이여
   문 앞에는 갈림길이 놓여 있었네
   본래가 한 뿌리에서 태어났지만
   흩날려 떨어져간 꽃잎 같다오
   한 형제로 태어났지만
   가는 길은 떨어진 꽃잎처럼
   따로따로 흩어져간다는 것이
   그 얼마나 서럽고 슬픈 말인가.

   生憎栗亭店
   門前歧路叉

本是同根生

分飛似落花

曠然覽天地

未嘗非一家

促促視形軀

惻怛常無涯

_《다산시문집茶山詩文集》권5 〈손암에게 받들어 올리다奉簡巽菴〉

이는 형 정약전이 세상을 떠난 지 2년이 지난 뒤, 다산이 귀양이 풀려 율정점 주막을 지날 때 읊은 시다. 그 길목을 먼저 지나갔을 형을 생각하며, 다산의 마음은 한층 더 아릿하게 울려 퍼진다. 읽는 이들 또한 그의 그리움과 상실감을 고스란히 느낄 수밖에 없다.

정약전은 다산에게 단순한 형이 아니었다. 학문적 스승이자, 평생을 함께 고민을 나눈 동지였으며, 무엇보다 깊은 우애로 묶인 형이었다. 이러한 형제의 끈끈한 정을 지녔기에, 다산은 형의 부음을 접한 후 자신의 마음을 다스리면서도 그 슬픔을 두 아들에게 전하고자 했다.

그리하여 그는 두 아들에게 〈두 아들에게 부침寄二兒〉이라는 편지를 보내, 형에 대한 회한과 가르침, 그리고 남겨진 이들의 삶에 대한 당부를 전한다. 이 편지는 단순한 유언이나 가르침을 넘어, 형제애가 남긴 삶의 흔적과 상실의 아픔을, 세대를 넘어 이어주는 다산의 마음을 고스란히 담고 있다.

6월 초엿새는 바로 어진 둘째 형님께서 세상을 떠나신 날이다. 슬프도다. 어지신 이께시 이처럼 세상을 궁색하게 떠나시다니. 원통한 그 분의 죽음 앞에 목석도 눈물을 흘릴 텐데, 더 말하여 무엇 하랴.

외롭기 짝이 없는 이 세상에서 다만 손암 선생만이 나를 이해해주고 지기가 되어 주셨는데, 이제는 그분마저 가시고 말았구나. 이제 학문을 연구해서 얻은 것이 있더라도 누구와 상의할 수 있으랴. 사람은 자기를 알아주는 지기가 없다면 이미 죽은 목숨이나 마찬가지이다. 네 어미가 나를 제대로 알아주랴, 너희들이 이 아비를 제대로 알아주랴. 알아주는 사람 하나 없이 죽어갈 것을 생각하니 서럽기 그지없다. 경서에 관한 240권의 내 저서를 새로 장정하여 서가 위에 보관해 놓았는데 이젠 불사르지 않을 수 없겠구나.

율정에서 헤어진 것이 이렇게 영원한 이별이 되고 말았구나. 더욱 슬픈 일은 그 같은 큰 그릇, 큰 덕망, 훌륭한 학식과 정밀한 지식을 두루 갖춘 어른을 너희들이 알아 모시지 않았고, 너무 이상만 높은 분, 낡은 사상가로만 여겨 한 오라기 흠모의 뜻조차 보이지 않은 것이다. 아들이나 조카들이 이 모양인데 남이야 말해 무엇 하랴. 이것이 가장 가슴 에이는 일이다.

요즈음 세상에 그 고을 사또가 한양으로 영전했다가 다시 고을로 돌아올 때는 그 고을 백성들이 길을 막으며 거절한다는 소리는 들었어도 귀양살이

하는 사람이 한 섬에서 다른 섬으로 옮겨 갈 때 본래 있던 곳의 섬사람들이 길을 막으며 더 있어달라고 했다는 말은 우리 형님 말고는 들은 적이 없다. 집안에 형님 같은 큰 덕망가가 계셨으나 자식이나 조카들이 알아주지 않았으니 참으로 원망스러운 일이다. 돌아가신 선왕先王(정조)께서도 신하들의 인품을 일일이 파악하시고 우리 형제가 함께 벼슬하고 있을 때 말씀하시길 "아무래도 형이 동생보다 훌륭하다"라고 하셨다.
슬프도다, 우리 임금님만은 형님의 능력을 알아주셨거늘.

_《다산시문집》 권21

다산 개인의 입장에서 보면, 그의 삶은 불운과 고난이 끝없이 이어진 비극이었다. 사랑하는 형제와 벗들은 세상을 떠나고, 스스로는 유배와 정치적 탄압 속에서 36년에 이르는 긴 세월을 보내야 했다. 인간으로서 느낄 수 있는 외로움과 절망, 상실과 고통을 그는 여과 없이 경험해야 했다. 그러나 놀랍게도, 이러한 개인적 불행은 한 사람의 삶을 넘어 우리 민족 전체에 길이 남는 학문적 유산을 남겼다.

강연 중에 가끔 청중에게 이런 질문을 던지곤 한다.

"한 사람의 죽음이 만 사람을 행복하게 한다면, 그것은 좋은 일인가? 아니면 나쁜 일인가?"

사람들은 이 물음에 쉽게 답하지 못한다.

역사 속에서 '사람을 사람답게 살아가게 해야 한다'는 신념을 품고 살았던 이들의 삶은 대체로 불행했고, 그 가족들 역시 고통을 겪었다. 그 대표적인 사례가 바로 다산 정약용이다.

　다산의 집념과 사색, 그리고 끝없는 학문적 탐구가 만들어낸 '다산학'은 오늘날까지도 수많은 이들에게 지혜와 성찰의 길을 열어주고 있다.

　이처럼 한 인간의 고통이 다수의 삶을 풍요롭게 하고, 불행이 학문과 지혜의 씨앗이 되는 모습을 우리는 어떻게 받아들여야 할까. 고통과 행복, 불운과 성취가 뒤엉킨 이 복잡한 실존의 문제는 쉽게 답할 수 없는 질문이지만, 어쩌면 그것이 인생과 역사가 우리에게 던지는 가장 깊은 성찰인지도 모른다.

원문

六月初六日. 卽我賢仲氏棄世之日也.

嗚呼. 賢而窮有如是乎. 冤號崩殞. 木石爲之出涕. 尙復何言.

孑孑天地間. 只有我巽菴先生. 爲我知己. 今焉失之. 自今雖有所得. 將何處開口. 人與其無知己. 不如死之久矣. 妻不知己. 子不知己. 昆弟宗族. 皆不知己. 知己而死. 不亦悲乎. 經集二百四十冊. 新裝置案上. 吾將焚之乎.

栗亭之別. 遂成千古. 所切切哀痛不堪者. 如許大德大器. 邃學精識.

汝等皆不知. 唯見其迂闊. 指爲古朴. 無一分欽慕之意. 子姪如此. 他尙何說. 此爲至痛. 他無所慟耳.

今世守令上京者. 更來則民皆遮道以拒之. 未聞謫客欲遷他島. 而本島之民. 遮道以留之也. 家有大德. 而竝其子姪不知. 不亦冤乎. 先大王知臣之明. 每云兄勝於弟. 於戲. 聖明其知之矣.

__ 寄二兒 | 정약용 | 《다산시문집》 권21

너는 이제 영원히 잠들었으니

이덕무 | 손아래 누이 서처徐妻의 죽음을 슬퍼하며 祭妹徐妻文

    형암炯庵 이덕무李德懋는 조선 후기 실학과 문학을 아우른 대표적 학자이자 문인이다. 그는 경사經史(경서經書와 사기史記를 아울러 이르는 말)에서 기문奇文(기이하고 묘한 글), 이서異書(그리 흔하지 아니한 진기한 책)에 이르기까지 학문 전반에 정통하였으며, 박학다재博學多才하고 문장이 뛰어나 조선 문단에서 일찍부터 이름을 떨쳤다. 여섯 살에 이미 문리를 터득한 천재였으며, 유득공柳得恭, 박제가朴齊家, 이서구李西九와 함께 사가시집四家詩集 《건연집巾衍集》을 펴내어 학문과 문학적 재능을 과시하였다.

    그러나 서자庶子 출신이라는 이유로 높은 관직에 오르지 못하고 관직생활보다는 학문과 글쓰기에 몰두하였다. 그의 시와 글은 당시 조선의 풍토와 생활을 세밀하게 반영하였으며, 인간의 내면과 감정을 섬세하게 포착했다. 연암 박지원은 이덕무의 문학적 재능과 인품을 높이 평가하며 "이덕무의 시야말로 우리나라의 풍토와 생활에 밀착되어 있으며 남녀의 마음씨를 볼 수 있게 하니 '조선의 풍요風謠(민중이 일상생활 속에서 부르는 노래)'라고 할 만하다"고 극찬하였다.

이덕무는 평생 서자로서 겪은 신분적 한계 속에서도 학문과 문학을 통해 자신만의 독창적 세계를 구축했으며, 인간적 품성과 지적 깊이로 후대 학자들에게 귀감이 되었다. 다음 글에서 보듯, 연암이 그를 얼마나 아꼈는지, 그리고 그의 인간적·학문적 면모가 후세에 얼마나 큰 울림을 주었는지 알 수 있다.

"형암의 곧고 깨끗한 행실, 분명하고 투철한 지식, 익숙하고 해박한 견문, 그리고 온순하고 단아하고 소탈하고 시원스런 용모와 말씨를 다시는 볼 수 없어서 그것이 애석할 뿐이다. 형암이 저 세상으로 떠난 뒤 나는 이리저리 방황하고 울먹이면서 혹시라도 그와 같은 사람을 만날 수 있을까 했지만 도저히 찾을 수 없었다."

이덕무에게는 누이동생이 둘 있었는데, 가난한 집안 사정 때문에 두 사람 모두 비교적 가난한 선비에게 시집을 보내야 했다. 특히 손아래 누이동생이 서 씨 가문에 시집간 뒤 겪은 고통은 이루 말할 수 없었다. 안타깝게도 누이동생은 병을 얻어 얼마 지나지 않아 세상을 떠나고 말았다.

이덕무는 어린 시절부터 함께한 남매의 소소한 일상과 깊은 우애를 간명하지만 눈물 나게 그려낸다. 그에게 누이동생의 죽음은 단순한 가족의 상실을 넘어, 자신이 지켜주지 못한 안타까움과 삶의 허망함을 마주하는 순간이었을 것이다. 문학적 재능과 인간적 따스함이 함께한 그의 시선 속에서, 우리는 형암이 가족과 세상에 품었던 사랑과 슬픔을 오롯이 느낄 수 있다.

우리 형제 4남매에 내가 너보다 6년이 위이니 나는 신유년(1741년, 영조 1년)에 태어나고, 너와 너의 동생은 정묘년(1747년, 영조 7년)과 무진년(1748년, 영조 7년)에 태어났다. 공무功懋는 정축생으로 가장 늦게 태어나 어렸을 때 네 모습을 볼 수 없었지만, 수더분한 태도로 놀던 그때 일이 눈에 삼삼하다.

업을 때는 반드시 두 어깨에 메고 이끌 때는 반드시 두 손으로 잡아주었다. 한 개의 떡이라도 꼭 절반으로 나누었고, 한 알의 과일도 똑같이 갈랐다. 단연月硯과 분목도 좌우로 나누어 두었으며, 꽃다운 화분도 골고루 나누어 분배하였다. 내가 경사經史를 읽을 때는 옆에 앉아서 따라 읽으며 재잘거렸고, 삼강오륜을 같이 앉아 해설하며 담론하였다.

흉년이 들어 먹을 것이 없는데다 어머니는 병까지 많으셨고, 강가에 유리할 적에는 을병년乙丙年이라, 쑥으로 빚은 보리떡과 나물죽이 입과 목구멍을 찔렀다. 콩나물을 지진 막장에 등불은 죽에 얼비치고, 비린내 나는 초라한 반찬은 하인이 배에서 주워온 물고기라, 모여 앉아 자주 그것을 먹으면서 어머니를 위로하였다. 아버지께서 멀리 계시다가 오랜만에 돌아오시곤 하면, 갑자기 언짢아하실까 염려되어 전에 굶주리던 일을 말하지 않았고, 한없이 기뻐하며 다시 떠나실까 두려워 옷깃을 잡고 주위를 맴돌았다.

네 나이 18세에 서자徐子에게 시집을 갔다. 서자는 훌륭한 인격에 풍채 또한 준수했다. 이에 부모님은 딸이 영리하고 사위가 아름답다며 몹시 기뻐했다. 하지만 이듬해 여름 어머니께서 세상을 떠나고 말았다. 그러자 형과 아우가 슬프게 울부짖어 그 애통함을 심폐心肺에 새기며 더욱 서로를 위하였다.

네 동생은 상을 마치고 원元 씨의 아내가 되었는데, 각각 아들 하나씩을 낳아 안고 옛날을 생각하며 슬퍼하였다. 그리우면 때를 어기지 않고 가서 보았는데, 가엾게도 요즈음 네가 굶주리고 헐벗어 화로에는 불을 피우나 소반에는 밥그릇이 오르지 못하였다. 너는 비록 태연한 듯하였으나 얼굴에는 부황이 떠올랐다. 기침소리는 폐후肺喉에 요란하였고, 담은 견여肩輿에 집중되었다. 지난여름에 너를 데려와 약을 먹이다가 너의 시아버지가 돌아가시므로 네가 곡하며 돌아갔다.

겨울에 또 병세가 급하여 내가 가서 약을 달여 주었으며 집으로 데려왔는데 자리에 누워 연신 피를 토하고 쿨럭 거렸다. 하지만 겨울이 지나고 봄이 되도록 병은 차도가 없었다. 이에 할 수 없이 다시 시집으로 돌아갔는데 살이 빠지고 뼈만 앙상하게 남아 약으로도 부지하기 어려웠다. 늦봄에 다시 돌아왔으나 회복을 기대하기 어려웠다. 늙으신 아버지가 힘을 다해 간호했고 비록 살림은 군색했지만 어육魚肉을 반드시 갖추었으며 그 어육을 먹이고자 늘 곁에서 보살폈다. 유인孺人은 죽을 쑤고 서모는 머리를 짚어주고 등을 긁어주며, 몸종이 말동무를 해주어도 손을 저으며 귀찮아했다.

네 동생이 와서 마지막 이별을 하며 너의 얼굴에 눈물을 떨어뜨리니, 너는 말없이 눈물만 자주 글썽거렸다. 내 어찌 차마 이를 볼 수 있었으랴. 하늘도 너를 위해 침침하게 흐렸었다. 서군이 와서 무슨 할 말이 있느냐고 물으니,

할 말이 없다고 대답하기에 서군에게 저녁밥만 권하였다.

6월 초사흘, 갑자기 폭우가 쏟아지며 캄캄해졌다. 집안 식구들이 어제 저녁부터 오늘 아침까지 밥을 굶은 사실을 안 너는 얼굴을 찡그리더니 이후부터 병이 더욱 깊어져 결국 숨을 거두고 말았다. 늙은 아버지께서 흐느껴 운 뒤 아버지와 우리 형제 모두 세 번씩 곡하였으니, 천하에 지극한 슬픔이었다. 너는 이제 영원히 잠들었으니, 내 말을 듣는가, 듣지 못하는가. 아버지께서 예문禮文을 상고하고, 유모가 목욕시킨 후 수의를 입히며, 나와 서군은 슬픔에 겨워 염습을 하느라 손이 벌벌 떨리고 이마에 땀이 줄줄 흘렀다. 그 후 너의 시댁과 우리 집안의 어진 사람들이 부의賻儀를 보내어 장례를 치렀는데 급히 9일장으로 하여 시댁의 선영으로 돌아갔다.

너의 집에 가면 늘 네가 반가이 맞으면서, 바느질 품 팔아 모아두었던 돈으로 종을 시켜 술을 사다가 웃으면서 내 앞에 놓았다. 내가 그 술을 다른 그릇에 조금 따라 너에게 권하면, 너는 그 술을 받곤 하였다. 안주는 조금씩 나누어 조카 아증에게 먹였다. 이제는 백 번을 가더라도 눈에 보이는 것이 슬픔을 더하는 것뿐이리라.

내 동생이 된 지 28년인데, 언제 하루라도 정의를 잃은 적이 있는가. 서군도 내게 하는 말이 "나의 아내가 된 지 11년인데, 말이 적고 천성이 온화하며, 번거롭지 않고 단아하므로 편협함 마음과 조급한 행동을 참고 진정할 수 있으며, 동서끼리 서로 화목하여 틈이 없었다"라고 하였다. 천상 양반가 규수의

품행이었다. 이에 응당 그 후손이 잘 되어야 하건만 다섯 살 된 아증이 너처럼 아파서 누렇게 파리하며 기침을 하는 것이 마치 너의 얼굴을 보는 것 같다. 그러나 잘 보살펴 길러서 너의 아픔을 위로하려 한다.

평시에는 남들에게 말할 적에 형제가 몇이냐고 물으면, 모모某某 넷이 동기라고 하였는데, 이제부터는 남들이 물으면 넷이라고 할 수가 없구나. 네 몸이 마비되니 육골肉骨을 긁어내는 듯 아파 형은 아우의 죽음을 애처롭게 여기고, 아우는 형의 죽음을 슬퍼하는 것이 이치에 당연하여 그 자연스런 순서를 어길 수 없구나. 너의 생사를 겪으니 나는 원통할 뿐이다.

아, 이제 내가 죽으면 누가 울어주랴. 저 컴컴한 흙구덩이에 차마 옥 같은 너를 어떻게 묻겠는가.

아, 슬프고 서럽다.

_《청장관전서青莊館全書》〈아정유고雅亭遺稿〉

슬픔과 그리움이 눈물로 떨어져 내리는 붉은 회한이 제문 속에 가득하다. 그러나 이제 더 이상 누이의 따뜻한 미소를 마주할 수도, 바느질로 모은 조그만 돈으로 사주던 그윽한 술맛을 음미할 수도 없다. 어린 시절 함께 웃고 울던 기억은 시간 속으로 사라지고, 남은 것은 오직 마음속 깊이 새겨진 그리움과 고통뿐이다. 이에 이덕무는 가슴을 치며 통곡했으리라. 한 자 한 자, 한 숨 한 숨에 담긴 눈물과 회한이 제문의 글줄마다 스며들어, 읽는 이의 마음마저 저릿하게 만든다.

원문

維庚辰月日. 故人某聞士華之亡. 含涕作文而悼之曰.

嗚呼. 生壯老死. 人之四變也. 有生者. 不可逃. 亦可悲也.

今君之亡. 身不老. 氣又盛. 老者之死. 尙可悲. 況如君者乎. 佐伯傳曰. 士華已矣. 余方與人言. 聲才入耳. 惶急曰. 士華誰也. 士華誰也. 如是者三. 迺噫曰. 徐君士華. 乃爾云耶. 吾平日見士華. 飮食不減. 行步不差. 何乃爾云耶. 計君之年. 卅七甲子. 想君之貌. 貌如其年. 亦何乃云爾耶. 嗚呼. 君家甚貧. 播遷四方. 出沒於世. 老母不飢. 吾嘗善君之爲人曰. 士華家貧. 能安其親. 孝恭之行. 人所難知矣至泯滅. 未盡其誠.

皤皤鶴髮. 拊棺而哭曰. 吾子吾子. 棄吾何歸. 娉娉弱婦. 抱兒而泣曰. 吾夫吾夫. 棄吾姑與吾兒而何歸. 幼女喤喤. 無知其戚. 雖生長於世. 安知其父面. 君應飮泣於泉臺矣.

嗚呼. 今年之春. 逢君於湖上. 談笑竟日. 君曰吾始定居高陽. 上奉老親. 下率妻孥. 左圖右書. 讀范睢傳千遍. 足以過去吾生. 吾笑曰. 君得計矣. 吾當往之. 誰知其日. 便成千古之訣乎.

嗚呼. 戊寅之夏. 君曁我與佐伯雲卿. 坐臥共之. 笑語諧謔. 親如弟兄. 好事不

常. 雲卿遭喪. 佐伯移家. 君又流寓於它鄕. 余於此時. 已覺人事之易變如今. 君又亡焉. 亦復覺人世之如夢也. 二十七年. 焉如鳥. 使它人不病而痛. 冉冉如就死也. 君之老親弱妻. 孑子無憑. 何故以食. 亦何故以衣. 呱呱者在襁褓. 其成就何可必也. 已焉哉.

昔日漢書晉筆. 堆於床. 今日丹旐素棺. 寄於房. 昔日寄書問安否. 今日作文吊精靈. 道途脩阻. 不能親奠而哭. 又無使者. 不得替我而祭. 只以哀悼文. 西向而大讀之. 仍以焚. 嗟嗟士華. 知之也不嗚呼哀哉.

夢中相見淚漣漣 舊伴高陽事已焉
破硯妻收悲活計 裵衣婢設象生年
鐘王法帖裝猶半 唐宋奇詩寫未全
縱有故人常臥病 炙鷄難奠殯棺前
江亭春訪記難忘 誰識居然訣別長
回耐斯人埋厚壤 悲涼舊伴散高陽
堂帷彷彿聞書響 硯匣氤氳襲墨香
魂魄歸來慈母哭 百年孤負祝山岡

__ 悼徐士華文, 挽徐士華 | 이덕무 | 《청장관전서》〈아정유고〉

천치마냥 눈물이 저절로 흐르네

기대승 | 죽은 동생을 위한 만장挽舍弟

고봉高峯 기대승奇大升은 기묘사화己卯士禍(1519년, 중종 14년)로 조광조 등의 신진 사류가 숙청된 지 8년 후, 전라도 나주(현 광주광역시 임곡동)에서 태어났다. 그는 16세기 '사림의 전성시대'를 빛낸 대학자로, 어려서부터 뛰어난 재주로 문명을 떨쳤다. 그러나 기묘사화 당시 정암靜菴 조광조와 함께 화를 입은 기준奇遵의 조카라는 이유로, 시험에서 합격하고도 낙방 처리되는 불운을 겪어야 했다.

기대승은 강직과 청빈으로 일관된 삶을 살았던 유학자이자, 학문에 정진하는 학자로서 더 높은 평가를 받았다. 권력과 출세를 탐하기보다, 학문 연구에 몰두하였으며, 스승이자 대선배인 퇴계 이황과 8년에 걸쳐 '사단칠정론四端七情論'을 논쟁할 만큼 학식이 깊었다. 퇴계 또한 자신보다 26년이나 어린 기대승의 학문적 식견을 존중하며 대등하게 대했다. 나아가 선조는 "고봉이야말로 학식이 매우 깊고 통달한 유학자國中有一通儒"라며 그를 유학자 중의 유학자로 인정하였다.

기대승은 세상을 떠날 때까지 대의명분에 충실하고자 했다. 그는 대의명분에 어긋나는 일에는 결코 타협하지 않았으며, 스승조차도 자신의 판단과 다르면 뒤집는 데 주저하지 않았다. 이러한 태도는 조정과 잦은 마찰을 빚었고, 그는 사직과 귀향을 반복할 수밖에 없었다. 이후 모든 관직을 사양하고 '낙암樂庵'이라는 서재에서 후진을 양성하며 학문에만 종사하려 했지만, 조정의 끊임없는 요청은 그를 다시 공직으로 불러들였고, 얼마 지나지 않아 병을 얻어 마흔다섯의 나이로 세상을 떠났다.

그는 죽음에 임하여 다음과 같이 남겼다.

명이 길고 짧은 것, 죽고 사는 것은 하늘의 뜻이다. 어려서부터 글 읽기에 힘썼고 드디어 성현의 학문에 뜻을 모았다. 중년 이래도 겨우 얻은 바 있으나 공부가 독실하지 못하여 항상 마음먹은 바에 부응하지 못할까 두려워하였다. 만일 임하林下(벼슬을 그만두고 은퇴한 곳)에서 몇 년만 더 학문을 강구할 수 있었다면 다행이었을 텐데. 병이 들었으니 이를 어찌할꼬.

_《고봉집高峯集》

삶과 죽음, 청빈한 학자로서의 바람, 그리고 학문적 자부심이 고스란히 담긴 글이다. 또한 기대승은 동생을 위해 애절한 만장을 남기기도 하였는데, 이는 그가 얼마나 가족과 인간적 의리를 소중히 여겼는지를 보여주는 기록이다. 그의 글과 삶은, 학문과 덕행, 인간적 슬픔이 함께 어우러진 조선시대 선비의 이상적 면모를 잘 보여준다.

가문의 재화가 어찌 그리 잦은가
해마다 눈물이 마르지 않네
기둥이 부러지니 사람은 절망하고
난초가 시드니 해는 장차 추워지리
옛집에 슬픈 바람이 일고
거친 산에는 묵은 풀이 쇠잔하도다
아득하다 상여끈 잡던 곳에
지난 일이 다시 간장을 무너뜨리네.

네가 죽었는데 나는 밖에 있으니
너의 장례에도 돌아가기 어렵네
형제간 서로 떨어지기도 괴로운 것인데
그 정리는 지금 생과 사로 멀어졌네
압천에는 가을 낙엽이 어지럽고
진수에는 저문 구름이 얼고 있네
멀리 너를 묻을 곳을 생각하니
아득히 바라보며 눈물이 마르지 않네.

너는 어찌 때 아니게 태어났는가
석 달 만에 자친을 여의었네
업혀 길러져 어렵게 성립되니 은혜 보답 효성 지극했도다.
애훼가 너무 깊어 죽은 것 슬퍼하노라니
슬픔이 격동하여 정신을 잃을 뻔했네
통곡해 마지 않은 영원의 생각
이승 저승들이 다 할 말이 없네.

나는 돌보아주지 못해 늘 부끄러운데
너는 언제나 은정에 전일했네
서로 헤어진 것은 하찮은 벼슬 때문이라
갑자기 죽음은 천리를 저버렸네
꿈만 같은 정은 다하기 어렵고
천치마냥 눈물이 저절로 흐르네
집 아이가 장례를 돌봐 치렀는데
나와 너 사이에는 황천이 가로막아 있네.

_《고봉집高峯集》

동생이 세상을 떠났으나, 돌아갈 수도 없고, 살아서 돌봐준 기억조차 희미하니, 기대승은 휘몰아치는 슬픔 속에서 천치마냥 눈물만 줄줄 흘릴 수밖에 없었다. 어려서부터 특출한 재주로 이름을 떨쳤을 뿐만 아니라, 독학으로 고금의 학문에 통달했던 그는, 비록 학문적 명성과 덕행으로 세상에 빛났지만, 그 역시 인간적 한계를 피할 수 없었다.

대사간의 벼슬을 지내다가 병으로 사직을 하고 귀향길에 올랐으나, 전라도 고부에서 그 길을 영영 마감하고, 불귀의 객으로 떠나고 말았다. 그의 삶과 죽음 속에는 청빈과 학문, 그리고 가족과 인간적 애정을 향한 끝없는 갈망이 함께 서려 있었던 것이다.

원문

門禍何稠疊 連年淚不乾 棟崩人絶望 蘭萎歲將寒
舊屋悲風起 荒山宿草殘 茫茫執紼處 往事更摧肝
汝亡吾在外 汝葬亦難歸 兄弟分離苦 恩情生死違
鴨川秋葉亂 珍峀暮雲飛 緬憶埋金處 茫茫淚不晞

汝生何不辰 三月失慈親 寄養堪成立 酬恩極孝諄
毁深嗟滅性 悲動欲淪神 痛哭鴒原思 幽明兩莫陳
憐撫吾常愧 恩勤汝更專 分離緣薄宦 奄忽負高天
似夢情難盡 如癡淚自懸 豚兒護襄事 吾汝隔重泉.

_挽舍弟 | 기대승 | 《고봉집》

하늘이여, 어찌 이리도 가혹하십니까

임윤지당 | 오빠 임성주(任聖周)의 부음을 전해 듣고 祭仲氏鹿門先生文

윤지당 임 씨는 아들 신재준이 세상을 떠난 바로 다음 해, 둘째 오빠인 녹문鹿門 임성주의 부음을 전해 들었다. 여덟 살의 어린 나이에 아버지를 잃은 그녀에게, 오빠 임성주는 아버지와도 다름없는 존재였다. 임성주는 뛰어난 성리학자로서, 어린 여동생에게 학문의 길을 열어주었을 뿐 아니라, 그녀가 평생 지켜야 할 정체성을 담아 '윤지당'이라는 호까지 직접 지어주었을 만큼 깊이 아꼈다.

오빠의 죽음 소식은 윤지당의 가슴을 송두리째 무너뜨렸다. 어린 나이에도 그녀는 오빠의 부재가 남길 삶의 공허와 허망을 느끼며, 참담한 슬픔을 억누른 채 오빠의 영혼을 위로하려 했다. 오빠의 품이 이제는 돌아올 수 없는 것임을 알면서도, 그녀는 눈물 속에서 오롯이 그리움과 사랑을 전하려고 마음을 다했을 것이다.

작은누이 신 씨는 멀리 원주에서 부음을 듣고, 목 놓아 통곡하며 비통한 심정을 대략 서술하여 상주인 조카가 있는 곳으로 보내고, 이 달 초하루 임술일에 간략한 제물을 갖추어 영결을 고합니다.

아, 애통합니다. 오라버니, 어찌 저를 버리고 먼저 가십니까. 오라버니는 저보다 10년 연상입니다. 누이는 허약하고 기운이 쇠락하여 하직할 날이 며칠 남지 않았습니다. 그러나 오라버니께서는 천품이 탁월하시고, 정기는 맑고 심원하시며, 그 바탕은 순수하고 중후하셨습니다. 누이는 마음속으로 '나의 죽음은 반드시 오라버니보다 먼저 올 것이니, 내가 죽은 후에 만약 오라버니의 글 몇 줄을 얻어 묘소에 표시해두면 저승에 가서도 광채가 날 것이다'라고 생각했습니다. 그런데 어찌 사람의 일이 뒤바뀌어 이런 지경에 이를 줄 알았겠습니까.

아, 누이는 전생에 지은 죄가 많아 작년에 아들을 잃었고, 이제 또 오라버니를 잃게 되었습니다. 하늘이여, 귀신이여, 어찌 제게 이렇게 가혹하십니까. 아, 누이는 모진 목숨을 아직도 지탱하고 있으나 친정과 시댁의 부모가 모두 돌아가시고, 일곱 형제자매 중 오직 남은 사람은 오라버니와 막내 그리고 저뿐이었습니다.

아, 푸른 하늘이여, 어찌 이리도 저에게 가혹하십니까. 애통하고 절통합니다. 이 누이는 살아서 다시 오라버니를 뵙지 못하고, 돌아가신 후에는 달려가

빈소에 곡조차 하지 못했습니다. 이제 또 오라버니의 유체를 지하로 영결하게 되었습니다. 상을 당한 여독으로 정신이 소모되어 비통한 심정을 만에 하나도 기억하지 못하겠습니다. 붓을 들어도 가슴이 막혀 무슨 말을 올려야 할지 모르겠습니다. 아, 애통합니다. 이것이 어찌 사람의 일이겠습니까. 오서서 흠향하소서.

_《윤지당유고》

오빠 임성주를 떠나보낸 5년 후 윤지당 역시 하늘로 돌아갔다. 1793년(정조 17년) 음력 5월 열나흘이었다. 이에 그의 시동생 신광우는 그녀의 임종 당시의 모습을 《언행록言行錄》에 다음과 같이 기록했다.

병세가 위독해지자 윤지당은 "내가 평생 시를 지어본 적이 없는데, 지금 정신이 혼란스러우면서 갑자기 시 세 구절이 떠오르는구나"라고 말했다. 그러자 주위에서 임종을 지키고 있던 사람들이 그 시 구절이 무엇이냐고 물었다. 그러자 윤지당은 "오직 슬픔만 더할 뿐이다. 너희들이 들어서 무슨 이득이 있겠느냐"라며 더 이상 말하지 않았다. 그리고 잠시 후 며느리(죽은 양자 신재준의 부인)에게 "집안을 잘 단속하고, 남녀의 출입을 엄하게 삼가도록 해라"라고 말한 뒤 태연히 숨을 거두었다. 그녀의 나이 일흔 셋이었다.

_《언행록》

'잊음으로서 기억한다'는 옛말이 있다. 하지만 그것이 마음먹은 대로 되는 일이던가. 자신도 모르는 사이, 지난 기억의 틈새에서 그리움이 꽃처럼 피어날 때가 있지 않던가.

아버지처럼 의지했던 오빠가 죽었음에도, 윤지당은 널을 붙들고 통곡 한 번 제대로 하지 못한 채, 멀리서 지켜볼 수밖에 없었다. 손길 닿지 않는 곳에서, 눈에 담을 수 없는 오빠의 모습 앞에서, 마음속으로만 되뇌이는 슬픔. 그것이 바로 끝내 눈물로 터져 나오지 못한 채 가슴에 남아 맴도는 슬픔이 아니겠는가.

그 애절함에, 눈시울이 뜨겁게 젖는다. 애잔함이 마음을 찌르고, 그리움이 가슴을 흔들어, 눈물 한 방울로 흘러내리고야 만다.

원문

維歲次戊申三月初六日戊辰. 我仲氏鹿門先生成川公. 不幸棄後學. 將以五月初二日癸亥. 大歸于泉臺. 小妹未亡人申氏婦. 遠在原峽. 聞訃號慟. 略舒悲痛之情. 搆成荒蕪之辭. 齎送於哀侄所. 以是月初一日壬戌. 具薄羞之奠. 告訣于靈几之前.

嗚呼痛哉. 以仲氏至友. 今何棄我而先歸乎. 嗚呼. 仲氏長於我十年. 而小妹脆弱多病. 衰落無餘地. 而仲氏天授卓異. 氣淸而深遠. 質粹而重厚. 加以所養者天理. 所守者天理. 天必保佑. 宜享遐壽. 小妹心竊自言曰. 吾死必先仲氏. 若獲仲氏數行文字以表墓道. 則可以爲幽明之光矣. 豈料人事之反易. 乃至於斯耶.

嗚呼. 小妹罪戾深重. 昨年失兒子. 今日又喪我仲氏. 天耶神耶. 胡寧忍予. 嗚呼小妹. 頑命尙支. 親庭舅家. 父母俱不存. 男女昆季七人. 餘者惟仲氏與季弟及小妹. 而又涯角東西. 落落難合. 心焉如結而已. 壬寅春. 仲氏爲我暮境之歡. 而來住此土. 相依源源. 浮生至樂. 孰過於此乎. 季弟悶仲氏之年高棲屑. 屢請還鄕. 丙午春. 公遂挈眷. 復返于鹿洞故宅. 四年源源之餘. 忽作此無後期之別. 伊時分手之際. 此心當如何. 痛矣痛矣. 公歸後書札中. 每以兄妹生前. 更逢爲祝. 而及至今年二月. 病患已沉淹床席. 而猶呼占成書. 責妹以哭子之過傷.

且言若不復見君而死. 則其悲當如何. 自是至捐世. 纔數十餘日. 此其絶簡耳. 從今以往. 則雖欲聞如此至愛之敎. 何可得乎. 言念及玆. 五內崩裂. 血流被面而已矣.

嗚呼. 小妹以七十垂死之年. 又遭喪明之痛. 肝膽盡灰. 餘日無幾. 隨公之後. 不過朝暮事耳. 其將以是而自慰乎. 小妹自幼. 受公至友. 敎以義方. 小妹之粗知持身. 而不陷於罪戾者. 公之賜也. 男女雖曰異行. 而天命之性. 則未嘗不同. 故其於經義. 有所疑問. 則公必諄諄善喩. 使之開悟而後已. 丙午以後. 則以文字往復稟議. 以爲消遣餘日之資. 其或聞有不安節. 則焦慮不成寢睡. 身雖在於半千. 心常馳於床下. 自今以後. 則誰爲我誨諭之勤懇. 小妹亦將誰爲而思慮不成睡哉. 悠悠蒼天. 于我曷極. 痛矣痛矣.

古人有言曰. 大德者必得其位. 必得其祿. 必得其名. 必得其壽. 世稱八十爲壽. 則仲氏雖少二年. 而亦可謂壽矣. 位者是爵之稱. 則爵莫尊於天爵. 而仲氏眞知實得. 仁義充積於已. 則所謂天爵之尊. 又孰如仲氏乎. 爵之所存. 祿亦在矣. 實之所在. 名亦隨之. 此吾所以常爲仲氏頌者也. 然不能無憾於天者則有之. 以吾仲氏明睿之資. 超脫之識. 積年講究. 不得不措. 經義禮說. 次第融解. 其會於心而筆諸書者. 多發前人所未發. 而不厭不倦. 孜孜惜寸之志. 老而益

篤. 昨年貽書小妹曰. 吾年迫八旬. 死不足惜. 但恐所欲爲之志不遂. 以爲至恨矣. 朱書箚疑. 嶺伯精寫送來. 意外得此伯之此大役者. 意若有天佑. 然此外所欲爲者甚多. 心眼不得休息. 傍人謂我何苦. 然我自樂此. 不知其疲. 韓子所謂使道由我而粗傳. 雖死無恨云者. 恰恰是眞切語也. 不知此後更假得幾箇歲月. 做得幾許事業也. 吾精神則猶可有爲. 而筋力漸短. 恐此願難遂.

嗚呼. 天若假公以數年. 使遂其志卒其業. 以遺後學. 則惠莫大而功莫盛矣. 而今以一時無妄之患. 乃止於此. 豈天不欲佑斯文歟. 此其有憾於天者也. 且以仲氏絶世之學. 邁古之志. 若得時展抱. 則伊傅事業. 直擧而措之耳. 天之生公. 若將有意. 而顧乃沈屈於郡邑. 考終於巖穴. 而不得行其道於偏邦. 使民不被至治之澤. 而斯世不復見三代之盛. 豈非難諶者理耶. 此又有憾於天者也. 至若世衰道微. 知德者鮮. 則自古而然. 君子不慍也. 何足道哉. 曩者䝴言搆誣禍幾不測. 家人知舊. 莫不爲公憂惶. 獨公夷然曰主上聖明. 讒言罔極. 無足憂者. 旣果如其言. 公常言吾非聖明天覆之德. 豈有今日哉. 國家罔極之恩. 死無以報矣. 故公雖屛迹草野. 其愛君憂國之誠. 尤未嘗一日忘. 而惜乎其內聖外王之學. 卒未免爲紙上之空言也.

嗚呼痛哉. 嗚呼痛哉. 小妹生不得更拜我仲氏. 沒又不獲往哭於筵几. 今又仲

氏之儀容永隔于泉下.而喪慽之餘.神精消耗.不能記悲緒之萬一.執筆臆塞.
不知所告者何事也.
嗚呼痛哉.此何人斯.尙饗.

___ 祭仲氏鹿門先生文 | 임윤지당 | 《윤지당유고》

무슨 죄로 나를 외롭게 만듭니까

신 흠 | 맏누이 신 씨 부인을 위한 제문 祭長姊申氏婦文

상촌象村 신흠申欽은 조선 중기의 학자로, 월사月沙 이정구李庭龜, 계곡谿谷 장유張維, 택당澤堂 이식李植과 함께 '문장사文章四家'로 이름 높았던 선비다. 그는 벼슬이 영의정에 이르렀을 뿐 아니라, 상수학象數學(자연과 우주의 이치를 수와 상을 통해 해석하는 동양 역학의 한 갈래)과 유·불·도를 넘나드는 회통사상會通思想(서로 다른 사상 종파, 이론, 또는 학문적 입장들이 대립하거나 배제하지 않고 조화롭게 소통·융합되는 통합적 사고방식)으로 심학心學(마음 공부)을 종합한 철학자이기도 했다.

그는 언제나 스스로를 살피는 데 철저했다. "자신의 허물만 보고 남의 허물은 보지 않는 이는 군자이며, 남의 허물만 보고 자신의 허물은 보지 않는 이는 소인이다."라는 말은 단순한 경구가 아니라, 그의 삶과 사상 전반을 관통하는 원리였다. 자신을 성찰하면, 날마다 드러나는 허물이 너무 많아 남의 허물을 살필 겨를이 없다는 깨달음, 자신의 허물을 용서하면서도 남의 허물만 들추어내는 세태에 대한 통찰. 신흠에게 있어 진정한 군자의 길은 바로 자기 안의 부족함을 먼저 보고, 이를 고치려 힘쓰는 데 있었다.

그의 이러한 철학은 단순한 학문적 지침이 아니라, 오늘날에도 여전히 울림을 준다. 남을 평가하기보다 자신을 돌아보는 삶, 허물 앞에 겸허하고, 실천 앞에 치열한 삶. 상촌 신흠이 남긴 글귀와 사유 속에서 우리는, 진정한 도덕과 성찰이 무엇인지를 다시금 깨닫게 된다.

> 자기의 허물은 살피고, 남의 허물은 보지 않는 것은 군자다. 남의 허물은 보면서 자기의 허물은 살피지 않는 것은 소인이다. 자신을 점검함을 진실로 성실하게 한다면 자기의 허물이 날마다 제 앞에 보일 터이니, 어느 겨를에 남의 허물을 살피겠는가? 남의 허물만 살피는 것은 자신을 검속함이 성실치 못한 것이다. 자기의 잘못은 용서하고 남의 허물은 살피며, 자기의 허물에 대해서는 침묵하면서 남의 허물은 들춰내니, 이야말로 허물 중에 큰 허물이다. 자기의 허물을 능히 고치는 사람은 허물이 없는 사람이라고 말할 만하다. 見己之過, 不見人之過, 君子也. 見人之過, 不見己之過, 小人也. 檢身苟誠矣, 己之過日見於前, 烏暇察人之過. 察人之過, 檢身不誠者也. 己過則恕, 人過則知. 己過則嘿, 人過則揚. 是過也大矣. 能改己過者, 方可謂無過人.

_《검신편檢身篇》

이는 그가 쓴 《검신편》이라는 글로, 무엇보다 먼저 자신을 살피고 다스릴 것을 일깨운 글이다. 그는 벼슬에 있을 때나 은거했을 때나, 늘 스스로의 허물을 경계하며 성찰을 게을리하지 않았다.

　탁월한 문장가였던 그는 명나라에 보내는 외교문서를 직접 지을 만큼 뛰어난 필력을 지녔다. 그러나 그 화려한 문장의 이면에는 누구보다 깊은 정과 따뜻한 인간애가 있었다.

　맏누이 신 씨 부인이 세상을 떠났을 때, 그는 벼슬길의 무게도 내려놓은 채 붓을 들었다. 그리움과 회한이 뒤섞인 제문에는, 한 인간으로서 누이를 향한 절절한 애정이 담겨 있었다.

　그의 글은 학자의 이성이 아니라, 형제의 마음에서 흘러나온 눈물이었다. 그리움이 한 줄 한 줄 스며든 제문 속에서, 우리는 냉철한 학자 신흠이 아닌, 따뜻한 인간 신흠을 만나게 된다.

　만력 47년 경신 2월 모일에 아우 흠은 삼가 맑은 술과 여러 제물을 갖추어
　　아들 익성(翊聖)을 보내 신씨 영전에 제사를 드립니다.

　슬픕니다. 양주의 한 뙈기 땅에
　거년(去年)(이 해의 바로 앞의 해)에 딸 묻고 지금은 누이 묻습니다.
　눈물과 곡성이 저승과 하늘에 사무쳐라
　이 몸 죽어 서로 의지하지 못한 게 한스럽소
　오십 년 동안 동포(同胞)(한 부모에게서 태어난 형제자매)의 정리(情理)(인정과 도리)와
　이십 년 동안 동거한 의리 있건마는

운명 때는 널 붙들고 호곡 못해 보았고

장사 때도 광 곁에 가서 통곡 못했습니다

아, 하늘이여,

무슨 죄로 나를 외롭게 만듭니까

아, 하늘이여,

이 아픔 언제나 다하리까

흠향하소서.

_《상촌집象村集》

20년을 한 지붕 아래서 지내며 기쁨과 고락을 함께 나누었고, 그 후 30여 년 동안은 멀리서나마 서로의 안부를 의지하며 살아왔다. 그런 누님이 세상을 떠났다는 소식이 들려왔다. 하지만 너무나도 가슴이 미어져, 마지막을 지켜보며 이름 한 번 부르지 못했다. 장례식에 찾아가 통곡할 힘조차 없었다. 그저 글로써나마 가슴속의 슬픔과 서러움을 쏟아낼 수밖에 없었다.

그는 한 자 한 자를 적으며, 붓끝마다 울음을 삼켰을 것이다. 어금니를 깨물며 흘린 그 눈물은, 피보다 진한 그리움이 되어 종이 위에 번졌을 것이다. 세월이 흘러도 마르지 않는 그 아픔이, 지금 이 순간에도 눈앞에 어른거린다.

원문

萬曆四十八年, 庚申二月某日, 弟欽, 謹備清酌庶品, 遣子珝輩, 致祭于長姊申氏之靈曰.

哀哉楊州一片土兮

去年埋女今埋姊.

淚徹泉兮聲徹天

恨不殺身以相倚.

五十年同胞之情

二十年同居之義

歿不憑棺以踔

葬不繞坎而慟.

嗚呼天乎

何辜余獨兮.

嗚呼天乎

曷其極只.

尙饗.

— 祭長姊申氏婦文 | 신 흠 | 《상촌집》

눈물이 앞을 가려 글을 쓸 수 없고

김수항 | 막냇누이 숙인 김 씨의 죽음을 애도하며 祭季妹文

명문名門이나 명가名家는 하루아침에 이루어지지 않는다. 자식이 부모의 행동을 보고 배우기 때문이다. 그러므로 부모가 스스로 본보기가 되지 못하면, 그 어떤 훌륭한 가르침도 공허한 미사여구美辭麗句(지나치게 장식적인 글을 비유로 하는 말)에 불과하다.

문곡文谷 김수항金壽恒은 안동 김 씨로, 정묘호란丁卯胡亂(1627년, 인조 5년에 청의 침입으로 일어난 조선과 청 사이의 전쟁) 당시 주전론을 주장했던 김상헌金尙憲의 손자이다. 공조참판을 지낸 김수증金壽增과 영의정을 지낸 김수흥金壽興은 그의 형이며, 조선의 '육창六昌'이라 불리는 창집昌集·창협昌協·창흡昌翕·창업昌業·창즙昌緝·창립昌立의 아버지이기도 하다. 이들 형제는 모두 문장으로 가문을 빛냈다.

김수항은 학문과 절의에서 한결같은 인물이었다. 조정에서는 청렴과 강직으로 이름났고, 집안에서는 자식과 제자들에게 예의와 학문으로 모범을 보였다. 그의 글은 고결하면서도 따뜻하였고, 문장에는 인품이 그대로 배어 있었다.

그가 막냇누이 숙인 김 씨의 죽음을 애도하며 지은 제문에는, 단순한 가족적 슬픔을 넘어 한 인간으로서의 고뇌와 도리가 함께 담겨 있다. 글줄마다 사랑과 회한, 의리와 애정을 동시에 느낄 수 있으며, 읽는 이로 하여금 마음 한켠이 무겁도록 만든다.

다음은 그 제문의 내용이다.

을묘乙卯(1675년, 숙종 1년) 11월 막내 오빠 수항은 멀리서 조촐한 안주와 술을 장만하여 가지고 내 아들 창협을 시켜 누이인 숙인淑人 김 씨의 영정에 바치는 바일세.

아, 우리 어머님께서는 무려 여덟 자녀를 나으셨는데, 아들이 셋이고, 딸이 다섯, 그중에 누이가 막내였지. 누이를 낳으실 때 어머님께서는 어려움을 당하시어 아침에 누이를 낳으시고 저녁 때 돌아가시었지. 당시 큰 누님은 결혼을 하셨지만 둘째, 셋째 누님은 아직 결혼 전이었고, 또 두 형님은 이제 막 이를 가는 어린 나이였으며, 나와 넷째 누이동생은 더욱 어려 아직 기저귀 신세를 못 면한 터였네. 그리하여 나는 지금도 돌아가신 어머님의 모습을 어렴풋이라도 그릴 수가 없다네.

애달픈 마음 어이 하리. 사람이 이 세상에 태어나서 어머님 말고 누구를 믿고 살겠는가마는, 우리 형제는 이려서 어머님을 여의고 참으로 불행히게도 자랐지. 더구나 누이는 세상에 나오자마자 어머님을 잃었으니 그 기구한 운명이 이보다 더 중한 경우가 어디 있겠는가. 할아버지(김상헌)께서 의지할 데 없는 누이를 더욱 애달피 생각하시어 애지중지 돌보아 길러주시었네. 게다가 누이는 어릴 때부터 얼굴이 예쁘고 마음이 고와서 만년의 할아버지께서는 마치 손바닥 안의 보물처럼 더더욱 아끼고 사랑하였지.

그런 연유로 할아버지께서 청나라에 가시어 포로의 몸이 되어 있는 중에도 누이를 생각하시며 읊은 시구(詩句)들이 지금도 많이 남아 있지. 그뿐 아니라 우리 형제에게 편지를 보내실 때는 빠뜨리지 않고 누이의 안부를 물으셨네. 그러다가 풀려나시어 고국으로 돌아오시자 몸소 신랑감을 골라 누이를 결혼시키고는 몹시도 기뻐하시던 모습을 지금도 잊을 수가 없네. 그 뒤 할아버지께서는 세상을 돌아가실 때도 누이에 대한 부탁의 말씀을 많이 하셨지.

오호라, 누이도 하늘같은 할아버지의 큰 은혜를 갚지 못하였고, 할아버지께서도 오래오래 사시지 못하였음은 우리가 똑같이 슬퍼할 만한 일이 아니겠는가. 할아버지의 지극한 사랑과 보살핌을 받고 자랐음에도 불구하고, 누이는 어찌 그리 운명이 기박하단 말인가. 그나마 다행스러운 것은 매제가 벼슬길에 올라서 승진의 기회가 활짝 열려 있었고, 또 내외간에 금슬이 좋아서 집안이 자못 번성해 가는 것이었네. 그리하여 나는, 하늘이 앞서 누이의 운명을 기박하게 만든 것은, 앞으로 누이에게 더 많은 복을 주고 오래오래 살도록 하기 위한 시련이라고 생각하였었네.

그런데 이게 웬일인가. 한창 장년의 나이인 남편을 그만 여의고 말았으니. 이처럼 기구한 운명 속에서도 실낱같은 희망은 오직 자식들뿐이어서, 슬하에 세 딸이 이미 다 자라 사위도 보았고, 양자로 들인 아들도 성취하여 며느리도 두고 손자도 보았으니, 만년에는 자손을 양육하는 즐거움이나 누릴 줄 알았는데, 누이마저 늙지도 않은 나이에 그리 빨리 갈 줄 누가 알았단 말인가. 어찌 하늘은 누이에게만 이렇게 가혹한 운명을 내리신단 말인가.

누이는 본래부터 몸이 쇠약하여서 병을 잘 앓았었네. 몹쓸 병이 들어 꼬챙이처럼 여위어 갔지만 그렇게 빨리 떠날 줄이야 누가 알았겠는가. 사은사의 사명을 띠고 중국에 갔다가 돌아오는 수개월 동안 누이의 병이 완쾌되기를 빌고 또 빌었었는데, 그곳에서 해가 바뀌고 압록강까지 와서야 누이의 부음 소식을 들었네. 나는 그때 임금께서 내리신 사명도 아직 보고 드리지 못한 상태였는데, 누이는 멀리 떠나고 말았으니, 장례에도 참석하지 못한 이 맺힌 한을 어떻게 풀어야 한단 말인가.

풀잎에 맺힌 이슬같이 외롭고 가련한 내 인생에 오로지 동기들만을 의지하며 살았었는데 둘째, 셋째 누님도 이미 돌아가셨고, 누이 역시 이렇게 떠나고, 넷째 누이동생은 지금 병석에 누워 오늘 내일하며 죽기만을 기다리는 형편이라네. 또 백씨伯氏(맏형 김수증)께서는 서쪽의 지방관에서 돌아오시자 곧 가족을 이끌고 시골로 돌아가셨고, 중씨仲氏(중형 김수흥)께서는 벼슬에서 쫓겨나 귀양생활을 한 끝에 서울 밖으로 물러가 계신다네. 큰 누님만이 지금 서울에 살고 계시지만 나이 칠십을 바라보는 지경이어서 몸이 쇠약할 대로 쇠약해 있다네. 나 또한 나라로부터 버림을 받아 지금 이 뜨거운 남쪽 지방에서 유배생활을 하는 중일세. 이러하니 죽은 사람이야 어쩔 수 없지만 산 사람끼리도 다시 만날 기약 없이 이렇게 떨어져서 산다네. 정을 가진 사람으로서 이 또한 견디기 어려운 일일세. 그러나 부모가 모두 살아 계시고 형제가 모두 아무 탈 없이 사는 사람이 이 세상에 몇이나 되겠는가.

애달프고, 애달프네. 내가 북경에서 돌아온 뒤 술 한 잔이라도 들고 가서 누이 영전에 올린 뒤에 이 슬픈 마음을 하소연하려고 벼르고 별렀지마는 거듭 나라의 우환(자의대비의 사망)을 당하여 한 해 내내 바쁘게 쫓아다녔네. 곧이어 임금으로부터 준엄한 꾸중을 입어 저 강가에 나가 명령을 기다리다가 남쪽으로 귀양을 오게 되었네.

슬픔과 한탄이 마음속에 쌓였으나 그것을 하소연하지 못한 채 세월만 보내다가 어느덧 누이의 대상大祥(사람이 죽은 지 두 돌 만에 지내는 제사)을 당하였네. 이 먼 지방에 떨어져 있어서 누이의 혼령 앞에 나아가 곡哭 한 번 하지 못하고, 구운 닭 한 마리, 술 한 잔 올리지 못하니 더더욱 한스럽고 슬프기 그지없네.

끊어지는 듯한 창자를 움켜잡고 북쪽 하늘을 바라보며 이 애끓는 마음을 글로 적어 보지만 눈물이 앞을 가려 글씨를 쓸 수 없네. 누이의 혼령이 있다면 이 오빠의 마음 알아줄 것일세. 부디부디 이 정성 흠향하게나.

_《문곡집文谷集》

어미의 얼굴도 모른 채 자란 누이가 갑작스레 세상을 떠났다. 어린 나이에 어머니를 잃고, 외로움을 품은 채 자라 시집을 가서는 남의 자식이 아니라 '어머니'라 불리는 아이들의 어미가 되었다. 그러나 그 마음속에는 한 번도 품에 안아보지 못한 어미에 대한 그리움이 평생 그림자처럼 남아 있었을 것이다.

병이 깊어 누워 있을 때, 문득 그 어미를 그리워하지 않았을까. 누군가 자신의 머리를 쓰다듬어 주길, "괜찮다" 한마디 해 주길 바랐을지도 모른다. 그러나 그 곁에는 아무도 없었다. 그런 생각이 미치자 오라비 김수항의 마음은 천 갈래로 찢어졌을 것이다.

멀리 벼슬길에 있어 마지막 길조차 지켜보지 못한 그는, 눈물로도 다 씻기지 않는 한을 글로 남겼다. 글줄마다 아비 잃은 자식의 서러움, 어미 없는 자식의 허전함, 그리고 피붙이를 먼저 떠나보낸 오라비의 통한이 배어 있다. 그래서 그의 제문은 단순한 애도의 글이 아니라, 핏줄의 정과 인간의 근원적인 그리움이 교차하는 슬픔의 기록이다.

절제된 문장 속에 담긴 그 울음은 조용하지만, 오래도록 가슴을 파고든다. 그리움은 목소리가 없으나, 그의 글에서는 눈물의 무게로 들려온다. 멀리서라도 누이를 향해 마음을 부르는 오라비의 그 절절한 한마디 한마디가 이 글을 읽는 이의 마음에도 잔향처럼 남는다.

원문

維乙卯歲十一月乙酉朔某日干支. 季兄壽恒遠具時羞之奠. 使子昌協替告于舍妹淑人金氏之靈.

嗚呼. 我先妣凡擧八子. 丈夫子三人. 女子子五人. 汝於序爲最季. 先妣厄於産. 朝挽汝而夕不諱. 時惟伯姊纔施衿. 仲叔二姊俱未字. 伯仲二兄俱在毁齓. 吾與第四妹尤稚弱. 俱未離襁抱. 至今不省先妣容聲於髣髴.

嗚呼. 人之生也. 非母何恃. 而吾兄弟幼而見背. 其不天已甚矣. 況汝甫墮地而已失之. 命之奇舋. 孰甚於斯. 先祖考愍汝呱呱靡怙. 取而鞠之膝下. 又憐汝娟秀異常. 鍾愛特甚. 以爲暮境眼前娛. 不翅若珠之在掌也. 當祖考之幽雪窖也. 思戀汝不置. 屢發於吟詠. 每寄書吾兄弟. 未嘗不訊汝無恙否也. 及祖考東還. 爲汝擇對. 親見結褵之禮. 祖考之悅喜. 又特甚至. 其啓手之際. 諄諄顧言. 亦無非眷眷乎汝也.

嗚呼. 汝之於祖考. 顧復恩勤之德. 卽昊天莫酬. 則我祖考之不得享期頤. 固吾子孫所共慟終身者. 而在汝豈不益增其哀慕而益自傷其命之奇舋耶. 所幸佳耦揚名. 雲路日闢. 琴瑟相友. 家道稍成. 意者天之所以奇舋汝於前者. 將有以福汝壽汝於後也. 奈何汝鬓方華. 而汝哭以晝. 煢煢然弔影飮血. 汝之終於奇

釁. 一至此哉. 然猶有所諉者. 三女旣長. 螟兒克類. 有婦有壻. 亦旣抱孫. 庶幾
天或以含飴稱觴之樂. 少慰汝未亡之痛於晚景也. 孰謂汝未老而遽殞. 反使
兒女輩無所恃以爲生. 而吾兄弟之在世者. 抱此無涯之戚耶. 天旣偏賦奇釁
於汝之命. 而畢竟又斬汝之壽. 夫以並育群生之天. 奚獨不仁於汝此酷哉. 其
亦異矣. 其亦哀矣. 汝本羸脆善病. 自罹至慟. 柴削日加. 遂嬰沈痼之疾. 然而年
歇乍訊. 淹延歲月. 未始以爲深憂也. 屬余飲氷燕路. 往返歷數箇月. 其間暌離
之感. 疾病之憂. 誠有耿耿縈懷者. 而亦豈料此別之爲長訣也. 歸到鴨江. 始聞
汝訃於改歲之後. 我未反命. 而汝已邈遠. 旣未及撫屍而一慟. 又因繫官束制.
不得視汝棺之入于土. 幽明之間. 此恨曷極.

嗚呼. 孤露餘生. 唯同氣是依. 而仲叔二姊. 旣先後淪喪. 汝以最季. 而又奄忽
至斯. 第四妹于歸絅曲. 聞問亦不以時. 伯氏纔從西土歸. 將挈家入峽. 仲氏以
貶逐之餘. 屛居郊坰. 獨伯姊在都. 而年今望七. 羸疾已甚. 余又獲譴禦魅于炎
徼. 死者已矣. 生者亦落落各天. 如參商會合渺然無期. 人而有情. 尙可以堪此
耶. 彼父母俱存而兄弟無故者. 顧何人哉. 痛矣痛矣. 自余之自燕歸也. 久擬酹
汝一觴. 以告余哀. 而荐丁國憂. 終歲奔遑. 旋遭駭機. 奓命江干. 入城未幾. 仍
又受玦南來. 悲恨積中. 呑不得宣. 茌苒之頃. 再朞將周. 隔此嶺海之遠. 旣無由
一哭於靈几之傍. 漬綿炙鷄. 亦不得躬莫. 尤可痛矣. 北望腸摧. 有隕如瀉. 緘

辭送哀. 哀不能文. 靈其知耶, 其不知耶.

嗚呼哀哉. 尙饗.

__祭季妹文 | 김수항 | 《문곡집》

애첩이 울고, 어린 조카들이 피눈물 흘리는데

김일손 | 둘째 형 기손驥孫의 죽음에 부쳐祭仲兄梅軒公文

　조선시대 사초史草(역사 편찬의 자료)로 인해 일어난 대표적인 사건이 바로 무오사화戊吾士禍다. 비록 연산군燕山君 때 일어났지만, 그 발단은 성종 때 학자 김종직金宗直이 쓴 조의제문弔義帝文에서 비롯되었다. 이 글은 항우項 羽에게 죽은 초나라 회왕懷王, 의제義帝를 조문하는 내용이었지만, 세조와 단종을 빗댄 것임이 명백했다. 세조가 단종을 죽인 사건을 비판한 이 글 때문에, 예종·성종·연산군에게도 왕권 정통성에 대한 논란이 뒤따를 수밖에 없었다.

　사단은 김종직 사후 발생했다.《성종실록》편찬 중 책임자 이극돈李克敦이 사초를 검토하다가 김일손金馹孫이 기록한 자신의 비행非行을 발견한 것이 발단이었다. 사초는 조정의 모든 정사와 회의, 국왕과 신료들의 일거수일투족을 8명의 사관이 기록한 문서로, 한 번 작성되면 누구도 손댈 수 없었다. 이에 앙심을 품은 이극돈은 김일손이 김종직의 〈조의제문〉을 기록한 사실을 연산군에게 전하고, 대규모 옥사獄事를 일으킨다. 그 결과 김일손은 죽임을 당했고, 김종직은 무덤에서 꺼내져 부관참시되었다.

김일손은 문장이 뛰어났다. 그러나 그의 문장만큼이나 깊었던 것은 형제애였다. 그는 두 형을 지극히 공경하고 사랑한 나머지, 두 형이 과거에 급제한 후에야 자신도 시험을 보았다. 그만큼 사무치게 아끼던 형제에 대한 마음은 그의 글에 그대로 배어, 읽는 이의 가슴을 저릿하게 만든다.

다음은 둘째 형 매헌梅軒 김기손의 죽음에 부쳐 그가 지은 제문이다.

아, 형님이여, 형님은 지금 나를 버리고 아주 돌아가시렵니까. 나는 아직도 돌아가셨다고 믿어지지 않으니, 아마 슬픔이 과해 미친 것이 아니겠습니까. 어머니는 당상에 계시고, 누님은 편히 있으며, 형님은 국사에 분망하고, 아우는 곁에 있는데, 영靈만은 홀로 여기를 버리고 어디로 돌아가시는 겁니까. 장차 이곳을 버리고 저승으로 가시면 소친所親(비슷한 나이로서 가깝게 지내는 사이)이 여기보다 더하단 말입니까. 어찌 골육의 사랑을 헌신짝 같이 버린단 말입니까. 애첩愛妾이 슬피 울고, 종들이 떼를 지어 울부짖으며, 어린 조카들이 피눈물을 흘리고, 친한 친구가 와서 곡을 하는데, 형님은 홀로 듣지 못하고 한 번 눕고 일어나지 아니하니, 어찌 번거롭고 시끄러운 이 세상을 슬퍼하심이 이처럼 극단에 이르렀나이까.

아, 꿈이란 말입니까. 어제는 재미있게 노시더니 하루 사이에 말씀도 못하시고, 웃지도 못하시고, 쓰러져 누운 채 아무 감각이 없어 말도 그 뜻을 통할 수 없고, 병도 그 증세를 설명하지 못하며, 약을 써도 그 맛을 모르고, 침을 놓아도 통증을 알지 못하여 나로 하여금 한없는 슬픔을 알게 하니. 신이여, 신이여, 이 원망이 장차 무너지려 하민氓(신분적 특권이 없는 일반 백성)이 퍽이나 많은데, 형님에게 무슨 미움이 있으랴. 안회顔回가 수명이 짧은데다 원사原思(학문이나 사상, 생각의 근원)가 항상 가난하였고, 강시姜詩가 아내를 쫓은 데다 맹동야孟東野가 아들이 없었으니, 인생의 궁독窮獨(곤궁하거나 뜻을 얻지 못한 상황에서 홀로 있음)이 이보다 더한 것이 어디 있겠습니까.

아, 형님이여, 나의 애통을 알고 계십니까, 모르고 계십니까. 나는 형님의 죽음을 알지만, 형님은 나의 삶을 알지 못하는 것이 아닙니까.
아, 슬픕니다. 죽어서 정령이 없으면 그만이겠지만, 형님 같은 정령은 반드시 스스로 나의 정곡情曲(간곡한 정)을 아실 것이며, 이미 아실 것이라 한다면 어찌 여기서 나의 정곡을 털어서 정녕 말하지 못하오리까.

_《탁영집濯纓集》

김일손은 이어서, 형과의 나이가 아홉 살이나 차이가 났음에도 불구하고, 그 형과의 관계가 단순한 형제 이상이었음을 회고한다. 어린 시절부터 형은 언제나 자신에게 아버지처럼 의지할 수 있는 존재였고, 효도와 우애에 있어 누구보다도 모범이 되었다. 명절이 돌아오면 형과 함께 주변 이웃들에게 술과 안주를 준비하고, 즐거운 노래를 부르며 집안을 가득 채운 웃음과 기쁨을 나누었던 기억은 김일손의 마음 속 깊이 새겨져 있었다.

이제 형은 세상을 떠나고, 더 이상 그 따뜻한 미소와 함께하는 노랫소리를 들을 수 없게 되었지만, 김일손은 그 기억을 마음에 새기며 눈물을 삼켰다. 어린 시절부터 이어진 형제의 정과 웃음, 그리고 명절마다 가득 찼던 가족과 이웃의 따뜻한 풍경은 그의 가슴에 더욱 깊은 그리움과 슬픔으로 남아, 제문의 한 줄 한 줄에 애절하게 배어 나왔다.

"평시에도 자기 자신의 득得이나 실失보다 세상의 돌아감에 더욱 마음을 썼던 형이 어느 곳에 가서 자욱한 먼지 속에서 헤매는 비부鄙夫(마음씨가 더럽고 못된 남자)들을 굽어보고 있느냐"고 묻는 글에는 형에 대한 간절한 애정이 듬뿍 담겨 있다.

내가 처음 아내를 맞이하니 형님은 충청도에서 와서 내가 집을 갖게 된 것을 누구보다도 더 기뻐하였습니다. 겸하여 이별의 정을 안고 다리를 맞대고 밤새도록 이야기를 나누다 보니 오경의 닭이 울었지요. 또 어머니에게 청하여 좋은 전답과 얌전한 종은 내게 주게 하시고, 형님은 묵정밭오래 버려두어 거칠어진 밭과 어리석은 종을 차지해 떠났습니다. 그러나 지금은 사체가 이미 관 속에 들어서 내가 외쳐도 형님이 듣지 못하고, 형님이 외쳐도 내가 듣지 못하게 되었으니, 이승에서는 길이 형님과 더불어 막혔고, 저승에 가서도 만난다는 것이 기필하기 어려운 일이라, 천지가 무궁하고 우주가 공활空豁할 따름입니다.

나는 이 수일 동안 마치 미친 사람처럼, 백치처럼 인간 만사를 모두 분간하지 못하게 되었으니, 형의 유골을 받들고 돌아가 선영에 장사를 지낸 후 다시는 벼슬을 구하지 아니하고 여생을 마칠까 합니다.

_《탁영집》

형의 죽음에 김일손이 받은 상처가 얼마나 깊었는지, 그는 스스로 "며칠 동안 미친 사람이 된 듯도 하고 백치가 된 듯도 하다"라고 고백한다. 세상의 모든 이치와 말이 그의 마음을 달래지 못할 만큼 깊은 슬픔에 빠졌던 것이다. 그러나 그는 그 깊은 비탄 속에서도 어머니를 먼저 걱정한다. 형의 영혼이 자신의 꿈에 들어오더라도, 어머니의 꿈에 들어가 어머니가 밤잠을 설치는 일이 없도록 하기를 간절히 바란다.

또한 그는 형의 평소 습관과 성정을 떠올리며 안타까워한다. 형이 술을 즐기고 방종한 모습을 보며 어머니가 얼마나 마음 아파하셨는지, 그리고 그 술로 인해 형의 수명이 단축되었음을 회상하며, 마음속으로 한 잔 권하고 싶어도 차마 권할 수 없음을 슬퍼한다.

얼마 후, 김일손은 형의 소상을 맞아 더욱 절절한 마음으로 제문 〈매헌공소사제문梅軒公小祥祭文〉을 짓는다. 이 제문 속에는 형을 향한 지극한 효심과 형제애, 그리고 죽음을 마주한 인간으로서의 깊은 슬픔이 고스란히 담겨 있어 읽는 이의 가슴을 먹먹하게 한다.

아, 해는 돌고 돌아 다함이 없는데, 인생은 한 번 가면 돌아올 줄 모르니, 길이 우주를 한탄할 뿐 다시 어디에 미치오리까. 늙으신 어머니께서 멀리 제물을 장만하여 형의 제사에 쓰게 하였는데, 형은 그 사실을 아십니까. 조씨에게 출가한 누이가 서울에서 제물을 준비하여 그 아들 여우如愚로 하여금 술을 올려 슬픔을 고하니 형은 흠향하소서.

형이 떠나신 후부터 혼백이 꿈에 서로 접촉되어 한 달을 사이에 두고, 혹은 열흘을 사이에 두고, 혹은 하루를 사이에 두고, 혹은 밤마다 기뻐하는 것도 같고, 성낸 것도 같으며, 답답한 것도 같고, 수심에 잠긴 것도 같으며, 활발한 것은 지난날의 평상시와 같고, 가물가물한 것은 대점大漸(병이 위독함)의 때와 같으므로 놀래서 깨닫고 스스로 한탄하며 눈물이 뺨에 젖습니다. 혹시나 형이 이즈음에 편안하지 못한 일이 있으십니까. 까마귀는 덕에 울고, 묵은 풀은 우거졌는데, 바람에 임하여 한 번 통곡하니 초목도 함께 슬퍼합니다.

거년去年(지난해) 봄에 칙명勅命(왕의 명령)을 받들고 영남에 가게 되었습니다. 그때를 틈타 늙으신 어머니를 뵙게 되니 창안백발蒼顔白髮(늙은이의 쇠한 얼굴빛과 센 머리털)이 몹시도 안타깝게 보였습니다. 어머니께서 말씀하시기를 "둘째가 뜻밖에 멀리 가버렸으니 실로 나를 버린 것이다"라고 하셨습니다. 그러나 어찌 그 말이 본마음이겠습니까. 어머니는 근년 들어 질병이 몸에서 떠나 체력이 조금도 쇠하지 아니하였고, 백씨伯氏(맏형)가 일찍이 천령天嶺(하늘을 이을 만큼 높은 산등성이에 자리한 고을)의 원이 되어 봉양을 궐闕한 일이 없으니, 형이 만약에 이를 아신다면 응당 스스로 위안이 되실 것입니다. 나 또한 여러 해를 두고 벼슬살이를 했으니, 종당 서울에 오래 있을 것 같진 않습니다.

죽어서 만나는 일이 있다면 선인의 지팡이와 신발은 형이 반드시 받드고 뒤를 따를 것이며, 나와 백씨는 아직도 인간세계에 있으니, 늙으신 어머니의 봉양도 역시 지공하지 못한 것은 없습니다. 죽은 사람 산 사람이 서로 의지하매 오직 축사가 있을 뿐이나 유명幽明(저승과 이승을 아울러 이르는 말)의 길이 다르니 어느 누구와 사연을 붙인단 말입니까. 비갈碑碣(비석)은 이미 준비되었으나, 시기가 아직 좋지 못하다하여 세우지 못하고 있으니, 머지않아 세우되 상기喪期(상복을 입는 기간)를 벗어나지 않을 것이며, 유복자 여식은 장차 돌이 가까우므로 기어서 무릎에 오르며, 와기瓦器(진흙으로 만들어 유약을 바르지 아니하고 구운 그릇)를 희롱하고 밥을 찾는데, 어미를 부를 줄만 알고 아비 이름은 부를 줄을 모릅니다.

나는 가족들과 더불어 슬퍼하고 기뻐하며, 밤낮으로 장성해서 시집 잘 가기를 바라고 있으니, 영靈이 와 주시겠습니까. 아이는 능히 궤연을 지키고 무덤을 모실만하니 영은 아울러 짐작하소서.

아, 부생浮生(덧없는 인생)은 한정이 있으나 회포는 끝이 없으며, 수명은 길고 짧은 것이 이미 정해져 있으니, 선현 역시 죽어서 필경에는 함께 가는데, 나는 또 무엇을 슬퍼하오리까.

_《탁영집》

"떠도는 생은 한정이 있고, 회포는 끝이 없다."

이 말은 진실이다. 가버린 이를 그리워하고, 견딜 수 없을 만큼 사랑한다 해도, 그것이 영원할 수는 없다. 모든 것은 지나간다. 그 길목에서 애써 손을 흔들어 보아도, 아무 소용이 없다. 알고 보면 그의 이름을 부르는 순간도 잠시고, 고운 얼굴과 맑은 목소리를 떠올리는 시간도 찰나에 불과하다.

산 사람은 말한다. "죽은 사람과 산 사람이 서로 의지한다"고. 그래서 묻는다. "내가 이토록 그리워하는데, 어찌 아무런 대답이 없느냐"고.

생과 사가 서로 가까운 데 있다면, 그리하여 영혼이 있다면, 누군가가 간절히 부르면 휘이휘이 돌아와 다시 우리 곁을 스쳐 지나갈지도 모른다. 그러나 결국 우리는 그 부름을 기다리는 사이, 그리움과 상실 속에서 스스로를 달래야 하는 존재임을 깨닫는다.

원문

嗚呼. 吾兄乎. 兄今捨我而亡耶. 吾猶未信其亡. 豈其哀過而狂耶. 有母在堂. 有姊俱存. 有兄驩盬. 有弟在傍. 兄獨去此而何歸. 將去此而之彼. 所親有重於此耶. 何平日骨肉之愛. 今日棄之如弊屣也. 妻妾悲啼. 奴僕群號. 諸姪泣血. 親朋來哭. 兄獨不聞. 僵臥而不起. 何厭世之喧聒. 一至此極耶.

嗚呼其夢耶. 昨日言言. 昨日嬉嬉. 一日不言不笑. 而頹然莫覺. 言不通其志. 病不喩其證. 藥不知其辣. 灸不知其痛. 使我抱無涯之慟. 天乎天乎. 此寃將崩. 下民孔多. 在兄何憎. 顔回短命. 而原憲長貧. 姜詩出妻. 而東野無兒. 人生窮獨. 孰加於玆.

嗚呼兄乎. 我慟其有知耶. 其無知耶. 猶恐冥然漠然我知兄之死而兄不知我之生耶.

嗚呼痛哉. 死而無精靈. 則長已矣. 如有精靈. 則必自知我之情. 旣以爲有知也. 則曷不於此紓我情以丁寧.
噫. 歲運環復乎不窮. 人生一去而莫回. 長恨宇宙. 亦復何追. 老母遠貝時羞. 以備兄初忌之供. 兄其知乎. 不知乎. 趙氏妹. 自京辦奠. 使其子如愚. 酹以告哀.

         __ 祭仲兄梅軒公文 | 김일손 | 《탁영집》

兄其享之. 自兄之歿. 尋常魂魄. 與夢相接. 或間月或間旬. 或間日或連夜. 如喜如怒. 如惱如愁. 揚揚如平昔. 忽忽如大漸之時. 驚覺自失. 有淚盈頤. 不知兄有未安於茲耶. 鴉啼古隴. 宿草離披. 臨風一慟. 草木共悲. 我於今年春. 奉勅往嶺南. 因得覲老母. 蒼顏白髮. 滿目蕭然. 乃曰. 仲也不意先背我而去. 仲實負我. 我不深念仲也. 然豈無無窮之念也. 老母比年來. 疾病去體. 體氣未嘗少衰. 伯氏曾作天嶺. 奉養無闕.

兄若有知. 亦應自慰. 余亦黽勉數載. 終不久於京師也. 死而有相從之道. 則先君杖屨. 兄必奉以自隨. 吾與伯氏. 尙在人間. 老母之養. 亦無不支. 死生相托唯有祝詞. 幽冥分道. 孰與接辭. 碑碣已具. 因時不利未立. 終當營竪. 不出喪內. 遺腹女孩. 行以及晬. 匍匐上膝. 弄瓦叫食. 知呼孃而不知呼爺也. 吾與族人. 且悲且喜. 日夜冀其成長而得嫁也. 靈其佑耶. 童能守几筵. 以陪塋靈. 竝知之.

嗚呼. 浮生有限. 懷抱無涯. 脩短前定. 聖賢亦萎. 畢竟同歸. 我又何悲.

__梅軒公小祥祭文 | 김일손 | 《탁영집》

검푸른 먼 산은 누님의 쪽진 머리 같고

박지원 | 맏누이 증贈 정부인 박 씨 묘지명伯姊贈貞夫人朴氏墓誌銘

연암의 맏누이, 정부인貞夫人 박 씨는 연암과 여덟 살 터울이었다. 그러나 일찍 부모를 여의었던 연암에게 맏누이는 어머니와도 같은 존재였다. 그녀는 어린 연암에게 따뜻한 손길이자 삶의 버팀목이 되어 주었고, 그의 마음속에 늘 든든한 안식처로 자리했다.

그런 누이가 1771년, 연암이 서른다섯의 나이에 돌연 세상을 떠나고 만다. 연암은 하늘이 무너지는 듯한 슬픔을 느꼈고, 그 깊은 그리움과 상실을 담아 누이의 묘지명墓誌銘을 남긴다. 그는 누이의 가족관계와 나이, 장사를 치를 장소를 기록한 뒤, 상여가 떠나며 가난한 매형 이백규李伯揆가 가족들을 데리고 배를 타고 가는 풍경을 섬세하게 그린다.

뿐만 아니라 연암은 어린 시절 누이와 함께 보냈던 소소하고 아름다운 순간들을 수채화처럼 펼쳐 놓는다. 함께 걷던 정원, 나누던 웃음, 다정한 손길과 따스한 말씨까지, 모든 것이 선명히 살아 있는 듯 묘사된다. 그 글 속에는 누이를 향한 그리움과 사랑이 세월과 거리를 초월해 흐르고 있다.

유인儒人의 휘諱는 아무이요, 반남 박 씨. 그 동생 지원趾源 중미仲美(박지원의 字)가 다음과 같이 묘지명을 쓴다.

유인은 열여섯에 덕수德水 이택모李宅模 백규伯揆(이현모의 字)에게 시집을 가서 딸 하나 아들 둘을 두었으며, 신묘辛卯(영조 47년, 1771년) 9월 초하루에 세상을 떠나니 나이 마흔셋이었다. 지아비의 선산이 아곡鵶谷(지금의 경기도 양평)인지라 장차 서향의 언덕에 장사를 지내게 되었다.
백규가 어진 아내를 잃고 난 뒤 가난하여 살아갈 방도가 없어지자, 어린 아이들과 계집종 하나, 크고 작은 솥과 그릇, 옷상자와 짐이든 궤짝을 짊어지고 배를 타고 산골로 가기 위해 상여와 함께 출발하였다. 나는 두포斗浦의 뱃전에서 그를 전송한 뒤 통곡하며 돌아왔다.

아아, 슬프다. 누님이 시집가던 날 새벽에 화장하던 모습이 마치 어제 일만 같구나. 내 나이 그 때 여덟 살이었다. 내가 장난을 치느라 누워서 발을 동동 구르며 새 신랑의 말투를 흉내 내 말을 더듬거리며 점잖을 빼자, 누님은 수줍어서 빗을 떨어뜨려 내 이마에 맞추었다. 나는 그만 성이 나서 울면서 먹물을 분가루에 뒤섞고, 침으로 거울을 더럽혔다. 그러자 누님은 옥압玉鴨(옥으로 만든 오리)과 금봉金蜂(금으로 만든 벌) 따위의 패물을 꺼내주면서 울음을 그치도록 달래었다. 그때로부터 벌써 스물여덟 해가 지났구나.

강가에 말을 세우고 강 위를 바라다보니, 상여의 명정은 바람에 휘날리고, 뱃전의 돛 그림자가 물 위에 꿈틀거렸다. 그러나 기슭을 돌자 나무에 가려 다시는 볼 수 없이 사라지고 말았다. 강가의 먼 산들이 검푸른 것이 마치 누님의 쪽진 머리 같았고, 강물 빛은 누님의 화장 거울과 같았으며, 서쪽으로 지는 새벽달은 누님의 고운 눈썹 같았다. 이에 누님이 빗을 떨어뜨렸던 일이 떠올라 나도 모르게 눈물을 흘렸다. 유독 어렸을 적 일만 역력하게 떠올랐다.

생각해보면 즐거웠던 기억은 많았는데, 세월은 덧없이 흘러가고, 그 사이에는 대부분 이별의 근심을 괴로워하고, 가난을 걱정하고, 괴로워하면서 보냈으니 아, 인생의 덧없음이 마치 꿈결과도 같구나. 남매로 지낸 날들이 어찌 그리도 빨리 지나갔더란 말인가.
떠나는 사람 정녕 다시 온다 약속을 남기고 가지만 보내는 사람 눈물로 여전히 옷깃을 적시게 하네. 조각배 이제 떠나가면 언제 다시 돌아올까. 보내는 사람만 헛되이 강가에서 외롭게 돌아가네.

_《연암집燕巖集》 권2 〈연상각선본煙湘閣選本〉

죽은 누님의 상여를 따라가는 남편과 어린 자식들의 모습. 그 장면을 멀리서 지켜보는 동생 연암의 가슴은 이루 말할 수 없는 슬픔으로 가득 찼다.

'누님의 상여를 따라가는 매형의 어깨는 축 늘어지고, 붉은 명정은 바람에 펄럭이는데…'

이 한 줄만으로도 슬픔과 절망이 교차하는 장면이 선명히 떠오른다. 그러나 가장 큰 슬픔은 그 뒤에 다가온다.

'검푸른 산은 누님의 쪽 찐 머리 같고, 강물 빛은 누님의 화장한 얼굴 같아…'

연암은 자신도 모르게 눈물을 흘렸다고 고백한다. 두 번 다시 볼 수 없는 그리움, 스쳐 지나간 시간과 사라진 얼굴을 향한 끝없는 애도, 바로 그것이 그의 마음을 이렇게 흔들어 놓는 것이리라.

이 글을 두고 연암의 처남이자 오랜 벗인 이재성李在誠은 다음과 같이 평했다.

"인정人情을 따르는 것이 지극한 예가 되었고, 의경을 묘사함이 참 문장이 된다. 글에 어찌 정해진 격식이 있으랴. 이 글을 옛사람의 문장을 기준으로 읽으면 당연히 다른 말이 없을 것이지만, 지금 사람의 문장으로 기준을 삼아 읽는다면 의아해하지 않을 수 없으리라. 원컨대, 상자 속에 넣어 소중히 간직했으면 한다."

연암은 또한 형과 형수가 세상을 떠난 뒤 두 사람을 합장하고 연암골로 들어가, 고요한 골짜기에서 그들을 기억하며 〈연암골에서 돌아가신 형님을 생각하며燕巖憶先兄〉라는 시를 남긴다. 그 시 역시 읽는 사람의 마음을 사무치게 흔들어 놓는다. 상여의 붉은 물결과 검푸른 산, 강물에 스며든 그리움은 단순한 회상이 아니라, 생과 사를 넘어선 형제애의 깊이를 보여주는 증거다.

> 우리 형님 얼굴은 누굴 닮았는가
> 아버지 생각날 때면 형님을 보았네
> 이제 형님이 생각나면 누구를 보나
> 시냇물에 내 얼굴을 비추어보네.
>
> _《연암집》

이덕무는 연암의 시를 읽고 눈물을 흘리며 말했다.

"정이 지극한 말이 사람으로 하여금 하염없이 눈물을 흘리게 하니, 정말 진실되고 절절하기가 이루 말할 수 없다. 선생의 시를 읽으며 눈물을 흘린 것이 이번까지 두 번째인데, 처음은 선생께서 그 누님의 상여를 실은 배를 떠나보내며 읊은 시였다."

사랑하는 이를 떠나보낸다는 것은 결코 쉬운 일이 아니다. 비록 사람이 눈앞에서 사라지고 세상에는 남지 않았다 하더라도, 그와 나누었던 웃음과 눈물, 말없이 주고받았던 시선과 작은 기억들은 결코 사라지지 않는다.

연암의 시 한 줄, 배 위에서 부른 한 구절 속에는 살아 있는 사람과 떠난 사람 사이의 끊어질 수 없는 정이 흐른다. 그것은 단순한 슬픔을 넘어, 사랑과 그리움이 사람의 마음 깊숙이 스며드는 방식이며, 읽는 이에게도 깊은 울림으로 전해진다.

    사랑하는 이를 그리워하며 흘리는 눈물은 단순한 아픔이 아니라, 삶과 죽음 사이에서 인간이 느낄 수 있는 가장 순수한 감정이 아닐까. 연암의 시와 이덕무의 감상은, 그 순수함과 진정성을 오늘날 우리에게도 고스란히 전해주고 있다.

원문

孺人諱某. 潘南朴氏. 其弟趾源仲美誌之曰.

孺人十六. 歸德水李宅模伯揆. 有一女二男. 辛卯九月一日歿. 得年四十三. 夫之先山曰鵶谷. 將葬于庚坐之兆伯揆旣喪其賢室. 貧無以爲生. 挈其穉弱婢指士鼎鎗箱簏. 浮江入峽. 與喪俱發. 仲美曉送之斗浦. 舟中慟哭而返.

嗟乎姊氏新嫁. 曉粧如昨日. 余時方八歲. 嬌臥馬效婿語. 口吃鄭重姊氏羞. 墮梳觸額. 余怒啼. 以墨和粉. 以唾漫鏡. 姊氏出玉鴨金蜂. 賂我止啼. 至今二十八年矣.

立馬江上. 遙見丹旐. 翩然檣影. 逶迤至岸. 轉樹隱不可復見. 而江上遙山. 黛綠如鬟. 江光如鏡. 曉月如眉. 泣念墮梳. 獨幼時事. 歷歷又多.

歡樂歲月長中間. 常苦離患憂貧困. 忽忽如夢中. 爲兄弟之日. 又何甚促也. 去者丁寧留後期. 猶令送者淚沾衣. 扁舟從此何時返. 送者徒然岸上歸.

    _ 伯姊贈貞夫人朴氏墓誌銘 | 박지원 |《연암집》권2

덧없는 인생이 꿈같기도 하여

허 목 | 종형 허후許厚의 죽음을 슬퍼하며 祭宗兄汝晦文

　　미수眉叟(눈썹이 길어 눈을 덮으므로 별호를 미수라 정했다'고 한다.) 허목許穆은 17세기를 대표하는 선비로, 일반적인 선비와는 다른 독특한 개성을 지니고 독자적인 학문의 길을 걸었다. 그는 당쟁으로 하루도 조용할 날 없었던 조선 후기 정치와 사상계의 중심에 서 있었다. 서인의 송시열이 있다면, 남인의 중심에는 허목이 있었다고 해도 과언이 아니다. 1660년 뜻하지 않은 효종孝宗의 죽음을 시작으로 20여 년에 걸쳐 서인과 남인은 예송논쟁禮訟論爭(효종과 효종비의 상복(喪服) 기간을 둘러싼 서인과 남인 간의 두 차례 논쟁)을 벌였으며, 논쟁은 허목과 송시열이 죽은 뒤에도 계속되었다. 이는 두 사람의 강한 성격과 확연한 견해 차가 만들어낸 불가피한 결과였다.

　　허목은 같은 집에서 7년의 시차를 두고 태어난 종형 관설헌觀雪 허후와 어린 시절부터 함께하며, 학문과 삶을 나누었다. 그는 종형 허후를 단순한 친척 이상의 존재로 여겼다. 존경하는 형이자 스승, 평생의 지기知己였던 것이다. 그러나 허후가 먼저 세상을 떠나자 허목은 깊은 상실감에 잠기며, 마음속 울분과 그리움을 담아 제문을 남겼다.

그 제문에는 학문적 동지로서의 존경과 인간적 형제로서의 사랑, 그리고 스승을 잃은 제자의 절절한 슬픔이 함께 녹아 있다. 따라서 그가 쓴 글을 읽다 보면 당시 허목이 겪었을 깊은 고독과 허망함을 함께 느낄 수 있으며, 단순한 애도의 글이 아니라 살아있는 감정의 기록임을 알게 된다.

다음은 허목이 종형 허후의 죽음을 애도하며 지은 제문의 내용이다.

아, 우리 형의 깨끗한 행실과 우뚝한 지조는 완부頑夫(미련하고 재물을 탐내는 사람)가 청렴해지고 풍속이 격려되게 함이 있어, 말과 행동에 환하게 나타난 것을 사람들이 다 보고서 사모하니, 본디 사리에 밝은 사람이 아니더라도 알 것입니다. 그런데 비루한 내가 우리 형을 따라다닌 뒤부터 보고 느끼어 덕을 본 것을 또 어찌 다 말하겠습니까. 그럴 즈음에 난리가 해를 넘어 영해嶺海의 천 리 머나먼 객지에서 엎어지고 자빠지며 갖은 고난을 겪으면서도 하루도 떨어져 있은 적이 없었으며, 거기서 우리 형의 마음 지킴의 엄함과 실지 품행의 방정함에 분명히 법이 있음을 더욱 알게 되어서, 따라가고자 하였으나 그렇게 할 수 없었습니다. 그 후 오래지 않아 갑자기 형의 부음을 듣게 되었습니다.

아, 인정은 장차 죽게 될 때의 글자마다 영결永訣하는 말이 되는 것입니다. 하늘 끝 멀리서 연련하던 생각이 마침내 사별死別이 되고 마니 더욱 슬픈 일입니다.

아, 예로부터 어진 사람은 항상 불우하고 장수를 하지 못합니다. 그리고 악한 일을 한 사람은 복을 받고 행실을 닦은 사람은 매몰되니, 하늘의 도가 마침내 어떠한지 모르겠습니다. 어린 아이의 부탁과 양육은 외롭고도 고달파서 의지할 데가 없으며, 만사가 영락零落(조용히 떨어지는 것)하게 성장하기에 이르렀으니, 이 역시 하늘의 운명입니다.

난리 속에서 서로 의지하던 친척 몇 집이 10년 사이에 거의 다 사라져서 조문弔問하는 이외에 서로 환난을 이야기하는 사람도 얼마 없습니다.

덧없는 인생이 꿈같기도 하고, 허깨비 같기도 하여 내 마음이 더욱 망연하여 슬프기만 합니다.

아, 슬프고 슬픕니다.

_《기언記言》별집 권12

얼마나 깊은 믿음과 절절한 사랑이 있었기에 그는 이렇게 말할 수 있었을까.

"내가 이분을 위해 울지 않고 누구를 위해 울겠는가."

단순한 말 같지만, 그 안에는 삶을 함께 나누고 지켜온 시간의 무게와 깊은 그리움이 오롯이 담겨 있다. 사랑과 믿음이 절실하지 않다면, 그 어떤 말과 행동도 이토록 진실하게 울릴 수 없음을, 우리는 이 한 문장에서 느낄 수 있다.

사람이 떠난 자리를 바라보는 마음은 하루아침에 사라지지 않는다. 남은 이는 그 빈자리를 온전히 채울 수 없고, 그리움은 매일 조금씩 마음속으로 스며든다. 눈앞에서 함께했던 순간들이 흘러간 기억으로 남아, 가끔은 혼자 중얼거리며 그 목소리와 얼굴을 되새긴다. 그러나 아무리 붙들고 싶어도 손에 잡히지 않고, 마음으로 불러도 돌아오지 않는다. 바로 그 알 수 없는 공허와 애틋함이, 깊은 믿음과 사랑을 한층 더 절절하게 만든다.

이렇듯 참된 사랑과 믿음은 단순한 감정이 아니라, 삶과 죽음 사이에서 비로소 그 깊이를 드러낸다. 눈물 한 방울 속에는 지난 시간의 기억과 미련, 그리고 사라진 이를 향한 끝없는 경외와 그리움이 함께 담겨 있다. 그래서 그는, 떠난 이를 위해 눈물 흘리는 것이 당연하다고, 아니 그것 외에는 도리가 없다고 말할 수 있었던 것이다.

원문

嗚呼. 吾兄修潔之行. 特立之操. 有可以廉頑而礪俗. 見於言行而焯焯者. 人皆見而慕之. 固不待知者知之. 穆以卑陋. 自從吾兄. 得於觀感而效德者. 又何可一二言也. 曩時亂離. 經年嶺海千里. 顚沛艱難. 未嘗一日離. 而益知吾兄持守之嚴. 踐履之方. 截然有防. 雖欲企及而不可能也.

穆自就食南中. 相別隔遠. 常自語幸未老. 更承規誨. 警起惛惰. 庶不迷途於晚年. 豈料人事奄忽. 長違而至於斯耶. 慕義平生. 存亡永隔. 悁悁於世. 知己者益少. 年前數書相問. 益致眷念於羈旅之難. 而日月未久. 遽聞凶訃.

嗚呼. 人情將死之感. 字字爲永訣之語也. 天涯戀戀之思. 終作死別. 尤可悲也. 嗚呼. 自古賢者. 恒不遇而或不得其壽. 爲惡者受福. 而積行者埋沒. 不知天道竟何如也. 稚兒托育. 孤苦無依. 萬事零丁得至成長命也.
亂離相依親戚數家. 如今十年之間. 喪亡殆盡. 哭弔之外. 相對於患難者無幾.

人生忽忽. 如夢如此. 增使吾心. 尤茫然而悲也.
嗚呼哀哉.

__祭宗兄汝晦文 | 허 목 | 《기언》별집 권12

사흘 밤을 견디기도 어려운데

정 조 | 돌아가신 아버지 사도세자에 대한 그리움 思文曲

1776년 3월 10일, 조선 제22대 국왕 정조正祖의 즉위식이 거행되었다. 그 자리에서 정조는 단호하게 선언한다.

"과인은 사도세자思悼世子의 아들이다."

그 한마디는 단순한 혈통의 고백이 아니었다. 오랜 세월 마음속 깊이 묻어둔 아버지의 억울한 죽음과 부당함을 결코 잊지 않았음을 세상에 알리는 선포였다. 순간, 신하들은 숨을 죽였다. 그 자리에 사도세자의 죽음과 관련된 이들이 적지 않았기 때문이다.

정조는 요절한 아버지에 대한 사랑과 그리움이 남달랐다. 그는 노량진에 배다리를 설치해 화성에 있는 아버지의 능을 자주 찾았고, 능을 참배할 때마다 젊은 나이에 세상을 떠난 아버지의 고통과 안타까움을 떠올리며 대성통곡을 멈추지 않았다. 그 통곡은 단순한 슬픔이 아니라, 한 인간의 억울함과 부당함을 대면하는 격정이었다. 너무 격한 나머지 정신이 혼미해지고 구역질까지 토할 정도였다고 전해진다.

그날, 능을 참배하고 돌아오는 길에서 정조가 남긴 글에는 아버지 사도세자에 대한 지극한 사랑과 그리움, 그리고 깊은 존경과 애도가 담겨 있다. 이에 읽는 이로 하여금 마음 한켠이 무겁게 내려앉고, 한 세대를 초월한 부자 간의 절절한 인연과 슬픔을 그대로 느끼게 한다.

23일이 어느 날이던고. 이곳에 와서 초상肖像을 참배하고, 젖은 이슬을 밟아보니 아버지 사모하는 정이 더욱 간절하였다. 화성에 돌아와서는 비 때문에 어가御駕를 멈춘 후 가지 못하고 날이 밝기를 기다렸다가 새벽이 되어서야 다시 길을 떠나 지지대遲遲臺에서 머물렀다. 구불구불한 길을 가는 도중에 아버지 생각이 계속 마음에 맺혀 오랫동안 그곳을 바라보면서 한 편의 시로 그 느낌을 기록하였다.

혼정신성의 사모함 다하지 못하여
이 날에 또 화성을 찾아와보니
침원엔 가랑비 부슬부슬 내리고
재전齋殿(능이나 종묘에 제사를 지내기 위하여 지은 집)에서 방황하는 마음이어라
사흘 밤을 견디기도 어려운데
그래도 초상 한 폭을 이루었다오
지지대 길에서 머리 들고 바라보니

바람 속에 오운이 일어나누나.

___《홍재전서弘齋全書》권7

  전하는 바에 의하면, 사도세자의 능에는 들국화가 가득 피어 있었는데, 다른 곳보다 늦게 지며 고운 빛을 간직하고 있었다. 그 들국화는 마치 아버지를 그리워하는 아들 정조의 눈물처럼, 바람에도 꺾이지 않고 꿋꿋하게 피어 있었다고 한다. 또 다른 지역에서는 볼 수 없는 쪽새라는 산새가 있었는데, 밤이면 울며 그 소리가 마치 사람이 우는 듯 구슬퍼, 정조의 마음을 더욱 저미게 했다고 전해진다. 그 울음소리는 세상을 떠난 아버지의 한과 돌아올 수 없는 그리움과 겹쳐져 정조의 마음속에 깊은 울림을 남겼다.
  정완영의 시 〈부자상〉에는 이러한 정조의 마음이 압축적으로 담겨 있다.

사흘 와 계시다가 말없이 돌아가시는
아버님 모시 두루마기 빛바랜 흰 자락이
웬일로 제 가슴 속에 눈물로만 스밉니까.

  살아 있는 아버지도 이렇게 마음을 아프게 하거늘, 오매불망 그리워도 가까이 갈 수도, 만날 수도 없는 아버지는 그 심정을 어찌 다 헤아릴 수 있겠는가. 억울하게 죽임을 당한 아버지라면, 남아 있는 자식의 마음은 눈물과 고통, 생채기로 가득 차 숨조차 막힐 듯하다.

그리움은 현실 속에서 소리 없는 울음이 되고, 자연 속에서 아버지의 모습으로 나타난다. 들국화의 고요한 향기와 바람에 펄럭이는 명정銘旌(죽은 사람의 관직과 성씨 따위를 적은 기), 밤마다 우는 쪽새의 소리는 모두 정조의 슬픔을 반영하는 거울이 된다. 그는 그 길목에서 손을 흔들어 보지만, 아무 소용이 없음을 알면서도 마음속으로 아버지를 부른다.

누군가는 이렇게 말했다.

"결코 아무것도, 사랑받는 고통조차도 사랑하는 고통을 대신하지 못할 것이다."

정조의 슬픔은 그 말 그대로였다. 사랑과 그리움의 무게는 인간의 삶 속에 지울 수 없는 흔적을 남기고, 기억과 눈물로 길게 이어진다. 살아 있는 자는 그 흔적을 따라 애써 손을 내밀고, 죽은 자는 기억 속에서 잠시 모습을 드러낼 뿐이다. 그러나 그 짧은 순간마저도, 그리움과 사랑의 절절함을 담기에 충분하다. 들국화가 지고, 쪽새가 울고, 바람이 능을 스칠 때마다, 정조는 아버지를, 사도세자를 다시 만나기 때문이다.

원문

卄一何日. 來省象設. 履玆濡露. 孺慕彌切. 還次華城. 關雨停蹕. 夷猶適願. 坐且明發. 歷駐遲遲之臺. 行行路轉. 而陟岵之思. 耿然如結. 瞻望久之. 志感以一律.

晨昏不盡慕

此日又華城

靄霂寢園雨

徘徊齋殿情

若爲三夜宿

猶有七分成

矯首遲遲路

梧雲望裏生.

__ 思父曲 | 정　조 | 《홍재전서》 권7

4장

그대 없이 나 홀로 — 벗과 스승을 잃고서

벗은 거울이요, 스승은 하늘이었다.
그 하늘이 꺼지고 거울이 깨진 자리에서,
선비들은 글로서 마음의 통곡을 기록했다.

다시는 인간사에 뜻이 없으니

정 철 | 율곡栗谷 이이李珥의 죽음을 슬퍼하며 祭栗谷文

    송강 정철과 율곡 이이는 동갑내기로 학문적 교류를 활발히 나누었을 뿐 아니라, 사적으로도 깊은 우정을 나눈 사이였다. 서로의 학문적 성취를 존중하며 때로는 날카로운 논쟁도 벌였지만, 그것이 우정을 해치지는 못했다. 그러나 정치적 입장은 확연히 달랐다. 송강은 동인을 견제하고자 한 반면, 율곡은 동서 양당의 화합과 조정의 안정을 바랐다.

    결국 송강은 자신의 뜻이 받아들여지지 않자, 조정의 권력 다툼 속에서 벗어나기로 결심한다. 그는 마음을 추스르며 조정을 떠나 성산星山(전라남도 담양군 창평면 지곡리에 있는 지명)으로 향했다. 그때 송강은 친구이자 동지였던 율곡에게 자신이 느낀 답답함과 아쉬움을 담아 다음과 같은 시 한 편을 남긴다.

그대의 뜻은 산과 같아서 움직이지 않고
내 마음은 물과 같아서 돌아오기 어렵네
물 같고 산 같음이 모두 운명이로다
서풍에 머리 돌리며 홀로 배회하네.

_《송강집》〈율곡에게 이별하며 주다〉

이 시에는 송강의 복잡한 감정이 고스란히 드러난다. 동갑내기 친구와 함께 나누었던 학문과 우정, 그러나 정치적 현실 앞에 스스로 외로워지는 심정, 조정을 떠나는 결연한 결심이 모두 담겨 있다. 그 때문에 시를 읽는 사람은 송강의 마음속 깊은 회한과 아쉬움, 그리고 아직 남아 있는 인간적 온정을 동시에 느낄 수 있다.

송강이 조정을 떠나 성산으로 향한 그 길은 단순한 물리적 이동이 아니라, 시대와 권력 앞에서 선택해야 했던 인간적 고민과 학문적 신념의 흔적이기도 했다. 그는 시를 통해, 비록 뜻이 다르더라도 우정을 지키고자 했던 마음을 후세에 남긴 것이다.

그로부터 얼마 지나지 않아, 율곡 이이의 갑작스런 부고가 전해졌다. 송강 정철은 그제야 정치적 입장의 차이로 생겼던 서먹함과 마음의 거리감을 모두 잊고, 둘도 없는 벗을 잃은 슬픔에 깊이 잠긴다.

그는 깊은 상실감과 아쉬움을 담아, 마치 자신이 직접 이별의 길을 함께 걷는 듯한 심정으로 제문을 지었다. 제문에는 학문적 교류와 우정의 기억,

함께 나눈 대화와 논쟁, 때로는 서로의 의견 차이로 생긴 긴장까지도 모두 담겨 있었다.

송강은 이제 더 이상 함께할 수 없는 벗에 대한 애도와 그리움을 글 속에 한 글자 한 글자마다 담아냈다. 말로 다할 수 없는 슬픔과 회한, 그리고 벗과 나눈 모든 순간의 소중함이 글줄마다 흐르고, 읽는 이들의 마음까지 저릿하게 한다.

슬프다, 우리 숙헌(叔獻, 이이의 字)이여. 그대는 나와 같은 나이로 오직 월일에 선후가 있을 뿐이었다. 1556년(명종 11년) 경로(景老, 정대년의 字)를 통해 공을 알게 되었는데, 그때 그대는 금강산에서 처음 한양으로 왔던 것이었다.

맑은 물에 부용芙蓉(연꽃의 꽃) 같은 그 높은 재주와 성한 이름은 한 세상에 으뜸으로 다시는 없을 것 같았다. 나는 젊고 또 어리석어서, 다만 이르기를 그대는 문인 중의 제일인자라고 하였다. 그러나 교유한지 이미 오래이고 나 역시 사리를 판단할 줄 알게 되면서부터 비로소 그대가 이미 공公된 것임을 알았다.

어찌 문장뿐이랴. 학문의 순수하고 정대함은 대개 천품이 도道에 가까워서 노력을 하지 않고 얻은 것이다. 만년에 다시 연마하고 사색하여, 세월이 쌓인 연후 학문이 더욱 진취하고 식견이 더욱 맑아서 마치 높고 크나큰 배가 하나의 돛으로 천리를 항해함과 같아 선배로도 미치지 못할 바가 있었다.

아, 어찌 쉽사리 속세의 사람과 더불어 논할 수 있으랴. 희로喜怒(기쁨과 노여움)

가 없고 죽고 사는 것에 태연하며, 얻고 잃은 것이나 영화롭고 욕됨을 다 잊어버려, 외물外物(바깥 세계의 사물)로 마음에 두지 않음과 같은 것은 곧 천성으로 그러하였던 것이다. 그리고 소통하고 민활하여 일에 부딪히면 막힘이 없는 사람이 그대가 아니었던가. 임금을 부모와 같이 사랑하고, 나라를 집과 같이 걱정하여, 강호에서나 낭묘廊廟(조정의 정무(政務)를 돌보던 궁전)에서나 나라를 사랑하고 백성을 사랑하는 그 마음을 달리하지 않은 이도 바로 그대가 아니었던가. 또 충忠과 신信으로 사람을 대하고, 사물과 접하되 서로 더불어 다투는 일도 없으니, 사람들이 다 군자라 부른 것은 그대의 덕德이요, 넓고 큰 도량으로 비록 용납을 못할 것이 없었으나 악한 사람을 대하여는 사색辭色(말과 얼굴빛을 아울러 이르는 말)에도 용서가 없었음은 그대의 개결이었다.

_《송강집》 속집 권2

송강은 1575년, 조정이 동서로 나뉘어 분열했을 때에도 가능한 한 양당을 융합시키려 끊임없이 노력했던 율곡을 떠올렸다. 그는 동인들에게 배척당하고, 공론이 아닌 사욕에 따라 움직이는 소인배라는 비난을 받아야 했던 벗의 처지를 매우 안타까워했다. 오죽했으면 율곡 스스로 "정말 공평한 눈을 가진 사람이 있어서 오랫동안 내가 하는 일을 지켜보면 내 마음을 알 수 있을 것이다"라며 자신의 뜻을 알아주는 사람이 없음을 개탄했겠는가. 송강의 마음에는 벗의 고결함과 불운, 그리고 그 속에서도 굴하지 않았던 지조가 깊이 새겨져 있었다.

아, 하늘이 우리나라를 복되게 하지 않으려 하시는 것인가. 정력을 다하고 마음을 괴롭히어 조금도 힘을 남기지 않고, 나랏일에 죽으려 함은 옛날에도 비할 만한 사람이 없다. 돌아가신 날, 시중 사람들이 달려와 슬프게 부르짖었는데, 그 사람들 모두 그대의 얼굴조차 알지 못하는 이들이었다. 어찌 그런 지경에까지 이르렀을까. 그대를 사랑하는 이가 많은 한편 그대를 미워하는 이도 있고, 그대의 죽음을 슬퍼하는 사람이 있는 동시에 그대의 죽음을 슬퍼하지 않는 사람도 있으나, 그것이 그대에게 무슨 손상이 있으리오. 나같이 못생긴 사람으로서 무엇이 이렇다 할 만 한 것이 있으랴마는 그대가 홀로 나를 너그럽게 대해준 것이 지금 이미 30년이며, 또 전협褊狹(속이 좁고 성미가 급함)으로 나와 절교를 할 만한 때가 한두 번이 아니었는데도, 마침내 옛날에 맺은 의리를 버리지 않고 끝까지 친절하게 같이 옳은 길로 돌아오도록 하였으니, 그대를 두고 어찌 진실로 어진 사람이라 하지 않겠는가.

아, 나라 일을 꾀하고, 인재를 선발하며 용렬한 나 같은 사람도 함께 들어 쓰려 하니, 이것은 내가 유능한 사람이라고 해서가 아니라, 원컨대 배워서 조금이라도 함께 시국의 어려움을 건져보려는 것이었다. 그런데 그대는 세도에 뜻이 없는 양 문득 나를 버리고 돌아감은 그 무슨 일인가. 호원浩原(우계 성혼의 字)의 학문과 재식으로도 오히려 공이 없이 나 혼자만으로는 능히 운영을 못하거든, 하물며 나같이 아무것도 모르는 공공空空(실체가 없고 인연에 의해 임시로 존재하는 모든 것이 공하다는 의미에서, 그 '공'조차도 공하다는 뜻)으로 장차 어떻게 나랏일에 만분의 일이라도 도움이 될 수 있으리오.

아, 내가 그대의 죽음을 애절하게 곡哭함으로부터는 외롭고 외로워서 다시는 인간사에 뜻이 없으니, 한 마리 외로운 새가 그림자와 서로 위로하는 것 같고, 줄이 없는 거문고 젓대와 같아서, 비록 거문고를 타고 젓대를 불고 싶으나 어찌할 수 없으니, 나도 역시 모든 것이 이에 그친 듯하도다.

아, 친구란 천륜으로 합한 혈기도 아닌데, 어찌하여 이토록 슬프단 말인가. 서호西湖(중국 항저우에 위치한 세계적으로 유명한 인공 호수)에 물은 밀려왔다가 다시 나갔다가 하고 동산東山에 달도 다시 오르리라. 봉래蓬萊(신선이 산다는 전설 속의 삼신산 중 하나. '금강산'의 별칭으로도 불림)에 오색의 빛도 역시 어제 같도다. 슬프다! 우리 숙헌은 어느 때나 다시 돌아오시려는가. 말이 다하고 제사를 끝내고, 한 번 큰 소리로 길게 외쳐봅니다. 상향.

_《송강집》 속집 권2

한편, 송강은 우계 성혼에게 보낸 편지에서 벗에 대한 그리움과 마음속 혼란을 솔직하게 털어놓는다. 그러면서 율곡의 죽음을 애도하며 "그대의 고결한 뜻과 학문을 이제는 아무도 이어받을 수 없구나. 나는 이 세상에 홀로 남겨진 듯 외롭고, 마음속 끝없는 허전함을 어찌 달랠 수 있겠는가"라고 적었다.

삼경三更에 일어나 율곡의 영구靈柩(시체를 담은 관)를 호송하며 홍제원弘濟院

(조선시대에 설치된 국립 숙박시설로, 주로 공무 여행자나 중국 사신 등에게 숙식과 편의를 제공하던 공공 여관. 지금의 서울 서대문구 홍제동 부근)에 이르러 곡을 하고 보내는데, 온몸이 춥고 떨려 수레에서 내려 술 석 잔을 마시고 집에 돌아오니, 더욱 심하여 거의 기진할 것 같았습니다. 이제야 비로소 머리를 들고 일어나서 밥을 서너 숟가락 먹고 나니, 이제는 형兄을 만나 이야기라도 하고 싶은 생각이 간절합니다. 하지만 종奴과 말馬이 없으니 어찌하지 못하고 종일 베개에 엎드려 있으니 마디마디 창자가 끊어질 것 같습니다.

_《송강집》속집 권2

편지의 말미에서 송강은 우계에게 이렇게 말한다.

"벗이시여, 비록 세월이 흘러 서로의 발걸음을 맞출 수 없을지라도, 그대의 정신과 뜻은 내 마음속에 영원히 남아 있으리라. 나는 오늘도 그대와 나눈 옛 이야기와 학문의 길을 떠올리며 홀로 길을 걷노라."

이렇듯 송강은 이이라는 든든한 동지를 잃은 뒤, 정치적 외로움과 상실감을 정계에 비교적 초연했던 성혼에게 털어놓으며 마음의 안식처를 찾고자 했다. 그만큼 이이는 송강에게 단순한 벗을 넘어선 존재였다. 그런 벗을 잃은 그의 슬픔은 단순한 애도에 머물지 않고, 정치적 고립과 인생의 공허까지 뒤섞인 깊은 상실로 이어졌다.

원문

維萬曆十二年歲次甲申三月戊寅朔十六日癸巳. 資憲大夫. 行司憲府大司憲兼同知經筵, 成均館事鄭某. 謹以酒果. 敬奠于吾友卒崇政大夫, 議政府右贊成兼知經筵事, 弘文館大提學, 藝文館大提學, 知春秋館, 成均館事五衛都摠府都摠管栗谷李公之靈.

嗚呼我叔獻. 公與我同年生. 月日差先後. 歲丙辰. 從景魯識公. 當時自楓岳初至京. 若淸水芙蓉. 其高材盛名. 爲一世冠. 而若無有也. 余少且愚. 但謂公是文人中第一. 從遊旣久. 余亦省事. 始知公之爲公也. 獨文乎哉. 淵乎學矣. 學醇而正. 蓋天資近道. 不勞而得也. 晚又硏磨玩索. 積以歲月. 然後學益進. 識益明. 其高大軆. 一帆千里. 先輩亦或不及.

噫. 玆豈易與俗人道哉. 若夫無喜怒. 任死生. 忘得喪榮辱. 不以外物經心. 乃性然也. 疏通敏達. 遇事沛然者. 非子也耶. 愛君如父. 憂國如家. 不以江湖廊廟異其心者. 非子也耶. 忠信待人. 與物無競. 人皆曰君子者. 子之德也. 雖曠度弘量. 無物不容. 與惡人對. 不借辭色者. 子之介也.

噫. 朝議攜貳. 水激火烈. 公於此時. 務欲調劑. 寧累變其說. 而不欲失士望債國事. 其志悲矣. 卒亦媒此遭讒. 幾陷不測. 天日照臨. 旣去而還. 方隆聖眷. 正

騞遲步.櫟忽摧矣.生若有期.死若有奪.

噫.天不欲祚末耶.罷精憊心.不遺餘力.死於國事.古亦無比.死之日.都之人奔走悲號者.皆不識公面.何以得此.愛公者多.而亦有不愛公者.傷公者衆.而亦有不傷公者.於公何損.如吾無狀.有何可稱.公獨饒我.于今三十年.由吾狷狹激惱.可絶交者何限.而終不失舊義.未復爛曼同歸.公實賢矣.噫.謀國掄材.俱收駑劣.匪曰能之.願學焉.庶以共濟時艱.公忽棄我而歸.若無意世道.何哉.以浩原學問才識.尙不能無公而獨運.顧我空空.將何以補國萬一.

噫.公憂時一念.至死不衰.將屬纊.執我手丁寧.無非國事.死亦專結.此氣不散.爲祥雲甘霖.釀得豐年.使吾民含哺鼓腹耶.爲烈風迅雷.使魑魅遠遁.魍魎屛跡耶.爲麒麟鳳凰.使諸休竝臻.萬福畢集耶.爲泰山喬嶽.鎭我神都.延曆千百年耶.公於四者.必默佑陰相.決不是庸衆魂氣生而㫌爾.死則飄散如風煙也.

噫.自我哭公.忽忽無復人世意.如一隻孤禽.形影相弔.如絲無桐.如竹無簧.縱欲彈且吹.柰無所施何.吾已矣夫.

噫.朋友非天合血氣.何以至此.西湖水潮矣.東山月上矣.蓬萊五色如昨矣.嗟我叔獻.何時廻矣.言盡奠罷.一聲長號.尙饗.

__ 祭栗谷文 | 정　철 | 《송강집》 속집 권2

홀로 서서 길게 통곡하오니

이재성 | 연암의 죽음을 슬퍼하며 祭燕巖文

1805년(순조 5년) 10월 20일, 연암 박지원은 서울 재동 집에서 69세의 나이에 생을 마감하였다. 그의 죽음은 단순한 개인사의 종료가 아니라, 당대가 이해하지 못한 비범한 학문과 사상, 인간됨의 상실을 의미하였다.

연암의 삶은 항상 자유로운 사고와 학문의 깊이로 점철되었으나, 현실 정치와 사회의 제약 속에서 그 빛을 제대로 발휘하지 못했다. 이에 그의 처남이자 평생의 벗이었던 중존仲存 이재성李在誠(세종의 둘째 아들 '계양군'의 후손)은 제문을 통해 연암을 기리며 다음과 같이 말했다.

"보검이나 큰 구슬은 시장에서 살 수 없는 법이고, 하늘이 내린 글이나 신비한 비결은 보통의 책 상자 속에 있을 턱이 없다."

이는 세상에 드러나지 않은 연암의 탁월함과 그 재능이 당대 사람들에게 충분히 인식되지 못했음을 안타까워한 표현이다.

중존은 이어서 연암의 인품과 삶을 회상하며, 그가 세속의 이익이나 명예에 마음을 두지 않고 오직 학문과 덕을 닦으며 살아온 점을 높이 평가하였다. 연암의 글과 사상은 당시에는 충분히 인정받지 못했으나, 후세가 그의 깊이와 정교함을 이해하게 될 것임을 믿어 의심치 않았다. 또한 그의 청렴과 지혜, 사람을 살피는 통찰력은 단순한 학문적 성취를 넘어 인류가 본받아야 할 삶의 표본임을 강조하였다.

아아, 슬프다. 사람들은 말합니다. 문장에는 정해진 품평이 있고, 인물에는 정해진 평판이 있다고. 그러나 공을 제대로 알지 못하니 어찌 그럴 수 있겠습니까. 마치 저 굉장한 보물이 크고 아름답고 기이하고 빼어나지만 마음과 눈으로 보지 못하면 부르기 어려운 것과도 같습니다.

용을 아로 새긴 보물 솥은 밥하는 솥으로는 쓸 수 없고, 옥으로 만든 술잔은 호리병이나 질그릇으로는 어울리지 않습니다. 또 보검이나 큰 구슬은 시장에서 살 수 없는 법이며, 하늘이 내린 글이나 신묘한 비결은 보통의 책 속에는 있지 않는 법입니다.

신령한 구슬은 잊은 것을 생각나게 합니다. 끊어진 줄은 아교가 잇는가 하면 혼을 부르는 향도 있습니다. 그러나 처음 듣고 처음 보면 이상하고 기이할 수밖에 없습니다. 그래서 한 번 써보지도 않고서 대수롭지 않게 생각하지요.

아아, 우리 공은 어찌 그리 성대하며, 누가 그 심오한 이치를 깨달았는지요.

우리 공은 남과 화합하지 못해서 이웃이 드물었습니다. 제자들은 땀을 뻘뻘 흘리면서 공을 따라 배우려 했지요. 세상에 크게 쓰이지 못한 공을 위해 그 누가 탄식하겠습니까. 나의 서투른 글 솜씨를 때로는 칭찬해 주시기도 했고, 상자에 손수 지으신 글 백 편을 넣어 두시고는 제가 비평해주는 것을 기뻐해 주셨지요.

아아, 우리 공은 그 사귐이 연배를 넘어 선배에까지 미쳤습니다. 우리 아버지께서 감복하신 것은 그 고결함과 지조 때문이었으니, 잘 알려지지 않은 언행과 덕행을 제문에다 낱낱이 쓰셨습니다. 하지만 어이해 붓을 들어 비문을 짓지 못하셨나요.
저는 형제가 없어 공을 형님처럼 여겼습니다. 머리가 허옇도록 늘 그랬으니 새삼 뭘 말하겠습니까. 숲이 우거진 저 무덤은 옛날 사시던 연암골에 가까운데, 현숙했던 부인께서 먼저 잠들어 계시지요.
추운 새벽 발인하니 길은 눈과 얼음으로 가득하고, 병으로 인해 멀리 전송하지 못하옵고 홀로 서서 길게 통곡하옵니다. 상향.

_《지계유고芝溪遺稿》

이재성의 제문은 단순한 애도의 글이 아니라, 세상의 부당함 속에서도 꿋꿋이 학문과 덕을 지킨 연암의 정신을 후세에 길이 전하려는 진심 어린 기록이기도 했다.

연암은 생전 많은 사람들의 제문과 묘지명을 지었지만, 정작 자신을 위해서는 하나도 남기지 않았다. 그 대신 처남 이재성이 손수 지은 제문을 통해 연암의 삶과 성품, 그리고 벗과의 사귐이 어떠했는지를 엿볼 수 있다.

연암은 한때 자신을 이렇게 평했다.

"광달曠達(도량이 넓고 큼)하기는 장자莊子와 같고, 불공不恭(공손하지 않음)하기는 유하혜柳下惠(춘추시대 노나라의 현인으로, 공자와 맹자 등에게 성인으로 칭송받은 인물)와 같고, 술을 마시는 것은 유령劉伶(중국 위·진 교체기에 정쟁을 피하여 죽림에 묻혀 살던 7인의 선비 중 한 명)과 같고, 책을 쓰는 것은 양웅揚雄(중국 전한 말기의 사상가이며 문장가. 박식하였으나 말을 더듬었기 때문에 서적만을 탐독하며 사색을 하였다.)과 같고, 스스로 견주기는 제갈량諸葛亮과 같다."

그 말이 결코 과장이 아님은 그의 삶과 저작을 통해 확인할 수 있다. 올곧은 삶을 살았고, 수많은 저술과 글은 후세와의 교감이 되어 오늘날까지 사람들의 마음을 울린다.

한평생 누구에게나 공평하게 주어진 시간과 재능이지만, 이를 세상을 위해 남김없이 쓴 사람이 있는가 하면, 자신만을 위해 쓰고 떠나는 사람도 있다. 그런 점에서 볼 때 연암은 질곡의 시대 단 한 점 부끄럼 없이 자신의 길을 걸어간 위인이라고 할 수 있다.

원문

嗚呼, 悲哉. 人言 "文章有定品 評 人物有定譽." 然則公之功 未嘗悉知 安得知之乎. 猶若至寶宏大美異而心目不得見則難以稱之.

鑄有龍紋之寶釜 不可以爲炊器. 玉製之酒杯 不可與甕瓮相合. 寶劍大珠市不售也. 天賦之文神妙之訣常書不載也.

神珠者使遺忘者復得思也. 斷線 有以膠續 呼魂之香 亦有之. 然初見初聞必怪異也. 是以未嘗試而輕之也.

嗚呼, 我公其宏大奚若 孰得其玄理乎. 我公不與人和 故鄰里稀也. 弟子汗流沾背 從學於公. 公之功世不大用 孰歎之哉. 余拙筆 有時稱之. 且公手置百篇於匣 以余評論樂其所樂也.

嗚呼, 我公之交 超乎年長至前輩. 我父所欽者 乃其高潔與節操也. 不顯之言行皆書於祭文. 然胡爲不執筆以撰碑文乎.

余無兄弟 故以公爲兄. 年旣蒼白 每如是矣. 復何言哉. 樹密之墓 近舊居延巖. 賢配先寢. 寒曉發殯 道布雪水 病不能遠送 獨立長歎. 尙饗.

___ 祭燕巖文 | 이재성 | 《지계유고》

그대는 사라지고 밤만 깊어가네

신 흠 | 이영흥李永興을 기리며 祭李永興文

　이제신李濟臣은 조선 중기의 문신이자 학자로, 상촌 신흠과 이영흥의 스승이었다. 1581년 그는 강계부사가 되어 조정을 위해 나섰지만, 1584년 여진족 이탕개尼蕩介(조선 선조 당시 함경북도 회령 지방에 거주하던 여진족 추장으로, 조선에 귀화한 뒤 회령 일대에서 반란을 일으킨 인물)가 쳐들어와 경원부가 함락되자, 패전의 책임을 지고 의주 인산진麟山鎭으로 유배되었다. 그곳에서 그는 쓸쓸히 죽음을 맞이했다.

　그로부터 8년 후, 이제신의 제자이자 평생의 벗이었던 이영흥은 과거에 급제하고 하절사賀節使로 북경에 다녀오던 길에 그만 병을 얻어 황해도 봉산에서 숨을 거두고 만다. 스승과 벗, 두 사람이 먼 기억 속으로 사라지고, 목소리와 웃음조차 다시는 들을 수 없게 된 것이다.

　신흠의 마음은 이루 말할 수 없는 슬픔과 공허로 뒤덮였다. 눈앞에는 텅 빈 객지의 풍경만이 남았고, 스승의 가르침과 벗의 충고, 함께 나누던 학문의 논의는 바람처럼 흩어져 버렸다.

　스승과 벗이 남긴 흔적은 책과 글, 그리고 기억 속에서만 남았을 뿐, 그 자리에 다시 서 있을 수는 없다. 신흠은 그들의 부재를 실감할 때마다, 마음속에서 끊임없이 이름을 부르고, 지난날의 학문적 논의를 되새기며 흐느꼈을 것이다. 그리움과 상실, 공허가 뒤섞인 눈물은 이제 누구에게도 보이지 않고, 누구에게도 들리지 않는다. 오직 신흠만이 그 깊이를 알 뿐이다.

　청강공은 대체로 한 세대의 위인이었다. 재주가 있었으나 시대에 다 쓰이지 못했고, 덕이 있었으나 은택이 뭇사람에게 미치지 못했다. 그리하여 공이 작고했을 적에 사람들이 모두 애석히 여겼고, 담론하는 자들이 말하기를 "천도天道란 친한 이가 따로 없고 오직 선한 이를 돕는 것이므로 자신이 복록을 다 누리지 못했으면 반드시 그 자손이 누리게 되는 것이니, 청강공 같은 이는 후사가 좋을 것이다"라고 하였다.

　나는 재주 없는 사람으로 일찍부터 청강공 문하에 의탁하여 가장 깊은 알아줌을 받았고, 인척관계에만 머물지 않았다. 그래서 공과는 날마다 함께 거처할 수 있었으니, 나를 알기로는 당연히 공만 한 이가 없거니와 공을 알기로는 나만한 사람이 없다.

　공은 성품이 넓게 탁 트이고 활달하였으며, 의기가 있고 승낙을 신중하게 하였다. 때문에 잠깐 접해보아서는 기氣가 성한 사람 같아 친할 수 없을 것처럼 여겨지지만, 오랜 시간 접하여 이리저리 얘기를 해보면 진정한 속마음을 숨김없이 다 털어놓음을 볼 수 있다.

공은 남의 위급한 처지를 들으면 반드시 먼저 가서 구해주되, 개연히 존망과 사생을 같이할 의협심이 있었고, 권력의 경중에 의해 절개를 변치 않았다. 그러므로 공을 아는 자는 공의 의義를 끝없이 칭송하고, 공을 알지 못한 자도 공의 명예와 행실을 칭송하면서 자신이 따를 수 없다고 여겼다.

청강공이 본디 재산을 모아 자손들에게 물려주려고 하지 않았는데, 공이 그 미덕을 능히 이었다. 이에 벼슬을 그만둘 때마다 남에게서 양식을 꾸어다가 밥을 짓곤 하였다. 그리하여 공이 작고하자 모두들 "선인善人이 죽었다"라고 하였고, 공의 친구들은 통곡하며 눈물을 줄줄 흘리면서 슬픔을 감당치 못했으며, 공의 집에 조문 온 사람들의 발길이 한 달이 지나서야 겨우 그쳤다. 마음이 지성스러운 사람이 아니면 어찌 이와 같이 사람을 감동 분발시킬 수 있겠는가.

지난해 여름 나는 서관西關으로부터 들어왔고, 공은 영북嶺北으로부터 돌아왔는데, 그 때 내가 공이 매우 쇠약해졌음을 의아하게 여기긴 했으나, 공이 끝내 죽으리라고는 생각하지 못했었다. 공은 이미 성품이 강직하여 뜻을 얻지 못한데다가 세속을 따라 행동하기를 더욱 싫어해서, 매양 나와 함께 시골구석에 물러나 살 것을 생각했었는데, 나를 버리고 먼저 작고할 줄을 누가 생각이나 했겠는가.

아, 슬프다. 공은 세 번 장가를 들어 3남 1녀 두었는데, 장자는 자식도 없이 요절하였고, 그 다음은 10세, 또 그 다음은 아직 8세에 불과하다. 1녀는 공이 북경에 간 뒤에 낳았으므로, 공이 미처 보지 못했다. 서출庶出 4명은 모두 요절하였다.

아, 슬프다. 다음과 같이 초혼사招魂辭를 지어 공의 혼령을 부르노라.

오늘 저녁이 어떤 저녁인고
집은 텅 비고 뜰을 적막하여라
지금 가면 어디로 가는고
묵은 풀 더부룩한 황량한 언덕이네
혼이여 돌아오소서.

흰 휘장에 붉은 명정이며
잣나무 상여에 삼나무 널이로다
땅강아지, 개미는 속으로 구멍을 뚫고
여우 너구리는 겉에서 뜯어 먹으리라
혼이여 돌아오소서.

철쭉꽃은 한창 피고
정향꽃은 시들어가네

사물은 돌고 도는데
그대는 사라지고 밤만 깊어가네
　혼이여 돌아오소서.

초주며 계주랑 드리오니
어슴푸레 자식은 부르짖어 우는데
점점 가까이 오지 않고 더욱 멀어지네.
　혼이여 돌아오소서.

영원토록 폐절廢絶됨이여
아득히 어두워라, 애가 더욱 끊기려네
풀잎의 이슬 같은 목숨 몇 년이나 되던고
그대 생각 잊을 수 있으랴
　혼이여 돌아오소서.

_《상촌집》권30

　신흠은 《상촌집》에 실린 〈기재기奇齋記〉에서 중국 하왕조 시조 대우大禹(중국 고대의 성왕聖王인 '우왕禹王'을 높여 이르는 말)의 말을 빌려 이렇게 기록했다.
　"산다는 것은 붙어 있는 것이고, 죽음이란 돌아가는 것이다."

그러나 이 이치의 깨달음에도 불구하고, 그의 마음은 벗의 죽음을 맞아 갈 곳 없는 슬픔에 사로잡혔다. 이에 "혼이여 돌아오소서"라며 소리쳐 부르길 멈추지 않았다. 그 외침에는 절망이 서려 있었고, 벗이 이미 먼 곳으로 떠났음을 알면서도 마음은 아직 그 곁을 떠나지 못하는 갈망이 담겨 있었다.

이런 신흠의 마음을 떠올리면, 전횡田橫(제(齊)나라의 마지막 왕)의 문인이 악부시樂府詩(한시의 형식의 하나) 〈해로薤露〉에서 노래한 말이 자연스럽게 겹쳐진다.

풀잎 위 이슬
너무 쉽게 마르네.
내일 아침 이슬은 또 내리겠지만
한 번 떠난 사람은 돌아올 줄 모르네.

원문

維年月日. 東陽申欽. 謹以庶豆淸酌. 奠于志范翁柩所. 哭且告之曰.

士有曠百世而心相求者矣. 亦有千里誦義. 而比歿身不得合者矣. 若吾與公. 可謂幸矣. 生同時也. 又同家也. 記吾遇於潘工公之門也. 公年二十有二. 吾纔十五. 吾年雖稚幼無所知識. 而尙能知公爲樂善好義. 不汶汶於世也. 自遇公至哭公. 蓋二十八年矣. 吾之覵公亦多矣.

在內無疑行. 在外無無疑事. 世以嫻飾爲工. 而公則剗去綵繢. 世以脂韋爲賢. 而公則獨持磊砢. 世力趨營而公則墨守. 世貴權力而公則屣脫. 其表如裏. 其達如窮. 昧者挹其輝. 枯者沃其液. 而公之取予然諾. 不易於布素之始. 吾於是益知公樂善好義之無斁也. 於父母則孝. 於兄弟則友. 於宗黨則睦. 敦彝則而篤天倫者. 有古人所難行者. 而行之裕如. 卽公之爲. 其不可以壽且祚. 而今顧敲撼挫闕莫之逭耶. 豈理有互敚. 數有靡恒. 猝然而得. 欻然而失. 茫焉闇焉. 而所謂天者無所尸幸於其間耶.

吾贏而弱. 公壯而盛. 公常虞我之不能久視. 而吾亦不虞公之澽先於吾也. 吾旣才劣位盈. 無意於世. 而公且已厭銅符矣. 每相聚. 必以此相語曰. 早晚得一廛以去. 郟阡南陌. 杖屨來往. 則庶不負吾輩契托之志. 今而思之. 曷不肝蝕而腸裂也耶.

世之說者曰. 何論愚智. 顯貴者爲高. 何論善惡. 壽考者爲福. 若世所稱. 是耶非耶. 君子修其在我. 則在彼者或不可必也. 公固何憾也哉.

於乎. 公之結斂蓋棺. 忍踰月矣. 顒而之貌. 森乎立吾前也. 恢而之談. 怳乎入吾耳也. 嗟嗟悲夫. 妻経矣子衰矣. 婢僕擗踊於下矣. 賓友號呼於位矣. 而公洒不興不寤. 公其不復作矣. 吾將安所恃矣. 上堂而無與晤矣. 出門而無可適矣. 嗟嗟悲夫.

人生宇宙. 一泡幻爾. 孰脩孰短. 孰眞孰假. 孰虛孰實. 孰有孰無. 倘有不待生而存. 不隨死而亡者. 則吾與公幽明雖隔. 而延陵之劍. 猶可掛於樹枝. 嗚呼痛哉. 公兮歸來. 尙饗.

__ 祭李永興文 | 신 흠 | 《상촌집》권30

남기신 간찰을 어루만지며 울자니

안정복 | 스승 성호 이익李瀷의 죽음을 슬퍼하며 祭星湖先生文

    성호星湖 이익의 학문을 계승한 안정복은 성호학파星湖學派(성호 이익을 중심으로 활동한 학파로 '중농학파' 또는 '경세치용학파'라고도 한다.) 학자들과 긴밀히 교류하며, 우리 역사의 정통성과 독자성을 드높이고자 노력했다. 그의 이러한 노력은 훗날 민족사관 형성의 기초가 되었고, 조선 학계에서 '역사를 통해 민족의 정신을 세우는 길'을 열었다는 평가를 받는다.

    그뿐만 아니라, 그는 전통적 봉건체제가 흔들리고 중국을 통해 전래된 새로운 사상과 서학의 충격이 몰아치는 시대 속에서, 조선의 전통적 가치와 유교 이념을 되살리고자 끊임없이 고민했다. 단순한 전통 숭상에 그치지 않고, 합리적이고 실증적인 방법으로 옳고 그름을 가리고 학문적 길을 모색했으니, 그의 학문과 사상은 시대를 앞서간 것이라 해도 과언이 아니다.

    정치적 환경은 불행했지만, 사상적으로 비교적 자유로운 시대를 살았던 그는, 그 자유 속에서 역사와 학문의 참된 가치를 추구했다. 그가 우리 역사에서 차지하는 비중이 결코 작지 않은 이유도 바로 여기에 있다. 나아가 역사적 감각과 학문, 사상 체계를 합리적·실증적으로 정립하고자 했던 그의 학문관은 오늘날까지 높이 평가되고 있다.

그런 안정복에게 스승 이익의 죽음은 단순한 상실을 넘어, 학문적·인격적 세계의 깊은 공허를 느끼게 하는 사건이었다. 그는 스승의 부음을 듣고 깊은 슬픔 속에서 제문을 지으며, 자신의 마음을 다음과 같이 표현했다.

> 아, 슬픕니다. 선생이 이렇게 되셨단 말입니까. 강의剛毅(의지가 굳세고 강직하여 굽힘이 없는 상태)하고 독실함은 선생의 뜻이요, 정대하고 광명함은 선생의 덕이었습니다. 정심精深(지식이나 사상이 넓고 심오함)하고 광박廣博(학문이나 식견이 매우 넓음)함은 선생의 학문이며, 그 기상은 온화한 바람, 상서로운 구름과 같고, 그 회포는 가을날의 달과 얼음을 넣어두는 옥항아리와 같았는데, 이제 다시 볼 수 없게 되었으니 장차 어디로 의귀依歸(몸이나 정신을 의지함)해야 한단 말입니까.

> 아아, 슬픕니다. 그 도로서 말하자면 지난 성인을 이어 후학을 열어줄 만 했고, 그 나머지를 미루어보면 백성들을 보호하고 임금을 존숭할만 했으나, 도리어 액궁厄窮(빈곤하고 궁박함)을 당하여 시행하지 못했으니, 이는 천리天理의 알기 어려움입니다. 선생에게야 비록 하늘의 뜬구름과 같은 것이겠지만 우리들의 입장에서 말하자면 어찌 하늘에 호소하고자 하면서도 인因할 바가 없는 것이 아니겠습니까.

아, 소자가 비록 문하門下(가르침을 받는 스승의 아래)에 이름을 의탁한 18년의 세월 동안 선생님의 얼굴을 뵌 적은 비록 드물었으나 손수 편지로 가르쳐주신 것은 빈번하였습니다. 만약 이러한 증세가 조금 나아지면 사가 함장函丈(스승과 제자가 수업할 때, 지팡이 한 길이 될 만큼 거리를 두고 앉는다는 의미)을 다시 한 번 모실 수 있을 것이라 여겼더니, 어찌하여 제 소원을 이루기도 전에 문득 돌아가셨단 말입니까.

죽고 살며 없어지고 생기는 것은 하나의 이치로 귀결되는 것인 바, 세상을 싫어하여 구름을 타고 오르면 상제上帝(초자연적인 절대자)의 고향에 이를 수가 있으니, 병학柄鶴을 타고 위로 오름은 선생에게는 즐거움이 되었으나, 남기신 간찰을 어루만지며 울부짖자니 소자의 애통함은 더욱 간절해집니다.

아, 슬픕니다. 선생의 병환에 몸소 가서 보살펴 드리지 못하였고 돌아가신 때도 친히 가서 초상을 치르지 못하니, 비록 병 때문이라고 하나 죽어서까지도 한이 될 것입니다. 소건素巾(상복에 쓰는 흰 두건)에 수질首絰(상복을 입을 때에 머리에 두르는, 짚에 삼 껍질을 감은 둥근 테)을 더하여 조금이나 정성을 보이고 자식으로 하여금 대신 달려가게 하니 슬픈 회포를 어찌 감당할 수 있겠습니까. 봄이 쇠하다 보니 글이 되지 못하고 말에 조리가 없으나 존령尊靈이 계신다면 삼가 보아 이르소서.

아, 슬픕니다. 흠향하소서.

__《순암집》〈순암선생문집〉 권20

1746년, 서른다섯의 안정복은 예순다섯의 이익을 안산에서 직접 만나 평생의 스승으로 삼았다. 그 만남은 단순한 스승과 제자의 만남이 아니었다. 안정복은 스승의 말 한 마디, 눈빛 하나까지 마음에 새기며 18년간 사숙하며 학문과 덕행을 배웠다. 그의 온몸과 정성은 스승을 향한 존경과 사랑으로 가득 차 있었다.

　그런 그가 스승 이익을 위해 지은 제문은 단순한 글이 아니라, 마음속 깊이 새겨진 그리움과 아픔이 고스란히 담긴 기록이었다. 하지만 안타깝게도 지병으로 인해 장례식에는 갈 수 없었다. 장례를 치르기 하루 전, 그는 아들 경증景曾을 통해 닭 한 마리를 보내어 대신 곡하게 했을 뿐이었다. 가까이에서 마지막 인사를 나눌 수도, 손을 잡고 눈물을 흘릴 수도 없는 상황. 그 마음은 얼마나 애달팠을까.

　아, 슬픕니다. 저는 어리석고 어리석어 학문의 방법을 알지 못하다가 나이 서른이 넘어 비로소 선생을 찾아뵙고 병인년부터 무인년에 이르기까지 일 년에 한 번씩 방문하여 3년 사이에 4일간 선생을 모셨습니다. 직접 본 적은 드물었으나 가르치고 가다듬기를 지성스럽게 하셨고, 큰 길을 가르쳐주셨으나 저의 자질이 노둔한 데야 어찌하겠습니까. 선생의 아들 순수醇叟(이익의 아들 '이맹휴'의 字)는 높은 재주를 갖춘 훌륭한 인재로서 연배가 저와 비슷하고 훌륭한 명성을 계승하려는 뜻이 간절하였는데, 협흡協洽(12지지 중 여덟 번째인 미(未)를 가리키는 말)의 해에 그만 세상을 떠나 자식을 잃은 깊은 슬픔으로 건강을 해치고 말았습니다. 이때 시속의 일에 얽매어 있다가 휴가를 얻어 찾아가서 뵈었는데, 작별할 때에 선생께서 손을 손수 부여잡고 눈물을 흘리며 연연戀戀(깊은 그리움)해 하셨습니다. 소자에게 무엇이 있어서 과분한 보살핌을 입었는지, 눈물을 감춘 채 하직하고 물러나올 때 선생의 은혜가 뼛속까지 사무쳤습니다.

이후로는 세상일이 방해가 많아 다시 가서 뵙지 못하고 또 병으로 들어앉게 되어 선생을 뫼시지 못하였습니다. 13년 동안 편지만 자주 왕래하고 직접 가르침을 받을 수가 없어 날마다 서쪽의 구름만 바라보다가 눈물을 흘리기도 하였습니다. 스스로 용렬하고 어리석은데다 기운도 가볍고 뜻도 약하므로 인욕人慾이 쉽게 발동하여 천리가 오래도록 그쳐버릴 수 있다고 생각하여 행여 말씀을 받들어 잘못된 부분을 보충할까 했더니 이제는 불가능하게 되었기에 심장이 떨어져나가는 것만 같습니다.

아, 슬픕니다. 지난해 초 여름에 손수 보내신 편지를 받들었을 때 "깊은 아픔이 있다"라고 하시더니 이것이 마지막 글이 되고 말았다니….

아, 슬픕니다. 일월日月(세월)이 머무르지 아니해서 장례 날짜가 다가와 상여를 이미 꾸미고 상여 줄도 매었습니다. 병들어 방에 누워 있는 몸이라서 장지에 가지 못하고 다시 자식을 보내 감히 영결하며 익힌 닭을 올려 비록 고인의 흉내를 내보지만 축실築室(공자가 세상을 떠났을 때 삼년상을 지낸 후에 다른 제자들은 다 돌아갔으나 자공은 혼자 여막을 짓고 3년을 더 지낸 후 돌아갔음을 이르는 말)의 성의는 공문孔門(공자의 문하)에 부끄럽기만 합니다. 행여 고질병이 조금 연장되어 곧바로 죽지만 않는다면 기필코 원양元陽(이익의 손자 '이구환'의 자)과 더불어 좌우로 손을 이끌고 갈 것입니다. 선생의 목소리와 모습이 영원히 가려져 버리니 이제 누구에게 의탁해야 하는 것인지요. 생각을 글로 적자니 슬픔으로 가슴이 맵니다.
아, 슬픕니다. 삼가 흠향하소서.

_《순암집》〈순암선생문집〉 권20

스승과의 마지막 순간조차 함께하지 못했지만, 제문 속에 담긴 안정복의 마음은 오늘날 읽는 사람에게도 그대로 전달된다. 살아있을 때는 배움과 존경으로 스승을 따르고, 떠난 후에는 마음속에서 슬픔과 그리움을 간직하며 길이길이 학문의 길을 이어가겠다는 다짐, 그것이 바로 이 글의 진정한 울림이다.

원문

嗚呼哀哉. 先生而至是耶. 剛毅篤實. 先生之志也. 正大光明. 先生之德也. 精深玄博. 先生之學也. 和風景雲. 其氣像也. 秋月氷壺. 其襟懷也. 今不可以復見. 將何所而依歸耶.

嗚呼哀哉. 語其道. 可以繼往而開來. 推其餘. 足以庇民而尊主. 顧厄窮而無施. 定天理之難究. 自先生而視之. 雖若太虛之浮雲. 在吾黨而言之. 寧欲籲天而無因.

嗚呼. 小子托名門下. 十有八年. 承顔雖罕. 手敎頻煩. 勉以小學詩禮之書. 戒以韜晦務實之工. 雖勤誘掖. 尙未發蒙. 恩深義重. 競惕撫躬. 逮夫東史之編摩指導. 無有其餘蘊. 疆埸之錯亂而未定者. 義理之隱晦而未暢者. 靡不奉承其成訓. 至若俛說. 謬蒙屬托. 地負海涵. 義理數夷. 雖以刊太爲敎. 管蠡之見. 顧何能窺測天海之深廣也哉. 粧成十卷. 擬將納上. 書未達而承訃. 抱遺編而增傷.

嗚呼. 小子無狀. 攝生昧方. 十載奇疾. 血壅火張. 杖履之曠. 逾一紀餘. 若此症之小歇. 庶函丈之復陪. 何所願之未遂. 奄樑摧而山頹. 悠悠天地. 予懷曷已.

嗚呼哀哉.死生消息.理歸一致.厭世乘雲.帝鄕可至.馭甁鶴而上征.先生前日書.有夢有骿化鶴.騎而騰空遊覽快活云.故此引用.爲吾黨故事.在先生爲快樂.撫遺牘而號呼.益增小子之痛迫.嗚呼哀哉.先生之病.而不得躬自扶將.先生之坄.而不得與聞含斂.雖疾使然.死有餘憾.素巾加絰.少暴微忱.替兒奔赴.悲懷曷任.荒衰不文.辭失倫脊.尊靈有存.尙其鑑格.
嗚呼哀哉.尙饗.

— 祭星湖先生文 | 안정복 | 《순암선생문집》권20

좋은 벗을 잃은 외로움이 앞서

이 익 | 윤두서尹斗緖의 죽음을 슬퍼하며祭尹進士

영조와 정조 시대 문예 부흥의 모든 기틀은 사실상 숙종 시대에 이미 밑거름이 놓였다. 그 중심에는 바로 공재恭齋 윤두서가 있었다.

윤두서는 고산孤山(조선 시조 문학의 대가인 '윤선도'의 호)의 증손이자 다산 정약용의 외증조부였다. 시서화와 음악, 공예 등 다방면에 능했으며, 겸재謙齋 정선鄭敾, 현재玄齋 심사정沈師正과 함께 조선 후기 삼재三齋로 꼽히는 화가이기도 했다. 그는 15세에 전주 이씨와 결혼했고, 25세에 진사시에 합격했으나 벼슬길에 나서지 않았다. 서인의 득세로 남인이었던 그의 가문이 뜻을 펼 수 없었기 때문이다. 대신 그의 마음속 불타는 열정과 신념은 예술을 통해 세상에 드러났다.

그 시절 윤두서와 교유한 벗들 중에는 성호 이익의 셋째 형 옥동玉洞 이서(李漵, '동국진체'라는 한국적 서예체를 창안한 명필)가 있었다. 성호 이익 또한 이로 인해 공재의 영향을 받지 않을 수 없었다. 그 때문에 살아생전 성호는 두 형제가 공재에게서 박학博學한 면모와 자유로운 예술적 기풍을 배웠다고 회고했다. 그러나 천수를 다하지 못한 윤두서의 죽음은 많은 이에게 깊은 슬픔을 남겼다.

성호 이익은 그 슬픔을 안고 눈물을 흘리며 다음과 같은 제문을 지었다. 이 제문은 공재가 어떤 인물이었는지를 생생하게 보여주는 기록일 뿐만 아니라, 스승과 벗을 잃은 인간적 상실과 그리움을 함께 담아내고 있다.

죽은 자는 유감이 없고, 산 자는 더욱 힘써야 하는 법. 공은 진실로 사람을 잃어버린 것이 아니었습니다. 소생은 또한 일찍이 밖에 나아가서는 공의 풍채를 보며 즐거워하였고, 안으로 들어와서는 공의 생각하는 바를 간직하였습니다. 말씀하시는 데는 사물의 이치를 갖추었고, 행동함에는 법도가 있었으니 선비로서 현자를 희구하는 분이었습니다. 사람을 대함에 공손함과 관대함이 있어, 어진 사람이거나 어리석은 사람이거나 환영하지 않음이 없었으니 사람과 잘 사귄 분이었습니다. 일에 임할 때는 민첩하면서도 중용을 지키셨고, 예술에서는 편벽됨이 없었습니다.

오호라, 공이 세상을 떠나니, 좋은 벗을 잃은 외로움이 앞서고, 들어 보기 힘든 얘기를 들어 볼 곳도 없게 되었으며, 그 당당한 풍모도 볼 수 없게 되었습니다. 재능은 있었으나 명이 짧음은 하늘의 뜻이거늘 어찌 공이 의도한 바라 하겠습니까. 혹 이를 애석하게 여기는 자가 있다면 그는 공을 알지 못하는 사람입니다. 공은 그림 같은 한가한 일과 외도로 나간 재주에서도 스스로 묘함을 얻었지만 혹 이것만으로 공을 찬탄하는 것은 공에게 누를 끼치는 것입니다.

오호라, 세상에서 공이 장부라 하기에 조금도 부족함이 없는 분이었음을 아는 이가 몇이나 될꼬. 이것이 더욱 슬플 뿐입니다.

__《성호전집星湖全集》 권57

성호는 윤두서의 죽음을 단순한 이별로 여기지 않았다. 세상과 자신에게 남긴 그의 흔적이 너무도 귀하고 컸기에, 그 빈자리가 마치 마음속 깊은 구멍처럼 느껴졌다. 이에 성호는 제문에 눈물과 함께 그리움, 존경을 담았으며, 다시는 그를 만날 수 없다는 사실에 허망함을 느꼈다.

결국 성호에게 윤두서의 죽음은, 한 시대의 빛나는 지성의 상실이자 관계의 끝을 의미했으며, 그 슬픔과 그리움은 제문 속 글자 하나하나에 스며들어 읽는 이의 마음까지 울리는 힘을 지니고 있다.

원문

嗚呼. 昔公辱與不佞兄弟遊. 或抗言死國則公曰匹夫而懷邦. 舍命而成仁. 忼慨拔俗者也. 或窮居講學則公曰日孜孜而勉焉. 惟好善其不足. 善量己不願外者也. 至若不佞之貿貿迷行. 而謂若有才可稱. 有志可尙然者. 哀然肯許曰可與共學者也. 不佞兄弟不自信. 而得公言爲重. 死者無憾. 生者益厲. 公庶幾不失人矣.

不佞亦嘗出而悅公之風彩. 入而思公之所存曰. 言要有物. 行要有矩. 其士而希賢者乎. 接人也恭而寬. 賢愚莫不得其歡. 其善與人交者乎. 臨事敏而中. 其藝而不局者乎.

嗚呼. 公沒而友道孤矣. 無從而聞所未聞矣. 不可復見其抑抑風裁矣. 有才無命天也. 公所不以爲意. 或以惜之者. 非知公者也. 餘事曲藝. 自臻於妙. 或以贊歎焉者. 累公之甚也.

嗚呼. 世之知公. 其不淺之爲丈夫者幾人. 此尤可悲矣.

__祭尹進士 | 이　익 |《성호집》권57

목이 메어 곡소리조차 내기 어렵고

정 구 | 김우웅金宇顒의 장사를 지내며 祭金東岡文

　한강寒岡 정구鄭逑와 동강東岡 김우옹의 우정은 단순한 학문적 동료 사이를 넘어 평생을 관통했다. 두 사람은 모두 영남학파의 큰 스승 남명南冥 조식曺植과 퇴계退溪 이황李滉의 문하에서 함께 학문을 익혔지만, 서로 다른 길을 걸었다. 김우옹은 일찍부터 벼슬길에 올라 국가의 일을 돌보았고, 그 과정에서 많은 관직을 두루 거친 반면, 정구는 과거를 포기하고 학문 연구에 몰두하며 세속의 명예와 권력을 초월한 삶을 살았다. 이러한 차이에도 불구하고, 두 사람의 마음은 학문과 덕으로 깊이 이어져 있었다.

　세월이 흘러 벗 김우옹이 세상을 떠나자, 정구는 눈물을 거두지 못하였다. 이에 먼 길을 떠나 고향으로 돌아오는 벗의 널(시체를 넣는 관)을 바라보며, 마음속 깊은 곳에서부터 우러나는 그리움과 슬픔을 글로 풀어냈다. 벗과 함께 나누었던 학문과 우정, 그리고 세상사를 논하며 흘렸던 수많은 대화들이 스쳐 지나가자, 죽음 앞에서 인간이 느낄 수 있는 가장 깊은 상실감을 그는 생생히 체감하였다.

정구는 벗의 생전 덕과 인품을 회상하며, 단순한 학문적 동료를 넘어 인생의 동반자로서 얼마나 소중했는지를 절절히 적었다. 또한, 벗의 부재가 남긴 공허와 허망함을 토로하며, 세상과 벗 사이의 연緣이란 죽음 앞에서 얼마나 덧없는지 깨닫는다.

아, 애통합니다. 공은 서원西原(충청북도 청주의 옛 이름)에 우거寓居(남의 집이나 타향에서 임시로 몸을 부쳐 삶)하고, 나는 목천木川에 머무를 적에 각자 병 때문에 만나보고 싶어도 만나지 못하다가 9월 그믐께 내가 선조를 그리는 감회가 간절한 나머지 선영先塋을 둘러보기 위해 고향에 가는 길에 공을 찾아뵈었습니다. 그때 하룻밤을 묵으면서 "내년에는 우리 함께 고향으로 돌아가자"는 약속도 하고, 국화와 동산의 풍경을 감상한 뒤 나란히 새로 지은 누각에 오르기도 하면서 한가로이 담소를 나누노라니 마치 10년 전 고향에서 어울리던 그 즐거움이 되살아난 듯했습니다.

그때 보니, 공은 몸이 야위고 숨결이 가쁘긴 하였으나 정신이 편안하고 얼굴도 맑았으며 지나간 옛일을 마치 어제의 일처럼 낱낱이 말씀하시므로 내심 탄복하며 차마 정신이 어두워 공을 따라갈 수 없는 제 자신이 부끄러웠는데, 그 당시 작별이 또 다시 못 만날 작별이 될 줄을 누가 알았겠습니까.

나는 고향에 돌아온 뒤 병 때문에 즉시 되돌아가지 못하고, 그대로 머물러

겨울을 넘길 생각을 했습니다. 그래서 인편을 통해 공에게 편지를 보내, 새해가 되면 일찍 돌아와 지난날 함께 즐기던 생활을 다시 이어보자고 하였습니다. 그런데 어찌 그 편지가 공에게 도달하기도 전에 부음이 먼저 이르고, 흰 수레에 붉은 깃발을 펄럭이며 당도하여 나로 하여금 흰 상복 차림으로 이곳에 나와 맞이하며 슬픔을 가눌 수 없게 한다는 말입니까. 시야가 참담하고, 마음이 슬픈 나머지 목이 메어서 곡소리를 내기조차 어렵습니다.

아, 이제 이승에서는 더 이상 그 금옥처럼 단단하고 맑은 기풍을 접할 수 없게 되었습니다. 고을 부로父老(나이가 많은 남자 어른을 높여 이르는 말)들이 다 모여들고 산천도 서글퍼하는 가운데 싸늘한 하늘이며 아침햇살 등 눈에 비치는 모든 것들이 다 슬픔을 머금었습니다. 더 이상 무엇을 말하겠습니까.
아, 슬픕니다.

_《한강집寒岡集》권12

정구는 김우옹의 상여가 고향에 도착하는 모습을 바라보며 붉은 명정이 바람에 펄럭이는 광경조차 눈앞에 담을 수 없었고, 소리 내어 곡조차 부르지 못하였다. 그 슬픔은 단순한 애도의 감정을 넘어, 함께 나눈 학문과 우정, 의리와 추억이 한꺼번에 떠오르며 마음을 갈기갈기 찢는 듯했다. 살아 생전에 나누었던 웃음과 담론, 서로 기대며 지냈던 나날들이 눈앞에 한 장면씩 스치자, 정구의 눈에서는 눈물이 멈추지 않았다. 그는 이제 다시는 벗의 얼굴을 볼 수도, 목소리를 들을 수도 없는 현실을 받아들이며, 그 공허함 속에서 자신의 외로움과 인간적 무력함을 깊이 깨달았다. 그리하여 정구의 글에는 벗을 향한 그리움과 존경, 인간의 연약함과 삶의 덧없음이 함께 배어 나오며, 읽는 사람의 마음까지 아릿하게 만든다.

원문

東岡先生金公旅櫬. 遠自淸州. 言歸故里. 用將雞酒之奠. 迎哭於路左.

嗚呼哀哉. 公寓西原. 我留木州. 各以病蟄. 願言而不得相奉. 季秋之末. 余迫霜露之感. 將歸掃先塋而歷訪焉. 靑眼欣然. 一宿晤語. 旣有明年偕返之約. 玩菊賞圃. 共登新齋. 恨不得以時裝就. 笑談雍容. 宛然有十載相從之樂. 見公臞瘦喘促. 而神宇泰安. 眉目瑩朗. 歷敍舊事. 如道昨日. 心切歎服. 愧非昏鈍所及. 孰謂此一別. 乃遂爲平生之永訣也邪.

余以病不能卽旋. 將留過三冬. 則便中寓書. 請以開歲早還. 以續舊時之遊. 豈書未達而訃先至. 素車丹扁褊括遠臨. 使我白衣來迎. 而不忍爲之懷也邪. 慘目疚心. 嗚咽難聲. 已矣此生. 其不復玉色金聲之相襲也. 父老咸集. 山川亦悽. 寒天朝旭. 觸目皆悲. 尙何言哉. 尙何言哉. 哀哉哀哉.

__祭金東岡文 | 정 구 | 《한강집》권12

착한 자는 속환된다면 내 가서 그대를 불러오겠네

김일손 | 조원趙瑗의 죽음을 슬퍼하며趙伯玉哀辭

    김일손은 무오사화로 인해 신진사류로서 큰 시련을 겪었지만, 그 문장은 오히려 더 빛을 발했다. 그는 자신이 존경하던 선배 백옥伯玉 조원이 세상을 떠났다는 소식을 듣고, 곧바로 〈조백옥趙伯玉 애사〉를 지었다.

    조원은 김일손보다 나이가 많았으며, 이미 조정에서 벼슬을 지낸 선배로서 청렴한 인품과 강직한 지조로 신진사류들에게 본보기가 된 인물이었다. 김일손은 젊은 시절부터 그의 학문과 인격을 흠모하여 가까이 따랐고, 정치적 혼란 속에서도 뜻을 함께 나누었다. 특히 두 사람은 훈구 대신들의 권세와 부패를 비판하고, 도의와 원칙을 중시하는 정치를 지향했다는 점에서 마음이 맞았다.

    그런 조원이 세상을 떠나자 김일손은 단순한 애도의 차원을 넘어, 자신이 의지하던 정신적 스승이자 진정한 선비의 상징을 잃은 상실감에 사무쳤다. 그래서 그는 "백옥이 세상을 떠났으니, 어찌 내 마음을 진정할 수 있겠는가"라며 통곡했다.

백옥이 세상을 떠났으니, 어찌 마음을 진정해야 하느냐. 백옥은 내게 선배가 되며 나이가 나보다 수십 년이 많다. 당초에는 단 한 번의 지면도 없었는데, 신해년 여름 함께 강목綱目(사물의 대략적인 줄거리와 자세한 조목)을 교정하게 되어 반 년 동안 동거하면서 비로소 망년忘年(나이의 차이를 잊음)을 맺었으니, 사귐은 얕은 것 같지만 연분은 더욱 깊었다. 이때 나는 용양위龍驤衛(조선시대에 설치된 중앙군 조직인 오위(五衛) 중 한 위(衛)로 '좌위'라고도 불림) 사정司正(오위에 속한 정칠품 벼슬)으로 있었고, 백옥은 봉상시奉常寺(제사와 시호에 관한 사무를 맡아 보던 관청) 첨정僉正(각 관아의 낭청에 속한 종사품 벼슬)으로 있었으니, 대개 현도玄都의 탄식이 있어 나는 백옥을 위해 탄식했고, 백옥 역시 매양 나를 위해 탄식했었다.

백옥은 문학과 정치에 있어 두 가지가 다 능하고, 의기와 도량은 넓고 씩씩하여 어디에 기도 못할 것이 없고 또한 흔들리지도 아니하니 참으로 세상을 요리할만한 큰 인재였다. 나중에 집의執義(사헌부에 속한 정삼품 벼슬)가 되었으니, 다른 사람에게 비한다면 달達했다고 보겠지만, 백옥에게 있어서는 그렇지 못하다.

그 후 백옥은 청송青松으로부터 그 부친의 관棺을 받들고 배로 향하여 서쪽으로 내려가는데, 나는 배 하나를 띄워 중류中流로 나아가 조문하려고 했으나, 보고하는 서리가 착실하지 못하여 배가 멀리 떠난 다음에야 비로소 알게 되었으니, 인연이란 어기기를 좋아하는 모양이다. 또한 소장 편지 한 장을 지어 올려 위문하지도 못했고, 시간을 내어 한 번 상려(喪廬, 천자나 왕이 부모의 상(喪)을 당했을 때 거처하는 방)에 나아가 문상하려 하면서도 그마저 못했으니, 백옥이 지금 상중이라 다른 생각을 할 겨를이 없을 것이다. 만약 생각이 난다면 반드시 나를 괴이하게 여겼을 것이다. "백옥이 상중에 있어 예에 극진하다"는 말을 들을 적마다 마음속으로 정중히 여겼는데, 얼마 되지 않아서 사람이 나에게 전하기를 "흰옷을 입은 여종이 백옥의 집문 밖에서 매우 슬피 우는 것을 보고 사람을 시켜 물었더니, 백옥이 죽었다 한다"고 하였다.

아, 나는 내 마음을 어떻게 진정해야 할지 모르겠다.
아, 작년에는 희인(希仁, 김일손의 벗 '박증영'의 이명)이 애훼(哀毁, 부모의 죽음을 슬퍼하여 몸이 몹시 여윔)로 인해 죽었고, 금년에는 백옥이 애척(哀慽, 사람의 죽음을 슬퍼함)으로 인해 죽었으니, 하늘이 장차 어떻게 해서 남의 자식 된 자에 거상을 잘할 것을 권할 수 있게 될지 모르겠다. 이는 친구들의 불행만이 아니라 바로 국가의 불행이기도 하다.
백옥에게는 아들이 없으므로 애사를 지어 내 설음을 억제하는 바이다.

학문도 크게 시행되지 못했고
재주도 크게 채용되지 못했으니
문망한 사대에 중 할 뿐이오

이름을 천추에 남기지 못했네

나를 뉘가 허물하리

오직 조물주의 죄로세

조물주는 승복하지 않고

저 진재眞宰(노장지학에서, 도(道)의 본체인 하늘을 이르는 말)에게 미루네

저 진재여

사람을 죽이고 후회하지 않네

선과 악을 같이 벌 준다면

권장과 징계가 어디 있나

착한 자는 속환贖還(돈이나 물건 따위로 대갚음을 하고 어떤 것을 도로 찾아옴)된다면

나는 가서 그대를 불러오겠네

아, 백옥이여

영원히 공채가 묻혔구려

스스로 도독荼毒(참기 어려울 정도의 심한 고통)에 걸린 것은

풍수風樹가 기다리지 않기 때문이라네

백도에겐 아들도 없으니

진재의 허물이 더욱더 하외다.

— 《탁영집》

만물을 주재하기에 하늘을 '진재眞宰'라 한다. 김일손은 바로 그 하늘을

향해 원망을 터뜨렸다. 그리고 탄식하며 말한다.

"착한 사람을 값을 치르고라도 데려올 수 있다면, 내가 기꺼이 그 값을 치러 그를 불러오리라."

하지만 정작 그 말이 가장 어울리는 사람은 김일손 자신이었는지도 모른다. 그 역시 스승과 벗의 뒤를 따르듯 서른셋의 젊은 나이에 세상을 떠났기 때문이다.

그가 남긴 제문에는 운명과 인연의 무상함을 깨달은 한 지식인의 통곡이 서려 있다. "인연이란 어기기를 좋아하는 법"이라는 그의 말처럼, 인연은 늘 우리 곁에 머무는 듯하다가도 어느 순간 예고 없이 끊어진다. 그리고 우리는 그제야 깨닫는다. 함께 있을 때는 미처 알지 못했던 그 사람의 따뜻한 마음과 그와 나눈 짧지만 깊은 시간의 의미를. 인연이 끝난 뒤에야 비로소, 그 사람이 내 삶에 얼마나 큰 자취를 남겼는지를 아프게 깨닫는 것이다.

원문

伯玉喪矣. 吾何以爲懷也. 蓋伯玉於吾. 先進也. 長於吾數十年. 初無一日雅. 辛亥夏. 同校讎綱目. 得與處半年. 始許以忘年焉. 交若淺而分益深. 是時. 余爲龍驤司正. 伯玉爲奉常僉正. 蓋有玄都之歎. 吾爲伯玉嘆. 而伯玉又每爲吾嘆.

伯玉. 文學政事俱優. 而義氣幹局. 甚弘且毅. 投之所向. 無不可濟. 亦不可撓. 眞用世之長才也. 後爲執義. 似達矣. 而於伯玉. 未也. 其後. 伯玉. 自靑松奉其父柩. 舟行西下. 余欲擧一帆. 弔於中流. 而候吏不謹. 舟過遠. 而始知寅緣喜違. 又未得修一疏以慰. 思暇日一造其廬問焉. 而又未果. 伯玉方居哀. 必不暇思念. 思念則必怪我矣. 聞其居喪盡禮. 心每鄭重. 未幾. 有人報我云. 見素衣一婢. 哭於伯玉之門外甚悲. 急使人問之. 則伯玉死矣.

嗚呼. 前年. 希仁以毁而滅. 今年. 伯玉以感而亡. 天將何以勸人子之善居喪者哉. 玆非交友之不幸. 乃朝家之不幸. 伯玉無子. 作哀詞以殺余哀. 詞曰.

學不至於大施兮
才不見其大採
望徒重於一時兮

名不垂於千載

吾誰咎乎

造物之罪

造物不承兮

推之眞宰

彼眞宰兮

殺人不悔

善惡同罰兮

勸懲何在

善如可贖

吾欲往眡

嗟嗟伯玉兮

永埋其彩

自罹荼毒兮

風樹不待

使伯道而無兒兮

眞宰之過又倍也

_ 趙伯玉哀辭 | 김일손 | 《탁영집》

그대도 아마 저승에서 눈물 흘릴 것이다

이덕무 | 서사화徐士華의 죽음을 애도하며 悼徐士華文, 挽徐士華

　"늘 한적한 곳에서 홀로 이 사람을 생각하되 만나볼 수 없으니 한숨 쉬며 탄식하지 않을 수 없다. 처음의 뜻을 이루지 못한 것이 유감이요, 좋은 친구를 다시 만나기 어려운 것이 슬프다. 어려서부터 학문을 좋아하여 어른이 글을 가르쳐줄 때 이해가 되지 않으면 문득 책을 바라보고 울면서도 해석한 뒤에야 겨우 기뻐하였다."

　이 글은 조선 후기의 학자이자 정치가인 이서구李書九가 이덕무李德懋의 삶을 회고하며 쓴 묘지명의 한 대목이다. 이서구의 글 속에는 단순한 애도의 감정을 넘어, 한 시대의 고결한 학문정신과 인품에 대한 깊은 존경이 서려 있다.

　이덕무는 가난과 병약 속에서도 학문을 향한 열정을 잃지 않았던 사람이다. 그는 "누추한 집에 있어도 학문은 고상할 수 있다"는 신념으로,

세속의 부귀보다 지적 탐구를 더 귀하게 여겼다. 천성이 너그러우면서도 뜻은 단단했고, 벼슬보다는 도와 글을 좇아 살았다. 그런 그의 인품에 감화되어 수많은 사람이 그와의 교유를 인생의 행운으로 여겼다.

그런 이덕무에게도 깊은 정을 나눈 벗이 있었으니, 바로 서사화徐士華이다. 서사화는 재능이 뛰어나고 성품이 순박한 인물이었으나, 불행히도 스물일곱이라는 젊은 나이에 세상을 떠나고 말았다. 이덕무는 그 비보를 듣고 며칠을 통곡하며 밥을 삼키지 못했다고 전한다. 그리고 벗의 죽음을 슬퍼하며 제문을 지었는데, 그 글에는 친구를 잃은 인간의 절절한 비애와 더불어, '짧은 생애 속에서도 진실한 사람으로 살았던 벗에 대한 존경'이 담겨 있다.

경진庚辰(1760년, 영조 36년) 모월 모일에 친구인 나는 사화의 죽음을 듣고 눈물을 흘리며 글을 지어 이렇게 애도한다.

아, 슬프다. 태어나고 장성하고 늙고 죽는 것은 사람의 네 번 변함이다. 생명을 가진 자가 피할 수 없는 일이니 또한 슬픈 일이다. 지금 그대의 죽음은 몸도 아직 늙지 않았고 원기도 왕성했었다. 늙은 사람이 죽어도 오히려 슬픈데 더구나 그대와 같은 젊은이임이랴.

좌백佐伯(영조 시대에 승지를 지낸 '이광보'의 字)이 전하기를 "사화가 죽었네"라고 하기에 나는 마침 어떤 사람과 이야기를 하고 있다가 그 소리를 듣자 황급히 말하기를 "사화가 누구야, 사화가 누구야, 사화가 누구야"라며 세 번이나 반복하다가 바로 탄식하여 말하기를 "서군 사화가 죽었단 말인가. 내 평소에 보니 사화가 음식도 줄지 않고 행보도 이상이 없었는데 어찌하여 죽었단 말인가. 그의 나이를 헤아려 보니 스물일곱이고, 그의 얼굴을 생각해 보니 얼굴도 나이와 같았는데 또한 어찌하여 그렇게 되었느냐"며 되물었다.

아, 그대의 집이 너무 가난하여 사방으로 이사를 다니며 세상을 헤매면서도 늙은 어머니를 주리지 않게 모셨으니, 내 일찍이 그대를 칭찬하여 말하기를 "사화는 집이 가난하여도 능히 그 어버이를 편안하게 모시니 그의 효도하고 공순함을 남이 알기 어렵다"고 했었는데, 어찌하여 그 정성을 다하지 못하고 죽음에 이르렀는가.

파뿌리처럼 머리가 하얗게 샌 어머니는 관을 어루만지며, "내 아들아, 내 아들아! 나를 버리고 어디를 가냐"라며 통곡하고, 아름답고 연약한 아내는 어린아이를 안고 울면서 말하기를 "우리 낭군이시여, 우리 낭군이시여! 어머니와 어린아이를 버려두고 어디로 가십니까"라고 하는데, 어린 딸은 응애응애 울며 슬픔을 알지 못하니, 비록 자란다 한들 어찌 아버지의 얼굴이나 알랴. 그대도 아마 저승에서 눈물 흘릴 것이다.

아, 금년 봄에 호상에서 그대를 만나 하루 종일 담소할 때 그대가 말하기를 "나는 비로소 고양高陽 땅에 정착하여 위로는 어머니를 모시고 아래로 처자를 거느려 살아가며 좌우에 도서를 쌓고 《범수전范雎傳(중국 전국시대의 인물 '범수'의 일생과 사상, 업적을 기록한 전기)》을 천 번 읽으니, 이만하면 나의 생애를 보낼 수 있다"라고 하기에, 내가 웃으면서 말하기를 "잘 되었네. 내 마땅히 가보겠네"라고 했는데 그날이 천고의 영결永訣(영원한 이별)이 될 줄이야 누가 알았겠는가.

아, 무인년(1758년, 영조 34년) 여름에 그대와 나, 좌백佐伯과 운경雲卿(조선 후기 화가 '조희룡'의 字)이 함께 모여 웃고 떠들며 해학하기를 친형제와 같이 하였는데, 좋은 일은 항상 있지 못하여 운경은 이미 죽었고, 좌백은 이사를 하였으며, 그대는 타향으로 떠돌아다녔지. 나는 이때 이미 사람의 일이란 변하기 쉬움을 깨달았었는데, 오늘 그대마저 죽으니 또한 다시 인간 세상이 하룻밤 꿈과도 같음을 깨닫겠네.

27년은 나는 새와 같이 빠르게 지나쳐 다른 사람들 또한 병 없이도 아프게 하여 마치 죽음으로 다가가듯 흘러가버렸구나. 그대의 늙은 어머니와 연약한 아내는 의지할 곳이 없으니 무엇을 하여 먹고 살며, 무엇을 하여 옷을 입겠는가. 또 응애응애 포대기 속에서 우는 아이는 반드시 잘 자라리라고 어떻게 믿을 수 있겠는가.

예전에는 《한서漢書(한나라 때 가의, 사마상여, 사마천 등이 쓴 책)》와 《진필眞筆(진나라의 왕희지·왕헌지 등의 명필들이 쓴 필첩)》이 책상 위에 쌓였더니 오늘은 붉은 명정에 흰 관만이 방 안에 놓여 있고, 예전에는 편지를 부쳐 안부를 물었는데, 오늘은 제문을 지어 정령精靈(죽은 사람의 영혼)에 조상하는구나.

길이 멀고 막히어 친히 전을 드리며 곡하지 못하고 또 대신 제사를 지내게 할 만한 사람도 없어서 다만 애도문을 지어 서쪽을 향하여 크게 읽고 이어 불사르노라. 슬프다, 사화여. 아는지 모르는지.

아아, 슬프도다.

_《청장관전서》권4

서사화는 비록 집안이 가난하였으나, 한 번도 그것을 입 밖에 내어 하소연한 적이 없었다. 늘 검소하고 성실하게 살아가며, 병든 어머니를 모시고 어린 처자식을 부양하였다. 그러던 중 과로와 병이 겹쳐 스물일곱의 젊은 나이에 세상을 떠났다.

이덕무에게 서사화는 단순한 벗이 아니었다. 두 사람은 함께 시를 짓고, 책을 논하고, 때로는 허름한 초가에서 밤새 이야기를 나누던 진정한 학문적 동지이자 마음을 나눈 벗이었다. 그러니 가난 속에서도 웃음을 잃지 않던 그의 모습이, 세상을 떠난 뒤에도 이덕무의 눈앞에 아른거렸을 것이다.

벗을 잃은 슬픔은 이루 말할 수 없었다. 함께 거닐던 골목, 함께 붓을 놀리던 책상, 함께 마시던 차 한 잔이 모두 추억으로 변해버린 지금, 이덕무는 자신이 살아 있다는 사실조차 견디기 어려웠을 것이다. 그리하여 그는 서사화의 죽음을 애도하며 〈만서사화挽徐士華〉를 지었다.

그 글 속에는 세속의 위로로는 닿을 수 없는 벗을 향한 절절한 그리움과 통절한 비애가 흐른다. 살아서 다하지 못한 우정, 말하지 못한 마음,

함께 이루지 못한 학문에 대한 회한이 글자마다 스며 있다. 이덕무의 생애에서 슬픔이 가장 깊이, 가장 뜨겁게 흘러나온 순간이 바로 이 〈만서사화〉라 할 것이다.

>꿈에 서로 보고 눈물 줄줄 흘렸는데
>고양 옛 친구 일은 이미 그만이로다
>아내는 깨진 벼루 거두면서 살 길을 슬퍼하고
>여종은 사회가 입던 상복 걷고 생전을 형상한다
>종요와 왕희지의 법첩法帖 반쯤 꾸미다 두고서
>당송唐宋의 기이한 시는 아직 다 베끼지 못했구나
>친구가 있긴 하나 늘 병석에 누워있어
>빈소 앞에 구운 닭 한 마리 올리기도 어려워라
>강가 정자의 봄 방문을 잊어지지 않은데
>어느덧 영원한 이별을 그 누가 알았으리오
>차마 이 사람을 저 흙 속에 묻어지 못하니
>흩어지는 고양의 옛 벗들이 처량하기만 하구나
>마루 장막엔 글 소리가 들리는 듯 하고
>벼루갑에는 여전히 먹 향내가 덮여 있어라
>혼백이 돌아오자 자모가 통곡하는데
>백 년을 홀로 산악에 축수하던 그 효심이어라.

_《청장관전서》권4

원문

維庚辰月日. 故人某聞士華之亡. 含涕作文而悼之曰.

嗚呼. 生壯老死. 人之四變也. 有生者. 不可逃. 亦可悲也.
今君之亡. 身不老. 氣又盛. 老者之死. 尙可悲. 况如君者乎. 佐伯傳曰. 士華已矣. 余方與人言. 聲才入耳. 惶急曰. 士華誰也. 士華誰也. 如是者三. 洒噫曰徐君士華. 乃爾云耶. 吾平日見士華. 飮食不減. 行步不差. 何乃爾云耶. 計君之年. 卄七甲子. 想君之貌. 貌如其年. 亦何乃云爾耶. 嗚呼. 君家甚貧. 播遷四方. 出沒於世. 老母不飢. 吾嘗善君之爲人曰. 士華家貧. 能安其親. 孝恭之行. 人所難知. 奚至泯滅. 未盡其誠.

皤皤鶴髮. 拊棺而哭曰. 吾子吾子. 棄吾何歸. 娉娉弱婦. 抱兒而泣曰. 吾夫吾夫. 棄吾姑與吾兒而何歸. 幼女喤喤. 無知其戚. 雖生長於世. 安知其父面. 君應飮泣於泉臺矣.

嗚呼. 今年之春. 逢君於湖上. 談笑竟日. 君曰吾始定居高陽. 上奉老親. 下率妻孥. 左圖右書. 讀范睢傳千遍. 足以過去吾生. 吾笑曰. 君得計矣. 吾當往之. 誰知其曰. 便成千古之訣乎.

嗚呼. 戊寅之夏. 君曁我與佐伯雲卿. 坐臥共之. 笑語諧謔. 親如弟兄. 好事不常. 雲卿遭喪. 佐伯移家. 君又流寓於它鄕. 余於此時. 已覺人事之易變如今. 君又亡焉. 亦復覺人世之如夢也. 二十七年. 焉如鳥. 使它人不病而痛. 冉冉如就死也. 君之老親弱妻. 孑孑無憑. 何故以食. 亦何故以衣. 呱呱者在襁褓. 其成就何可必也. 已焉哉.

昔日漢書晉筆. 堆於床. 今日丹旐素棺. 寄於房. 昔日寄書問安否. 今日作文弔精靈. 道途脩阻. 不能親奠而哭. 又無使者. 不得替我而祭. 只以哀悼文. 西向而大讀之. 仍以焚. 嗟嗟士華. 知之也不. 嗚呼哀哉.

__ 悼徐士華文 | 이덕무 | 《청장관전서》권4

夢中相見涕漣漣
舊伴高陽事已焉
破硯妻收悲活計
衰衣婢設象生年
鍾王法帖裝猶半
唐宋奇詩寫未全

縱有故人常臥病

炙雞難奠殯棺前

江亭春訪記難忘

誰識居然訣別長

回耐斯人埋厚壤

悲涼舊伴散高陽

堂帷彷彿聞書響

硯匣氤氳襲墨香

魂魄歸來慈母哭

百年孤負祝山岡

___ 挽徐士華 | 이덕무 | 《청장관전서》 권4

관을 만지고 울면서 이르노라

박지원 | 덕보德保 홍대용洪大容의 삶을 돌아보며洪德保 墓誌銘

연암 박지원이 쓴 〈덕보 홍대용의 묘지명〉을 보면, 두 사람의 우정이 단순한 사적 관계를 넘어 삶과 시대적 고민을 북돋운 정신적 교류를 나눴음을 알 수 있다.

두 사람은 젊은 시절부터 뜻이 맞아 밤을 새워 토론하고, 세상의 허위를 함께 비판하며, 새로운 조선의 길을 모색했다. 그 때문에 홍대용이 죽자, 박지원은 한동안 붓을 들지 못했다고 전해진다. 벗의 부재는 단순히 한 사람을 잃은 것이 아니라, 자기 삶의 일부가 꺼져버린 것과 같았기 때문이다.

그리하여 그가 남긴 〈덕보 홍대용의 묘지명〉에는 글마다 짙은 그리움과 회한이 배어 있다. 그것은 단지 죽은 덕보를 위한 비문이 아니라, 살아 있는 자신이 벗을 향해 쓴 마지막 편지이기도 했다.

덕보德保가 별세한 지 사흘이 지나서 아는 사람 하나가 사신행차를 따라 중국으로 가는데 도중에 삼하三河(청나라 수도 베이징을 가기 위해 통과해야 하는 지역으로 지금의 허베이성 랑팡시에 속하는 지역)를 지나갈 것이다. 삼하에는 덕보의 친구가 한 사람이 있으니 이름이 손유의孫有義요, 호는 용주蓉洲다. 몇 해 전 내가 북경에서 돌아오는 길에 용주를 찾다가 만나지 못해 편지를 써서 덕보가 남녘에서 원 노릇을 하고 있다는 소식을 전하고, 우리나라의 물산 몇 가지를 놓아두고 왔다. 용주가 그 편지를 보고 응당 내가 덕보의 친구라는 것을 알았을 것이다. 그래서 중국 가는 사람에게 부탁해서 다음과 같이 기별하였다.

"건륭乾隆(청나라의 제6대 황제인 건륭제) 계묘癸卯 모월 모일에 조선 박지원은 용주 선생에게 말씀드립니다. 조선 전 영천군수 남양 홍담헌은 이름은 대용이요, 자는 덕보라는 사람으로 금년 10월 23일 유시酉時에 영영 일어나지 못하고 말았습니다. 평소에는 아무 탈이 없었는데 갑자기 중풍으로 입이 삐뚤어지고 말을 못하더니 얼마 지나지 않아 이 지경에 이르렀습니다. 나이는 53세입니다. 그의 아들 원薳이 설움과 슬픔으로 인해서 제 손으로 편지를 쓰지 못하며 또 양자강 이남까지는 소식을 전할 길이 없습니다. 바라건대, 선생께서 오강烏江(안후이성 허페이시 부근의 화이허 강(淮河) 지류)까지 대신 소식을 전해서 천하에 남아 있는 덕보의 친구들로 하여금 그가 돌아간 날짜나마 알게 하신다면 이 세상과 저 세상에서 함께 한이 없을 것입니다."

중국으로 가는 사람을 보낸 다음 나는 친히 항주杭州 사람들의 글씨·그림·편지·시문 등 모두 10권을 찾아내서 관 앞에 벌여놓았다. 이에 다시 관을 만지고 울면서 이르노라.

아아, 덕보는 영리하고 민첩하고 겸손하고 우아하였으며, 식견이 심원하고 아는 것이 정밀하였다. 특히 천문학과 수학 등에 밝아서 연구를 쌓고 고심을 거듭한 결과, 자신만의 창견으로 많은 관측기구를 만들었다. 처음 서양 사람들은 땅이 둥글다고만 말하고 돈다고는 말하지 못하였는데, 덕보는 오래전부터 땅이 한 번 돌아서 하루가 된다고 말하였다. 그 학설이 하도 미묘하고 심오해서 미처 책으로 저술하지는 못했으나 만년에는 땅이 돈다는 것을 더욱 믿어 의심치 않았다.

세상에서 덕보를 존경하는 사람들도 그가 일찍부터 과거를 보지 않고 명리名利와 담을 쌓으며 조용히 들어앉아 좋은 향이나 피우고 거문고와 가야금이나 타며 혼자서 담박하게 살며 세상 밖에 서려는 것으로만 평가할 뿐이었고, 그가 어떤 일이든지 맡고 나서서 어지러운 것을 정리하고 그릇된 것을 교정할 수 있으며, 전국의 재정을 관리할 만하고, 먼 나라로 사신도 갈 만하며, 사람들을 통솔하는 데 특별한 재주가 있는 것에 대해서는 누구도 잘 알지 못했다. 오직 남에게 드러내기를 좋아하지 않아 두어 고을의 원을 지내는 데는 그저 서류를 잘 정돈하고 매사를 미리 준비해서 아전들이 순종하고 백성들이 따르게 했을 뿐이었다.

일찍이 그는 숙부가 서장관으로 가는 길을 따라 북경에 갔다가 유리창琉璃

廠(북경의 골동품, 고서점 거리)에서 육비陸飛, 엄성嚴誠, 반정균潘庭均을 만났다. 이 세 사람은 문장과 예술로 이름난 선비들이었다. 하지만 나중에는 그들이 오히려 덕보를 큰 학자로 떠받들었다. 그들과 필담을 나눈 수만 마디 말은 경전의 뜻과 천명, 인성과 고금에 나온 대의大義에 대한 논변과 해석이었는데, 모두 폭넓고도 빼어나 이루 말할 수 없이 즐거웠다. 마지막으로 헤어지려고 할 때 서로 눈물을 흘리면서 말하기를 "한 번 이별하면 다시 보지 못할 것이니 황천에서 서로 만날 때 아무 부끄러움이 없도록 생시에 학문을 더욱 연마하기를 맹세하자"고 하였다. 그중 엄성과는 더욱 뜻이 맞아 '은근히 점잖은 사람은 때에 따라 벼슬을 하기도 하고 안 하기도 한다'고 암시했더니 그가 곧 크게 깨닫고 남방으로 돌아갔다가 수년 뒤 복건에서 객사하고 말았다. 이때 반정균이 편지로 덕보에게 기별을 했고 덕보는 추도문과 향을 손유의에게 부탁해서 전당으로 보냈는데, 그날 저녁이 바로 엄성의 대상大祥('크게 길한 날'이라는 뜻으로, 돌아가신 조상의 두 번째 기일에 지내는 제사)이었다. 이에 많은 사람들이 덕보가 신명을 느낀 것이라고 말하며 경탄하였다. 대상을 지낼 때는 엄성의 형 엄과嚴果가 향을 피우고 그 글을 읽으면서 첫 술잔을 부었다.

그 후 엄성의 아들 엄앙嚴昂이 덕보를 백부라고 부르면서 자기 아버지의 문집인 《철교유집鐵橋遺集》을 보냈는데 9년 만에야 겨우 돌아왔다. 특히 그 문집에는 엄성이 직접 그린 덕보의 작은 초상화도 있었다. 절강 일대에서는 이 이야기가 신기한 소문으로 널리 전파되었으며, 이 이야기를 제목으로 삼아 많은 사람이 시와 산문을 다투어 지었다. 그중 주문조朱文藻라는 사람은 편지로 다음과 같은 사실을 알려주었다.

"아아, 슬프다. 그가 살아 있을 때 낙낙한 것이 마치 왕고往古(지나간 옛날)의 기적과도 같았으니, 이에 그의 이름을 반드시 널리 전하려고 함이라. 비단 양자강 남쪽에서만 이름이 퍼질 것이 아니다. 그 무덤에 묘지를 쓰지 않더라도 덕보의 이름은 길이 전해질 것이다."

고考(돌아가신 아버지)는 휘諱(살아생전의 이름)가 역櫟으로 목사牧使를 지내셨으며, 조고祖考(돌아가신 할아버지)는 휘가 용조龍祚로 대사간을 지내셨다. 또 증조고曾祖考(돌아가신 증조할아버지)는 휘가 숙璛으로 참판을 지내셨으며, 모母는 청풍 김씨로 군수 방枋의 딸이다.

덕보는 영조 신해辛亥(1731년, 영조 7년)에 나서 벼슬은 음직蔭職으로 선공감 감역에 제수된 후 이어서 돈녕부 참봉으로 옮겼으며, 세손世孫 익위사 시직을 거쳐 사헌부 감찰로 옮긴 후 종친부 전부典簿(종친부의 잡무를 총괄하는 실무직)에 전직되었다. 외직으로는 태인 현감이 되었다가 영천군수를 거쳐 노년의 어머니를 위해 사직 후 고향으로 돌아왔다. 부인은 한산韓山 이홍중李弘重의 딸이요, 자녀로는 1남 3녀를 낳았으니, 사위는 조우철趙宇喆, 민치겸閔致謙, 유춘주兪春柱가 있다. 그해 12월 8일 청주 모 땅에서 장사를 지냈다.

__《연암집》권2 〈연상각선본煙湘閣選本〉

연암이 지은 홍대용의 묘지명은 흔히 보는 묘지명과는 결이 달랐다. 일반적으로 묘지명은 고인의 생애를 순차적으로 정리하고, 그 행적과 덕을 평하는 형식을 따른다. 그러나 연암은 삶의 발자취만을 나열하는 데 그치지 않고, 홍대용이 생전에 중국 학자들과 교류했던 일화와 후일담까지 담았다. 나아가 홍대용이 단지 한 고을의 훌륭한 선비나 서너 고을의 원에 그치는 인물이 아니라, 시대를 대표하는 몇 안 되는 훌륭한 선비였음을 알리고, 그의 이름이 나라 안팎에 길이 남을 것이라고 했다. 마지막으로 집안 내력을 밝히고 "12월 8일 청주 땅에서 장사를 지냈다"며 글을 마무리하였다.

연암은 단순히 체면을 차리기 위해 묘지명을 쓴 것이 아니었다. 벗 홍대용의 인품과 사유, 인간애에 감동한 나머지, 마음속에서 우러나오는 진실을 묘지명에 담았다. 이러한 점에서 연암은, 묘지명을 통해 《맹자孟子》〈만장萬章(맹자의 제자 중 한 명인 '만장'과의 문답을 중심으로 구성한 책)〉의 "한 고을의 훌륭한 선비라야 한 고을의 훌륭한 선비를 벗 삼을 수 있으며, 천하의 훌륭한 선비라야 천하의 훌륭한 선비를 벗 삼을 수 있다"는 말을 간접적으로 전하고자 했던 듯하다. 그만큼 홍대용을 잃은 상실감과 상심은 깊고 컸다.

원문

德保沒.越三日.客有從年使入中國者.路當過三河.
三河有德保之友.曰孫有義號蓉洲.曩歲余自燕還.爲訪蓉洲不遇.留書具道
德保作官南土.且留土物數事.寄意而歸.蓉洲發書.當知吾德保友也.乃屬客
赴之曰.

乾隆癸卯月日.朝鮮朴趾源.頓首白蓉洲足下.敝邦前任榮川郡守南陽洪湛軒
諱大容字德保.以本年十月廿三日酉時.不起.平昔無恙.忽風喎噤瘖.須臾至
此.得年五十三.孤子薳哭擗.末可手書自赴.且大江以南.便信無階.並祈替此
轉赴吳中.使天下知己.得其亡日.幽明之間.足以不恨.旣送客.手自檢其杭人
書畫尺牘諸詩文共十卷.陳設殯側.撫柩而慟曰.

嗟乎德保.通敏謙雅.識遠解精.尤長於律曆.所造渾儀諸器.湛思積慮.刱出
機智.始泰西人論地球而不言地轉.德保嘗論地一轉爲一日.其說渺微玄奧.
顧未及著書.然其晚歲益自信地轉無疑.世之慕德保者.見其早自廢擧.絶意
名利.閒居爇名香鼓琴瑟.謂將泊然自喜.玩心世外.而殊不識德保綜理庶物.
剸棼劊錯.可使掌邦賦使絶域.有統禦奇略.獨不喜赫赫耀人.
故其莅數郡.謹簿書.先期會.不過使吏拱民馴而已.嘗隨其叔父書狀之行.遇
陸飛嚴誠潘庭筠於琉璃廠.三人者.俱家錢塘.皆文章藝術之士.交遊皆海內

知名. 然咸推服德保爲大儒. 所與筆談累萬言. 皆辨析經旨. 天人性命. 古今出處大義. 宏肆儁傑. 樂不可勝. 及將訣去. 相視泣下曰. 一別千古矣. 泉下相逢. 誓無愧色. 與誠尤相契可則微諷君子. 顯晦隨時. 誠大悟決意南歸. 後數歲. 客死閩中. 潘庭筠爲書赴德保. 德保作哀辭. 具香幣寄蓉洲. 轉入錢塘. 乃其夕將大祥也. 會祭者. 環西湖數郡. 莫不驚歎. 謂冥感所致. 誠兄果名. 焚香幣. 讀其辭. 爲初獻. 子昂 名. 書稱伯父. 寄其父鐵橋遺集. 轉傳九年始至. 集中有誠手畫德保小影. 誠之在閩病篤. 猶出德保所贈鄕墨嗅香. 置胸間而逝. 遂以墨殉于柩中. 吳下盛傳爲異事. 爭撰述詩文. 有朱文藻者寄書言狀.

噫. 其在世時. 已落落如往古奇蹟. 有友朋至性者. 必將廣其傳. 非獨名遍江南. 則不待誌其墓以不朽德保也.

考諱櫟. 牧使. 祖諱龍祚. 大司諫. 曾祖諱潚. 參判. 母淸風金氏. 郡守枋之女. 德保以英宗辛亥生. 得蔭除繕工監監役. 尋移敦寧府參奉. 改授世孫翊衛司侍直. 敘陞司憲府監察. 轉宗親府典簿. 出爲泰仁縣監. 陞榮川郡守數年. 以母老辭歸. 配韓山李弘重女. 生一男三女. 壻曰趙宇喆. 閔致謙. 兪春柱. 以其年十二月八日. 葬于淸州某坐之原.

__ 洪德保墓誌銘 | 박지원 |《연암집》권2〈연상각선본〉

거듭 슬픔만 더하게 되니

홍대용 | 주도이周道以의 죽음을 슬퍼하며周道以哀辭

주도이는 조선 후기의 문신이자 성리학자로, 우리나라 최초의 서원인 백운동서원白雲洞書院을 세운 주세붕周世鵬의 후손이다. 주도이는 전통적인 과거시험보다는 새로운 학문과 신문명에 관심이 많았던 인물로, 도봉산 석실서원石室書院에서 학문을 수련하던 중 북경으로 건너가 4년 동안 중국의 신문명과 신학문을 배우며 지적 호기심을 채웠다. 그는 조선의 전통적 성리학적 틀에 머물지 않고, 새로운 학문적 흐름과 사상을 적극적으로 받아들이고자 한 선구적 지식인이었다. 그러나 안타깝게도 그는 석실서원으로 돌아와 학문에 전념하던 중 병을 얻어 젊은 나이에 세상을 떠났다.

홍대용과 주도이는 학문적 관심과 사상의 지향점이 비슷했던 친구이자 벗이었다. 두 사람은 신문명과 실학적 학문에 큰 뜻을 두고 서로 학문적 교류를 이어갔으며, 함께 토론하고 서로의 견해를 나누며 지적 동반자이자 정신적 벗으로 지냈다. 하지만 주도이가 젊은 나이에 세상을 떠나면서 두 사람의 우정은 길게 이어지지 못했다. 이러한 아픔은 홍대용에게 깊은 상실감으로 남았다.

주도이의 죽음을 맞아 홍대용이 지은 제문은 단순한 묘지명을 넘어, 친구이자 학문적 동반자를 잃은 마음의 깊은 슬픔과 회한을 담은 기록이 된다. 그는 제문 속에서 주도이가 생전에 보여주었던 학문적 열정과 새로운 사상에 대한 끊임없는 탐구 정신을 기억하며, 그가 이루지 못한 뜻과 미완의 학문적 여정을 안타까워한다. 또한 함께 나눈 학문적 대화와 벗으로서의 친밀한 교류를 떠올리며, 젊은 나이에 세상을 떠난 주도이의 삶이 얼마나 불우하고 서러운 것이었는지를 독자에게 생생히 전달한다.

내가 아는 주도이는 궁벽한 시골에서 태어났지만 의리 있는 일에 뜻을 두었으니, 지혜롭지 않다 할 수 없으며, 먼 천 리 길을 가는 동안에도 스승을 따르고 재물과 벼슬은 마음에 두지 않았으니, 의리가 있지 않고서야 능히 할 수 없는 일이다. 또한 4년 동안 연경에 들어가 배우면서 떠돌아다니는 나그네 신세를 감수하고, 병들어 죽는 지경에 이르러서도 후회하지 않았으니, 용기가 없는 사람이라 할 수 없을 것이다.

애석하도다, 성취함 없이 젊어서 죽은 도이여. 도이는 칠원漆原 주씨의 아들로 그 조상에 신재愼齋 선생이란 분이 계셨다. 그는 도리를 알고 문장에 능해서 동국에 드러난 사람이었고 보면 대개 그의 연원은 유래가 있다.

도이는 외모가 깨끗하고 말은 간명하여 성명聲名(세상에 널리 퍼져 평판 높은 이름)을 멀리하고 재물과 관작에 뜻이 없었으니, 그것은 진실로 그의 천성이었다. 젊어서 배울 기회를 잃어 사장詞章(문장과 시부(詩賦)를 통칭하는 말)에 졸렬했으나 오직 도를 구하는 데 뜻을 두어 농사를 짓는 틈틈이 노력하였다. 그는 서울은 인물과 문명이 모이는 곳이라고 생각하고 험난한 길을 넘고 괴로움을 견디면서 섬촌蟾村(조선 후기의 문신 '민우수'의 號) 문하에서 폐백을 드리고 미호渼湖(율곡 이이의 학통을 계승한 기호학파의 대표적인 인물 중 한 명인 '김원행'의 號)에게 글을 배웠다. 북한산의 사원寺院과 도봉산의 서원書院, 미천尾泉의 정사精舍, 석실石室의 사우祠宇(조상의 신주를 모셔 놓은 집)에서 온갖 괴로운 일을 겪으면서도 더욱 스스로를 연마하기를 수년 동안 하였는데, 그의 지식이 나날이 진보되고 행실이 나날이 장해지자 고향으로 돌아가 사람들을 만났.

그가 처음 고향을 떠날 적에는 그를 비웃지 않는 사람이 없었다. 하지만 그가 고향에 돌아오자 모두들 탄복하였다. 그리하여 향당鄕黨(자기가 태어났거나 사는 시골 마을)의 준수한 자제들도 차츰 공부할 마음과 옛것을 사모하는 뜻을 갖게 되었다. 이것으로 보아 도이의 '배우기 좋아함'은 자신의 몸부터 성실히 해서 남에게까지 영향을 미치게 했음을 알 수 있다. 그가 다시 돌아왔을 때는 그의 아내가 임신 7개월이었다.

아아, 신혼 시절은 누구나 지극히 사랑하는 것이요, 아들을 안는 즐거움은 인생의 지극한 경사이거늘, 도이는 초연히 돌아보지 않고 떠나갔으니, 또한 어질지 않은가. 자칭 재주와 덕이 있다는 사람들을 보면 앉아서 말할 적에 "처자쯤은 연연하지 않는다"라며 큰소리치지만, 막상 변고가 생기고 시세가 급박해지면 당황하고 피눈물을 흘리어 구구한 아녀자와 같은 짓을 하곤 한다. 이를 도이에게 비긴다면 과연 어떻겠는가.

도이는 원래 몸이 약해 잘 아픈데다가 젊은 시절 타향을 떠돌며 고생을 했던 까닭에 갑자기 병을 얻어 갑술甲戌 봄에 석실산石室山에서 죽고 말았다. 그곳에 다시 온 뒤 고향에 돌아가지 못했고 아이가 나서 해가 지나도록 보지 못한 채 죽은 것이다.

아아, 슬프다. 하늘이 착한 사람에게 이와 같은 참혹한 화를 주는 것은 무엇 때문인가. 만약 도이가 배움에 뜻이 없이 전야田野에 숨어서 농상農桑에 힘쓴 나머지 대추와 밤을 먹고 아내와 자식이나 끌어안고 몸을 편하게 했던들 그의 죽음이 이렇게 갑작스러웠을까. 그렇게 했다면 인생의 낙 또한 족했을 것이다. 그런데도 친척과 처자를 버리고 쓸쓸한 물가에서 공부에 몰두하다가 천 리 밖에서 죽었으니 그의 뜻은 과연 무엇을 성취하였는가. 그렇다면 사람이란 배울 필요도 없고 배운다 하더라도 과연 무엇을 하겠는가.
…(중략)…

도이가 죽자 사대부들은 그를 알았던 사람이건 몰랐던 사람이건 가리지 않고 놀라고 슬퍼하고 애석하게 여기지 않은 사람이 없었다. 다투어 부의賻儀를 하였고, 심지어 그의 고향으로 반구返柩(객지에서 죽은 사람의 시체를 고향이나 제집으로보냄)해서 돌아갈 때는 수령들도 접경에 나와 자기의 도리를 다하지 못할까 두려워했다.

아아, 작년 가을에 그대를 처음으로 석실에서 만나 거처를 함께 하기 불과 수십 일에 앞으로 살면서 더욱 선(善)을 권하고 허물을 지적하기로 백 년을 기약했었는데, 이제 하루아침에 그대를 잃어버렸으니 또한 슬프지 않겠는가. 그가 죽었을 때 나는 마침 외지(外地)에 있어서 미처 듣지 못하였고 반구해서 돌아갈 때도 끝내 관을 어루만져 울지도 못했으니, 도이의 영혼이 진실로 안다면 반드시 한스럽게 여길 것이다. 들건대, 도이의 남은 아들이 그의 아버지를 닮았다고 하니, 하늘이 앎이 있다면 장래에 복으로 갚아주지 않겠는가. 가령, 내가 가까운 거리에 있다면 마땅히 인도해서 사랑하고 키우고 길러서 지식(智識)을 얻은 뒤에 그 아비의 일을 알려주어 마침내 그 아비의 성취하지 못했던 뜻을 성취하도록 할 것인데, 거리가 멀어 이룰 수 없이 거듭 슬픔만 더하게 되니 애통하기 그지없다. 반구하던 날 제문을 지어 슬퍼한 선비들이 매우 많았을 것인데, 하물며 그대를 사랑함에 돈독하고, 그대를 슬퍼함에 지극한 나로서 어찌 다른 사람에게 뒤질 수 있겠는가.

돌아보건대, 졸렬한 나의 문장으로는 능히 후세의 선비들로 하여금 "도이라는 사람은 세상에 뛰어난 기지를 가졌으면서도 불행하여 단명했다"라는 사실을 알 수 있도록 대필로 선양하지 못하고, 다만 거친 말과 짧은 글귀로 지워버릴 수 없는 평생 경력을 대강 서술하여 나의 슬픔을 쏟아버릴 뿐이다.

이것이 어찌 그대의 이름을 영원히 남길 수 있으랴.

_《담헌서湛軒書》 내집 권4

홍대용은 제문의 마지막에서, 주도이의 아들이 가까이 있으면 살펴주고 도와주어야 마땅하지만, 안타깝게도 거리가 멀어 그러지 못함을 한탄한다. 이를 통해 홍대용의 제문은 단순한 애도와 추모를 넘어, 인간적 연민과 책임, 그리고 벗과 그 가족에 대한 진정한 마음을 보여주는 글로 완성된다.

검산黔山은 뾰족뾰족, 미수渼水는 콸콸, 미쁘다! 온화하기가 옥과도 같도다. 조각배 타고, 삼주三州에 띄워 맑은 술을 서로 주고받았지. 고운 난초에 서리가 내렸도다. 아아, 푸른 하늘이여! 한 친구를 남기지 않는구나. 붉은 깃발은 나부끼고, 강물은 가득 차 흐른다. 저 조령鳥嶺 기슭에 고향이 가까웠다. 바람 같은 천리마가 중도에서 숨졌네. 우뚝한 무덤을 만든 다음, 영혼은 어디로 가는가. 숲에는 새가 울고, 못에는 고기가 논다. 나는 그대가 좋아하던 것을 생각하는데, 그대는 어찌 말이 없는가. 산에는 구름이 있고, 언덕에는 꽃이 피었네. 천 리 길에 애사를 드리니, 한스럽지만 슬퍼한들 무엇하리.

_《담헌서》 내집 권4

주도이는 어린 시절부터 벗어나기 힘든 궁벽한 환경 속에서도 의리와 배움에 뜻을 두었고, 스스로를 연마하며 끊임없이 고난을 감수했다. 홍대용은 그런 주도이의 삶을 누구보다 가까이서 지켜보았기에, 그의 죽음은 단순한 개인적 상실이 아니라, 세상에 하나뿐인 '지혜롭고 의로운 벗'을 잃은 것이었음을 깊이 실감했다. 또한 주도이의 아들조차 가까이서 도울 수 없는 현실에 큰 안타까움을 느꼈다. 주도이가 젊은 나이에 세상을 떠나면서 이루지 못한 뜻과 배움을 전수하지 못한 채 남겨진 아들에게 마음을 쓰지 못한다는 사실이 그의 슬픔을 더욱 깊게 한 것이다. 이 모든 감정이 제문 속 글귀마다 절절히 배어 있다.

원문

嗚呼.不磨不琢.崑崗之玉.猶之瓦礫矣.不鑿不斲.豫章之材.猶之樲棘矣.不學不修.顔孟之姿.不離於凡夫賤卒.

是以玉不可以不琢.材不可以不斲.人不可以不學.人而不知學.可謂智乎.知而不能爲.可謂義乎.爲而不能力.可謂勇乎.知而爲之.勇以將之.斯其爲好學者歟.昔者孔氏之門.其徒三千.稱好學者獨有顔淵.曾閔以下.盖無與焉.若是乎好學者之難得也.況乎去聖人之世數千有餘歲.去聖人之居數千有餘里.淳風日喪而薄俗日競.當此之時.欲求見孔氏所謂好學之士.不亦難乎.雖然.顔淵何可當也.若絶意名利.潛心簡編.不避難險.惟道之是求者.亦可謂今之好學者矣.

嗚呼.若道以者.倘所謂今之好學者非耶.生乎窮鄙之鄕.志乎理義之事.可謂不智乎.千里以從師.財利爵祿.不接於心.非義而能之乎.四年北學.躬甘瑣尾.至病且死而不以爲悔.不可謂無勇也.惜乎.夭閼之年.無所成而死也.道以樣原周氏之子也.其先有稱愼齋先生者.識道理能文章.爲東土之聞人.盖其淵源有自來矣.

道以眉目秀而淸.言辭簡而諒.疎於聲色.淡於利祿.固其天性然也.少而失學.拙於詞章.惟以求道之志.奮於畎畝之中.以爲京師人文之所萃.踰越險阻.

不憚勞苦. 納贄于蟾村之門. 鼓篋于渼水之上. 北漢之寺. 道峯之院. 尾泉之舍.
石室之祠. 備經苦辛. 益自振刷. 如是者數年. 識日益進而行日益將. 乃歸而見
其鄉人焉. 始親戚故舊莫不笑之者. 於是而大服焉. 鄉黨俊秀之子. 亦稍有讀
書慕古之志焉. 觀此而道以之好學. 誠於己而及於人. 可知也已. 及其復來也.
家人有身. 已七月矣. 嗟乎. 新昏之宴. 凡民之至戀也. 抱子之樂. 人生之至慶也.
而道以乃超然自脫. 行而不顧. 不亦賢乎. 今人之自謂才且德者. 坐談空言. 以
爲妻子不足戀也. 及其變生事迫. 乃廻徨血泣. 區區爲兒女之態焉. 其視道以
果何如也.

道以素淸弱善病. 且積瘁於旅舘蔬糲之苦. 歲甲戌之春. 終死于石室之村舍.
蓋其復來而因不得歸. 兒生有年而亦不得見矣. 悲夫. 天之禍善人若是慘焉.
何哉. 使道以無志於學. 伏於田間. 力農桑啖棗栗. 擁妻子而安四體. 其死也豈
若是之忽焉. 人生之樂. 亦斯足矣. 乃離親戚棄妻子. 攻苦於寂寞之濱而沒身
於千里之外. 此其志何所成哉. 然則人固不必學而學果不足爲歟.

嗚呼. 豈其然乎. 人之所以異於禽獸者. 以其學也. 朝聞道夕死可矣. 君子疾沒
世而名不稱焉. 一日爲學. 爲一日之人. 一年爲學. 爲一年之人. 彼七十八十而終
於禽獸者. 曷足貴焉. 道以死. 搢紳士大夫聞之者無知與不知. 莫不驚吁嗟惜.

競相賻襚.以至輀歸其鄉而道傍之牧守邑宰.扶助出境.如恐不及.君子曰大哉學乎.善之感人有如是夫.

嗚呼.昨年之冬.始見君於石室.與之處不過數旬.盖將觀善攻過.百年以爲期.今乃一朝而失之.不亦悲乎.

方其死也.余適在外.不及時聞焉.至輀而歸.終不得撫棺而一慟.道以苟有知.必當飮恨於冥冥矣.聞道以之遺孤甚肖其父.天道有知.安知無報食於異日哉.使居相近也.當引而撫之.長之育之.待其有知.告之以其父之事而使之卒成其未就之志.又遠莫致之.重爲後死者悲.哀哉.返櫬之日.士友文而誄之者甚盛.況予之愛君篤而悲君至者.豈敢後於人哉.顧拙陋無文章.不能大筆揄揚.使來世好古之士.知道以有間世之奇志而不幸短命死也.惟以荒辭短句.略序其不可泯者.聊以寫吾之悲而已.是何足以不朽君哉.詞曰.

黔山矗矗.浿水瀲瀲.展矣伊人.溫如其玉.駕我扁舟.汎彼三洲.酌彼淸酒.伊酢我醻.蘭之夭夭.霜亦凝之.噫蒼者天.不遺一朋.丹旐飄飄.江流瀰瀰.彼鳥有嶺.故山邇止.神駒驂風.隕于中逵.穹然漆宅.稅于魂樓.林有鳴鳥.淵有遊魚.我思子好.寧子無初.山則有雲.岸則有花.千里侑辭.維恨何嗟.

___ 周道以哀辭 | 홍대용 |《담헌서》 내집 권4

눈물만 봇물처럼 흐를 뿐

송시열 | 종형 송준길宋浚吉의 죽음에 곡하며祭同春堂文

　송시열은 여덟 살 때 친척 송이창宋爾昌의 문하에서 수학하며, 그의 아들 송준길과 함께 학문을 배우기 시작하였다. 이때부터 두 사람은 단순한 사제지간을 넘어 평생을 함께할 학문적·정신적 동반자로서의 특별한 인연을 맺었다. 훗날 이들은 '양송兩宋'으로 불리며 조선 성리학사에서 떼려야 뗄 수 없는 관계로 평가받는다.

　송준길은 송시열과 함께 율곡 이이의 학풍을 충실히 계승하며, '이이—김장생—김집'으로 이어지는 기호학파의 정통성을 잇는 중심 인물이 되었다. 1차 예송 논쟁 당시에는 송시열, 김수항과 함께 서인 논객으로 활동하며, 남인에 대한 강경 처벌을 반대하고 서인 온건파를 이끄는 역할을 맡았다. 또한 윤선도의 상소 이후에는 한때 그의 구명운동에 참여하기도 하였으며, 현종 6년(1665년)에는 원자의 보양 문제를 건의하여 조선 최초의 원자보양관이 되었다. 그러나 2차 예송 논쟁으로 인해 그 자리에서 물러나야 했고, 이후에도 김집, 송시열, 윤선거 등과 함께 강독하며 학문적 논의를 이어가는 데 힘썼다.

송준길은 마침내 모든 벼슬에서 물러나 회덕 향리에 은거하며 여생을 보냈지만, 1672년 병으로 세상을 떠나고 말았다. 송시열에게 송준길의 부음은 단순한 친척의 상을 넘어 평생을 함께해온 학문적 동지이자 재종형을 잃는 참담한 소식이었다. 그는 직접 곁에서 조문할 수 없었기에 손자 은석을 보내 대신 곡하게 하고, 자신의 애통한 마음을 전하게 했다.

이제 갑자기 나보다 먼저 가셨으니, 나는 다시 누구를 의탁해야 합니까. 아, 형의 성덕盛德(크고 훌륭한 덕)은 나로서는 헤아릴 수가 없어서 비록 형용하고자 하나 어찌 감히 만분의 일이나 따르겠습니까. 옛날 형의 병환이 위독할 적에 나는 깊은 산골에 있었는데, 위독하다는 소식을 듣고 달려가서 손잡고 탄식하며 "우스갯말로 소자邪子와 같이 할 수 있습니까"라고 묻자, 웃으며 대답하기를 "어떻게 할 수 있겠는가. 그런 역량이 없네"라고 하셨으니, 그 겸양의 덕에 더욱 감탄하게 되었습니다.

또 형은 내게 이르기를 "모름지기 평심平心(감정의 동요 없이 차분하고 고요한 마음가짐)으로 우리나라와 민족을 회복시켜 권선하고 금악했으면 다행이겠다"라고 하였습니다. 그런데 이는 우리나라의 형세가 중대하니, 어찌 내가 책임질 수 있겠습니까. 일찍이 들은 바로는 나를 칭찬하며 높은 산처럼 우러른다고 하였는데 이 또한 어찌 제가 감당할 수 있겠습니까. 단지 더욱 경황할 뿐입니다. 한 가닥 맑은 찬 마음氷心이란 하서河西(조선의 대표적인 성리학자로 동방

18현 중 한 사람인 '김인후'의 號)와 율곡을 칭한 것인데, 형께서 보지 못했다 하였으나 형이 아니시면 누가 당하겠습니까.

아, 날과 달이 흘러가매 장사지낼 날이 가까워지니, 친한 벗들이 와서 기가 꺾이고 슬픈 마음이 더욱 깊습니다. 말을 지어서 제수를 권하는데 형께서는 듣고 계십니까.

아, 이제 다 끝났습니다. 눈물만 봇물처럼 흐를 뿐입니다. 바라건대, 내격來格하시어 나의 슬픈 마음을 살펴주십시오.
아, 애통합니다. 흠향하소서.

_《송자대전》 권153

죽음은 만인에게 공평하지만, 각자가 맞이하는 방식과 시기는 모두 다르다. 송준길은 오랜 세월 몸과 마음을 혹사시키며 학문과 정치에 전념했으나, 그 노력의 결실을 온전히 누리지 못한 채 세상을 떠나고 말았다. 평생 함께한 학문적 동지이자 스승을 잃은 송시열에게 이는 깊은 상실과 허탈을 남겼다.

송시열은 제문을 통해 그리움과 회한, 그리고 벗을 잃은 고통을 한 글자 한 글자마다 새겨 넣었다. 스승이자 동지였던 송준길을 잃은 아픔은 단순한 사별의 슬픔을 넘어, 정치적 동반자이자 평생의 길을 함께 걸었던 친구를 잃은 깊은 인간적 상실감으로 이어졌다. 죽음의 공평함은 머리로 알고 있었으나, 마음속에서 차오르는 허망과 그리움은 결코 평등하게 느껴지지 않았다.

이후 송시열 또한 제주에서 서울로 돌아오던 길, 전라도 정읍에서 사사賜死되는 비극을 맞았다. 그의 죽음 역시 조선의 사림들에게 큰 충격이었으며, 송준길과 함께 쌓아온 그들의 학문과 우정의 흔적은 후세에 깊은 울림으로 남았다.

송시열의 애절한 마음은 시대를 관통한 동지애와 학문적 유산에 대한 존중으로 승화되었다. 그의 제문은 단순한 죽음의 기록이 아니라, 평생을 함께 나누었던 사유와 우정을 되새기며, 살아남은 자신이 벗에게 바치는 가장 진실하고 마지막 헌사로 읽힌다.

원문

維崇禎癸丑二月初旬. 中表弟末時烈竊聞. 同春兄出殯有日. 意欲憑棺永訣. 自華陽深谷. 力疾西歸. 適以酬酢之煩. 所患尤劇. 不能躬奠. 遂以二十八日戊辰. 謹遣孫殷錫. 替告于靈几而哭之曰.

嗚呼. 磨驢鷙鵠. 卽我與兄. 又如哆侈. 中有魁衡. 雖用十駕. 豈敢企及. 而世或謂. 志同道合. 每聞斯言. 顏赬汗浹. 惟我先君. 泊先皇考. 雖姨弟兄. 情若同父. 余年七歲. 鞠于兄宅. 兄齒加一. 已疏頭角. 相與長大. 龍猪遂分. 然兄不鄙. 切磨彌勤. 惟質之偏. 猶難變化. 兄溫我戾. 我醜兄雅. 逮共承師. 于彼溪上. 山頹梁壞. 無所放仰. 兄亟謂我. 盍余來食. 朝暮連床. 以卒舊業. 我卽唯諾. 以告偏親. 偏親允許. 遂以家遷. 分宅割田. 數年相依. 兄忽尋醫. 輿入漢師. 余亦懷祿. 旅邸是同. 與之周旋. 相關養病. 俄遭大亂. 兄南我東. 兄旣北還. 我尙漂泊. 十數年間. 只騰賤札. 間闊旬時. 兩皆忉忉. 聖考御極. 猥同旌招. 去就是非. 雖或差池. 究厥終始. 實同要歸. 晩而卜築. 又遷先兆. 並皆密邇. 勤荷詔敎. 謂當百年. 永資麗澤. 今遽先我. 我復疇毛.

嗚呼. 兄之盛德. 匪我蠡測. 雖欲形容. 安敢萬一. 昔兄疾革. 余在深谷. 聞卽走歸. 握手嗟吁. 問可諸慮. 如邵子不. 笑答何能. 無比力量. 其爲謙德. 彌所歎尙. 兄又謂余. 幸須平心. 復我邦族. 以勸以禁. 玆事體大. 豈余可任. 曾聞奬余. 高

山可仰. 此又敢當. 祇增怊悅. 一條淸水. 湛栗之稱. 兄謂無覩. 匪兄誰膺. 嗚呼.
日月流邁. 卽遠有期. 親朋畢至. 曾深摧悲. 緘辭以侑. 兄其聽否. 嗚呼已矣. 但
有淚溝. 庶幾來格. 鑑我哀忱.
嗚呼哀哉. 尙饗.

__祭同春堂文 | 송시열 |《송자대전》권153

에필로그

수백 년의 세월을 건너온 슬픔과 위로의 문장

    누구나 언젠가는 사랑하는 이를 떠나보낸다. 머리로는 알고 있어도, 그 순간이 닥치기 전까지는 결코 받아들이려 하지 않는다. 그건 조선의 선비들도 마찬가지였다. 평소에는 마음을 다스리고 절제를 미덕으로 삼았지만, 막상 눈앞에서 가족과 벗을 잃었을 때 그들은 흔들렸고, 결국 무너졌다. 그러나 그 울음은 사라지지 않았다. 그 눈물은 글이 되었고, 수백 년의 시간을 넘어 오늘 우리에게 전해졌다.

    이 책에 담긴 44편의 글은 단순한 역사적 기록이 아니다. 사랑과 상실, 삶과 죽음을 마주한 인간의 절절한 목소리가 시대를 넘어 생생하게 울려 퍼진다. 글을 읽다 보면, 담담히 시작한 문장이 어느 순간 흐트러지고, 제문을 쓰며 번진 글씨 뒤에 눈물이 스며 있음을 느낄 수 있다. 그 순간 우리는 깨닫는다. 슬픔 앞에서는 누구나 약하다는 것을, 아무리 학문과 절제를 익힌 선비라도 사랑했던 이를 잃으면 결국 한 인간으로 남을 수밖에 없다는 것을.

애도는 슬픔을 지우는 과정이 아니다. 슬픔을 끌어안고 살아가는 연습이다. 잊지 않기 위해 쓰고, 차마 말로 꺼내지 못하는 감정까지 떠난 이에게 닿지 못할 말을 끝까지 적어 내려가는 것. 그것이 옛 선비들이 선택한 애도의 방식이었다. 그 방식에는 단순히 '슬픔을 표현한다'라는 의미를 넘어, 사랑을 기억하고 삶의 깊이를 이해하며, 인간으로서의 연약함과 마주하는 용기가 담겨 있다.

오늘을 살아가는 우리 역시 다르지 않다. 우리는 누군가를 잃고, 일상을 이어가며, 불쑥 찾아오는 그리움을 견디며 산다. 슬픔을 이겨내야 한다고 말하지만, 사실 슬픔은 이겨내는 것이 아니라 함께 살아가는 것이다. 다만, 기억은 고통만을 남기지 않는다. 그리움은 때로 우리 안에 가장 좋은 감정들을 불러오기도 한다. 사랑했고, 행복했고, 함께 살아낸 시간들을. 그러므로 슬픔이 깊다는 것은 곧 사랑이 깊었다는 뜻이다. 깊은 사랑은, 깊은 슬픔을 남긴다.

이 책을 읽는 동안, 우리는 과거와 현재가 이어지는 순간을 경험한다. 수백 년 전의 선비가 느낀 고통과 그리움은 지금 우리의 마음과 놀랍도록 닮아 있다. 정약용이 막내아들을 잃은 날의 절망, 추사 김정희가 평생의 반려를 떠나보낸 순간의 무너짐, 벗과 스승을 잃은 슬픔 속에서 기록한 절절한 글들은 단순한 개인적 감정이 아니다. 그것은 시대를 초월한 공감이며, 인간이 삶과 죽음을 마주할 때 피할 수 없는 보편적 진실이다.

우리는 묻는다.

"우리는 어떻게 슬픔을 견디며 살아갈 수 있는가?"

그 질문에 조선 선비의 글들은 이렇게 답한다.

"견디기 위해 울었고, 기억하기 위해 기록했으며, 다시 살아가기 위해 애도했다."

오래전 선비들의 글을 통해, 우리의 슬픔은 혼자가 아님을 느낄 수 있다. 누군가는 이미 같은 마음으로 울었고, 그 울음은 글로 남아 오늘 우리에게 전해졌다. 그 사실만으로도 우리는 다시 숨을 고르고, 일상을 이어갈 힘을 얻는다.

이 책을 덮고 난 뒤에도, 독자들은 선비들의 문장 속 눈물을 떠올릴 것이다. 때로는 그 눈물이 아직 마음속에 남아 있는 상실과 그리움과 마주하게 하고, 잊고 지낸 사랑과 기억의 깊이를 깨닫게 한다.

선비들이 남긴 글이 우리에게 전하는 메시지는 단순히 '슬퍼하는 법'이 아니다. 살아 있는 동안 사랑하고, 그 사랑을 기억하며, 세상과 관계 맺는 법, 그것이 바로 애도와 기억의 힘임을 조용히 보여준다.

눈물과 글, 사랑과 상실이 겹친 시간 속에서 우리는 한 인간으로서 자신을 다시 확인한다. 그리고 그 속에서 피어나는 작은 힘을 느낀다. 그것이 바로 선비들이 남긴, 시대와 공간을 넘어 오늘의 우리에게 전해지는 소리 없는 통곡의 의미다.

그 글들은 말한다.

슬픔은 끝이 아니라, 사랑의 흔적이며, 기억을 통해 삶을 이어가는 힘이라는 것을.

    눈물과 기록 속에서 우리는 다시 사랑하고, 다시 살아갈 용기를 얻는다. 그리고 그 속에서 비로소, 한 인간으로서의 깊이와 따뜻함을 마주한다.

원저자 소개

조위한 · 趙緯韓(1567~1649)

조선 중기의 문신. 임진왜란 발발 후 김덕령金德齡을 따라 종군하였다. 1601년 사마시를 거쳐 1609년(광해군 1년) 증광문과에 갑과로 급제, 주부主簿 및 감찰 등을 지냈다. 1613년 부원군 김제남金悌男의 무옥誣獄에 연루되어 여러 조신들과 함께 구금되었으나 1623년 인조반정仁祖反正으로 다시 등용되어 사성 · 장령 · 집의 등에 오르고 호당湖堂에 뽑혔지만, 다시 양양군수로 좌천되었다. 1624년(인조 2년) 이괄李适의 난을 평정하는 데 참여했고, 정묘 · 병자호란 때도 출전하였다. 문집으로《현곡집》이 있으며, 민생고를 그린《유민탄流民嘆》을 지었다고 하나 전하지 않는다. 자字는 지세持世, 호號는 현곡玄谷 · 소옹素翁.

본문 019페이지, 원문 023페이지

정약용 · 丁若鏞(1762~1836)

조선 후기의 문신이자 실학자. 성호 이익李瀷의 유고遺稿를 접한 뒤 경세치용經世致用의 학문에 뜻을 두었다. 정조 사후 조정의 주도권이 벽파인 노론에게 넘어가자 1801년(순조 1년) 신유박해辛酉迫害(신유년에 일어난 천주교도 박해 사건) 때 경상도 장기로 유배되었다가, 조카사위였던 황사영黃嗣永 백서 사건으로 인해 전라도 강진으로 이배되어, 그곳에서 무려 18년 동안 저술에 진념하였다. 1818년(순조 18년) 이태순李泰淳의 상소로 마침내 긴 유배에서 풀려나 고향 마재에서 저술 활동을 하며 여생을 보냈다. 저서로 '1표 2서'라 불리는《목민심서牧民心書》,《흠흠신서欽欽新書》,《경세유표經世遺表》등이 있으며, 문집으로 유배 생활을 빠짐없이 기록한《여유당전서》가 있다. 자는 미용美鏞, 호는 다산茶山 · 사암俟菴 · 여유당與猶堂.

본문 025페이지, 원문 031페이지 | 본문 209페이지, 원문 218페이지

이하곤 · 李夏坤(1677~1724)

1708년(숙종 34년) 진사에 올라 정 7품직인 세마부수洗馬副率에 제수되었으나 나가지 않고 고향으로 내려가 학문에 힘썼다. 장서가 무려 1만 권을 헤아렸다. 성격이 곧아 아첨하기 싫어하고 여행을 좋아하여 전국 방방곡곡을 두루 둘러보았으며, 불교에도 관심을 두어 각 사찰과 암자를 찾아다녔다. 겸재 정선, 공재 윤두서 및 당대의 유명한 시인이었던 이병연李秉淵 등과 교유하였다. 문집으로는 《두타초(전 18권)》이 있다. 특히 그의 문집 중 윤두서의 〈자화상〉 및 〈공재화첩〉에 대한 기록, 정선의 여러 그림에 대한 화평, 당대 및 중국의 화가들에 대한 평 등이 있어 평론가로서도 중요한 위치를 차지한다. 자는 재대載大, 호는 담헌澹軒·담옹澹翁·담암澹庵.

본문 033페이지, 원문 041페이지

임윤지당·任允摯堂 (1721~1793)

조선 후기 여류 성리학자이자 여류문학 사상 가장 뛰어난 산문가. 함흥판관 적適의 딸로, 조선 성리학의 6대가 중 한 사람인 녹문 임성주의 여동생. 19세에 신광유와 결혼하였으나 8년 만에 사별하였다. 만년에 독서와 저술에 힘쓰다 1793년 원주에서 73세의 나이로 별세하였다. 사후 40여 편의 유고가 수습되었는데 대부분 경전 연구와 성리설에 관한 논설 및 선유先儒(선대의 유학자)에 대한 인물 논평이다. 유고는 1796년(정조 20년) 동생 정주靖周와 시동생 신광우에 의해 《윤지당유고》로 편집, 부록과 함께 간행되었다. 호는 윤지당允摯堂.

본문 045페이지, 원문 051페이지 | 본문 233페이지, 원문 237페이지

신대우·申大羽(1735~1809)

양명학자陽明學派(양명학이 세웠던 학설에 기초하여 이룩된 학파로, 주자학파에 대립되는 입장을 취함)이자 강화학파江華學派(조선 후기에 정제두를 비롯한 양명학자들이 강화도를 중심으로 형성한 학파)로 1784년(정조 8년) 음보蔭補(조상의 덕으로 벼슬을 얻음)로 선공감역에 기용되어 사도시 주부와 동부도사 등을 역임했다. 순조 즉위 후 우부승지에 제수되었으며, 총 13번에 걸쳐 승지에 임명되었다. 1808년에는 호조참판의 자리에 오른 뒤 이듬해 성천에서 죽었다. 저서로 《완구유집》이 있다. 자는 의부儀夫, 호 완구宛丘.

본문 053페이지, 원문 057페이지

윤선도 · 尹善道(1587~1671)

명문가 출신이었지만 정치적으로 소외받던 남인 집안이었던 탓에 파란만장한 삶을 살았다. 성품이 강직하고 시비를 가림에 타협이 없어 자주 유배를 당했다. 1636년 병자호란이 일어나자 임금을 돕기 위해 강화도로 가던 도중 임금이 삼전도에서 청나라에 항복의 예를 갖추었다는 소식을 듣고 되돌아갔다. 이후 다시는 세상을 보지 않을 것이라 작정하고 제주도를 향해 떠나던 중 보길도를 발견하고 원림을 조성한 뒤 은거했다. 1651년(효종 2년) 〈어부사시사漁父四時詞〉를 지었고, 다음 해 양주 고산에서 마지막 작품인 〈몽천요夢天謠〉를 지었다. 특히 그가 남긴 시조 75수는 국문학사상 시조의 최고봉이라 일컬어진다. 시문집으로 정조 15년에 왕의 특명으로 발간된 《고산유고》가 있다. 자는 약이約而, 호는 고산孤山, 해옹海翁.

본문 059페이지, 원문 067페이지

조 익 · 趙 翼(1579~1655)

조선 중기의 문신. 음보로 정포만호井浦萬戶가 된 후 1598년(선조 31년) 압운관으로 미곡 23만 석을 잘 운반하여 표리表裏(겉감과 안감의 옷감 한 벌)를 하사받고, 1602년 별시문과에 병과로 급제했다. 여러 벼슬을 거친 뒤 1611년(광해군 3년) 수찬修撰으로 있을 때 이황李滉 등의 문묘종사를 반대한 정인홍鄭仁弘을 탄핵하다 고산도 찰방으로 좌천, 이듬해 사직하였다. 김육金堉의 대동법大同法 시행을 적극 주장하였고, 예학에 밝았으며, 음률·병법·복서에도 능하였다. 저서로 《포저집》, 《서경천설書經淺說》이 있다. 자는 비경飛卿, 호는 포저浦渚·존재存齋.

본문 069페이지, 원문 074페이지

이산해 · 李山海(1539~1609)

북인의 영수. 목은 이색李穡의 7대손으로 부친은 현감을 지낸 이지번李之蕃이며, 숙부는 《토정비결》로 유명한 이지함이다. 어려서부터 숙부 이지함에게서 학문을 배웠다. 전하는 말에 의하면, 그의 부친이 산해관山海關에서 그를 잉태하는 태몽을 꾸어 이름을 산해라 지었다고 한다. 어려서 글씨에 능했으며 총명함이 명종에게까지 회자되었다고 한다. 문장에 능해 선조조 문장 8가의 한 사람으로 불렸다. 저서로 《아계유고》, 글씨에 《조정암광조묘비趙靜庵光祖墓碑》 등이 있다. 자는 여수汝受, 호는 아계鵝溪·종남수옹終南睡翁.

본문 077페이지, 원문 084페이지

정 철·鄭 澈(1536~1593)

조선 중기의 문신. 뛰어난 시인. 어린 시절부터 아버지의 유배지를 따라다녔다. 1551년(명종 6년) 아버지가 유배에서 풀려나자 온 가족이 고향이자 할아버지의 산소가 있는 전라도 창평昌平으로 이주했다. 그곳에서 당대의 석학이었던 김윤제金允悌, 기대승 등으로부터 사사하였다. 1589년 정여립 사건이라고 일컬어지는 기축옥사가 일어나자 위관이 되어 이발李潑, 정개청鄭介淸, 정언신鄭彦信 등 수많은 동인을 죽음에 이르게 했다. 저서로 시문집인 《송강집》과 시가 작품집인 《송강가사松江歌詞》가 있으며, 작품으로 〈관동별곡〉, 〈사미인곡〉, 〈속미인곡〉, 〈성산별곡〉 등 4편의 가사와 시조 107수가 전한다. 자는 계함季涵, 호는 송강松江.

본문 087페이지, 원문 093페이지 | 본문 289페이지, 원문 296페이지

양희지·楊熙止(1439~1504)

조선 초기의 문신. 1474년 식년 문과에 병과로 급제하였다. 성종으로부터 희지稀枝라는 이름과 정부貞父라는 자字를 하사받았다. 1498년(연산군 4년) 무오사화 당시 좌부승지로 있다가 충청도 관찰사로 나간 후 곧바로 사퇴하였다. 문장에 뛰어나고 재주가 있었으나 임사홍任士洪, 유자광柳子光 등과 친하고, 임금의 뜻만 맞추려 했다는 비난을 받기도 하였다. 유고집으로 《대봉집》이 있다. 자는 가행可行·정부貞父, 호는 대봉大峰.

본문 095페이지, 원문 100페이지

강희맹 · 姜希孟(1424~1483)

조선 문인화의 대가 희안(希顔)의 동생이자 세종의 이질(姨姪, 아내 자매의 아들딸). 문장과 서화에 모두 뛰어나 도화서(圖畵署) 제조를 맡기도 하였으며, 남이의 옥사사건을 해결한 공로로 익대공신 3등에 책봉되었다. 문집에 《금양잡록》, 《촌담해이(村談解頤)》 및 할아버지와 아버지, 형 희안의 시를 모아 편찬한 《진산세고(晉山世稿)》가 있다. 이 밖에 서거정이 성종의 명을 받고 편찬한 《사숙재집(전 17권)》이 전한다. 자는 경순(景醇), 호는 사숙재(私淑齋).

본문 103페이지, 원문 109페이지 | 본문 125페이지, 원문 128페이지

심노숭 · 沈魯崇(1762~1837)

1790년 진사가 되었으나 1801년부터 6년간 경상도 기장에 유배되는 등 정치적 격랑 속에 불우한 시기를 보냈다. 해배된 후 줄곧 벼슬 없이 지내다가 50대 중반에야 음직으로 현감, 군수 등을 역임하였다. 문집으로 《효전산고》가 있으며, 야사집 《대동패림(大東稗林)》을 편찬하였다. 자는 태등(泰登), 호는 효전(孝田).

본문 115페이지, 원문 123페이지

김정희 · 金正喜(1786~1856)

조선 후기의 서화가 · 문인 · 금석학자. 1819년(순조 19년) 문과 급제 후 성균관 대사성과 이조참판 등을 역임하였다. 학문에서는 실사구시를 주장하였고, 서예에서는 독특한 추사체를 완성하였다. 1840년(헌종 6년) 윤상도(尹尙度)의 옥사에 연루되어 제주도로 유배되었다가 1848년 풀려났지만, 3년 후인 1851년(철종 2년) 헌종의 묘천 문제로 다시 북청으로 귀양 갔다가 이듬해 풀려났다. 이후 과천에 은거하며 학문 연구에 몰두하다가 생을 마쳤다. 문집에 《완당집》, 저서에 《금석과안록(金石過眼錄)》, 《완당척독(阮堂尺牘)》 등이 있으며, 작품에 《묵죽도(墨竹圖)》와 《묵란도(墨蘭圖)》 등이 있다. 자는 원춘(元春), 호는 추사(秋史) · 완당(阮堂) 등 503여 개에 이른다.

본문 129페이지, 원문 135페이지

김종직 · 金宗直(1431~1492)

조선 전기의 성리학자이자 영남학파의 종조宗祖. 생전에 지은 조의제문弔義帝文(수양대군(세조)의 왕위 찬탈을 풍자한 글)이 문제가 되어 1498년(연산군 4년) 무오사화가 발생, 부관참시 당하고, 많은 제자가 목숨을 잃었다. 그러나 중종 즉위 후 사림파가 다시 정권을 잡게 되자 신원이 회복되었으며, 숙종 재위시 영의정에 추증되었다. 절의를 중요시하여 도학의 정맥을 이어가는 데 중추적인 역할을 하였다. 문집에《점필재집》, 저서에《유두유록流頭遊錄》,《청구풍아靑丘風雅》,《당후일기堂後日記》등이 있다. 자는 계온季昷 · 효관孝盥, 호는 점필재佔畢齋.

본문 137페이지, 원문 143페이지

이시발 · 李詩發(1569~1626)

임진왜란 발발 후 도체찰사였던 류성룡柳成龍을 도와 왜군을 무찔렀다. 1596년 이몽학李夢鶴의 난을 토벌하는 데 전공을 세워 장악원정掌樂院正으로 승진한 후 인목대비 폐모론을 반대했다가 양사의 탄핵을 받아 사직하였다. 인조반정 후 이괄의 난을 평정하는 데 공을 세우고 삼남도 검찰사가 되어 남한산성의 역사를 감독하다 세상을 떠났다. 저서로《주변록籌邊錄》과《벽오유고碧梧遺稿》가 있다. 자는 양구養久, 호는 벽오碧梧 · 후영어은後潁漁隱.

본문 145페이지, 원문 151페이지

권문해 · 權文海(1534~1591)

1560년(명종 15년) 별시문과 병과에 급제한 뒤 좌부승지 관찰사를 지낸 후 1591년에 사간史官이 되었다. 저서로 원나라 음시부陰時夫의《운부군옥韻府群玉》을 본떠 지은 우리나라 최초의 백과사전인《대동운부군옥大東韻府群玉》과 1580년~1591년의 11년 동안 사대부들의 일상생활에서 국정에 이르기까지 주변의 일들을 세세히 기록한《초간일기》(보물 제879호) 등이 있다. 자는 호원灝元, 호는 초간草㵎.

본문 155페이지, 원문 159페이지

안정복·安鼎福(1712~1791)

조선 후기의 실학자. 1746년 이익의 문하에 들어가면서 학문의 목표를 경세치용에 두고 이를 위해 전력을 기울였다. 참신한 개혁사상을 요구하는 시대적인 요청에 부응하기보다는 전통적인 질서를 고수하려는 근기남인近畿南人(조선 후기 서울·경기 지역에 기반을 둔 남인 계열의 학자) 가운데 가장 보수적인 입장에 선 인물이었다. 저서로 기자조선에서부터 고려 말까지의 역사를 서술한 《동사강목》과 《하학지남下學指南》,《열조통기列朝通紀》 등이 있다. 특히 《동사강목》은 박은식朴殷植, 장지연張志淵, 신채호申采浩 등 근대 민족사학자와 문헌사학자들에게 많은 영향을 주었다. 자는 백순百順, 호는 순암順菴.

본문 161페이지, 원문 168페이지 | 본문 313페이지, 원문 319페이지

허 균·許 均(1569~1618)

조선 중기의 문신이자 최초의 한글소설인 《홍길동전洪吉童傳》의 저자. 누이 난설헌蘭雪軒과 함께 형 허봉許篈의 친구였던 이달李達에게서 시를 배웠다. 1597년 문과에 급제한 후 여러 벼슬을 거쳐 좌참찬에 올랐으나 관직 생활을 세 번이나 파직 당하는 파란을 겪었다. 1618년(광해군 10년) 하인준河仁俊, 김개金闓, 김우성金宇成 등과 반란을 계획한 것이 탄로나 가산이 몰수되고 참형되었다. 당대 제일의 문장가였으며, 시·비평에도 안목이 높아 《국조시산國朝詩刪》 등의 시선집을 편찬하고, 《성수시화惺叟詩話》 등의 비평작품을 쓰기도 했다. 작품으로 《성소부부고》, 《교산시화蛟山詩話》, 《학산초담鶴山樵談》 등이 있다. 자는 단보端甫, 호는 교산蛟山·학산鶴山·성소惺所.

본문 171페이지, 원문 177페이지

송시열·宋時烈(1607~1689)

조선 후기 노론의 중심인물이자 주자학의 대가로 율곡 이이의 학통을 계승하여 기호학파畿湖學派의 주류를 이루었다. 1674년 예송논쟁 당시 서인들이 패배하자 파직, 삭출되었다. 청주 화양동에서 은거하던 중 1689년(숙종 15년) 장희빈의 아들 세자 책봉에 반대하는 상소를 올려 제주도로 유배되었으며 국문을 받으러 서울로 올라오는 도중 사사되었다. 저서로 《송자대전》과 《우암집尤菴集》 등이 있다. 자는 영보英甫, 호는 우암尤菴 · 우재尤齋.

본문 179페이지, 원문 184페이지 | 본문 367페이지, 원문 371페이지

변계량 · 卞季良(1369~1430)

고려 말, 조선 초기의 문신. 정도전鄭道傳, 권근權近으로 이어지는 관인문학의 대표적인 인물이다. 1420년(세종 2년) 집현전이 설치된 뒤 20년간 대제학을 맡아 외교문서를 작성하였으며, 과거의 시관으로서 관리를 뽑는 일에 공정을 기하여 고려 말의 폐단을 개혁하였다. 《태조실록》 편찬, 《고려사》 개수改修 등에 참여하였고, 시문에도 능해 문묘와 기자묘 비문, 낙천정기樂天亭記, 헌릉지문獻陵誌文 등을 썼다. 《청구영언靑丘永言》에 시조 2수가 전한다. 문집에 《춘정집》이 있다. 자는 거경巨卿, 호는 춘정春亭.

본문 187페이지, 원문 191페이지

혜경궁 홍씨 · 惠慶宮 洪氏(1735~1815)

사도세자의 비妃로 정조의 생모. 1744년(영조 20년) 세자빈에 책봉되었으며, 1762년 남편 사도세자가 뒤주 속에서 비참하게 죽은 뒤 혜빈惠嬪의 호를 받았다. 1776년 아들 정조가 즉위하자 궁호가 혜경惠慶으로 올랐고, 1799년 사도세자가 장조莊祖로 추존됨에 따라 경의왕후敬懿王后로 추존되었다. 저서로 궁중문학의 효시로 평가받고 있는 《한중록》이 있다.

본문 193페이지, 원문 197페이지

김창협 · 金昌協(1651년~1708년)

병자호란 당시 척화斥和를 주장했던 김상헌의 증손자이자 영의정을 지낸 김수항의 둘째 아들. 바로 아랫 동생인 김창흡과 함께 '농연農淵(김창협의 호 농암과 김창흡의 호 삼연을 합쳐서 부르던 말)'으로 불린다. 기사환국으로 아버지 김수항이 사약을 받고 죽자 벼슬을 내놓

고 산중에 들어가서 살았다. 아버지의 누명이 풀리자, 예조참판, 이조참판, 대제학, 예조판서, 지돈녕부사 등으로 여러 차례 불렸으나 끝내 사양하였다. 저서로 《농암집》, 《사단칠정변四端七情辨》 등이 있다. 사는 중화仲和, 호는 농암農巖, 삼주三洲, 시호는 문간文簡.

본문 201페이지, 원문 206페이지

이덕무 · 李德懋(1741~1793)

정조가 규장을 설치하여 검서관을 등용할 때 박제가, 유득공柳得恭, 서이수徐理修와 함께 뽑혀 《국조보감國朝寶鑑》, 《대전통편大典通編》, 《송사전宋史筌》 등의 편찬 교감에 참여했다. 서얼 출신으로 빈한한 환경에서 자랐으나 시문에 능하고 박람강기博覽强記(널리 읽고 잘 기억한다는 뜻으로, 견문이 넓고 독서를 많이 하여 지식이 풍부함을 이르는 말)하여 젊어서부터 이름을 떨쳤으며, 청나라의 고증학을 수용하여 북학北學을 일으키는 데 크게 공헌하였다. 저서로 《아정유고》 등의 문집과 함께 아들 광규光葵에 의해 정리된 《청장관전서(전 71권 33책)》가 있다. 자는 무관懋官, 호는 형암炯庵 · 아정雅亭 · 청장관靑莊館.

본문 219페이지, 원문 225페이지

기대승 · 奇大升(1527~1572)

조선 중기의 성리학자. 어려서부터 재주가 특출하여 일찍 이름을 떨쳤으며 독학으로 고금에 통달했다. 32세에 이황의 제자가 되었는데 12년 동안 서한을 주고받으면서 8년에 걸쳐 사단칠정四端七情을 주제로 논란을 펼쳤다. 저서로 《고봉집》, 《논사록論思錄》 등이 있다. 자는 명언明彦, 호는 고봉高峯 · 존재存齋.

본문 227페이지, 원문 232페이지

신 흠 · 申 欽(1566~1628)

조선 중기의 문신. 동인의 배척을 받았으나 선조로부터 큰 신망을 받았다. 뛰어난 문장력으로 대명 외교문서의 제작, 시문의 정리, 각종 의례문서 제작에 참여하였다. 정주학자程

朱學者(성리학을 집대성한 정호 정이 형제와 주희의 학문 전통을 따르는 학자들을 통칭하는 말)로 이름이 높아, 이정구李廷龜, 장유張維, 이식李植과 함께 한문학의 태두로 일컬어진다. 1651년(효종 2년)에 인조 묘정에 배향되었다. 저서로 《상촌집》, 《야언野言》, 《현헌선생화도시 玄軒先生和陶詩》 등이 있다. 자는 경숙敬叔, 호는 상촌象村·현옹玄翁.

본문 241페이지, 원문 245페이지 | 본문 305페이지, 원문 311페이지

김수항·金壽恒(1629~1689)

조선 중기의 문신. 서인의 중진이었으나 1682년 김익훈金益勳의 처벌을 놓고 노론과 소론으로 갈리자 노론의 영수가 되었다. 효종·현종 시대에 대사간, 이조참판 등의 벼슬을 지냈으며, 제2차 예송 논쟁에서 남인이 주장한 기년설이 채택되자 벼슬에서 물러나 낙향하였다. 숙종 때 영의정이 되었지만 1689년 기사환국으로 남인이 재집권하자 진도에 유배되었다가 사사되었다. 김창집을 비롯해 '육창六昌(창집·창협·창흡·창업·창즙·창립)'이라 불리는 여섯 아들을 두었다. 저서로 《문곡집》이 있다. 자는 구지久之, 호는 문곡文谷.

본문 247페이지, 원문 254페이지

김일손·金馹孫(1464~1498)

17세까지 할아버지 극일克一로부터 글을 배웠으며, 이후 김종직의 문하에 들어가 평생 사사했다. 성종 때 춘추관의 사관으로서 전라도 관찰사 이극돈李克敦의 비행을 직필하여 원한을 샀다. 그 후 1498년(연산군 4년) 〈성종실록〉을 편찬할 때 스승 김종직이 쓴 〈조의제문〉을 사초에 실은 것이 알려져 훈구파가 일으킨 무오사화 때 죽임을 당하였다. 이때 많은 선비가 그와 함께 화를 입었다. 저서로 《탁영집》이 있으며, 〈회로당기會老堂記〉, 〈속두류록續頭流錄〉 등 26편이 《속동문선續東文選》에 전한다. 자는 계운季雲, 호는 탁영濯纓·소미산인少微山人.

본문 257페이지, 원문 265페이지

박지원·朴趾源(1737~1805)

조선 후기의 문신이자 실학자. 이용후생利用厚生의 실학을 강조하였으며, 자유롭고 기발한 문체를 구사하여 여러 편의 한문소설을 발표하였다. 이에 정조로부터 문체를 타락시켰다는 평과 함께 문체반정의 당사자로 지목되기도 했다. 배청의식이 강하게 작용하던 시기에 홍대용, 박제가 등과 함께 북학론을 전개하였으며, 중상주의를 주장하였다. 저서로《연암집》,《과농소초課農小抄》,《한민명전의限民名田義》 등이 있으며, 작품에 〈허생전許生傳〉, 〈호질虎叱〉 등이 있다. 자는 중미仲美, 호는 연암燕巖, 연상烟湘.

본문 267페이지, 원문 273페이지

허 목·許 穆(1595~1682)

조선 중기의 문신. 그림과 글씨, 문장에 능해 '학學·문文·서書의 3고'로 불렸다. 특히 전서篆書에서는 '동방 제1인자'라는 찬사를 받았다. 1660년 효종 사후 송시열과 예송 논쟁을 벌여 반목이 시작된 후 2차 논쟁에서 이겨 이조참판과 우의정에 올랐다. 그러나 거듭된 당파싸움의 와중에 1680년 삭탈관직 당한 후 고향 연천에서 은거하다 세상을 떠났다. 저서로《기언》과 역사서인《동사東事》를 비롯하여 예서禮書인《경례유찬經禮類纂》,《방국왕조례邦國王朝禮》 등이 있다. 자는 문보文甫, 호는 미수眉叟.

본문 275페이지, 원문 279페이지

정 조·正 祖(1752~1800)

조선 제22대 왕(재위 기간 1777~1800). 장헌세자莊獻世子(사도세자)와 혜경궁 홍씨의 아들이며, 비妃는 청원부원군 김시묵金時默의 딸 효의왕후孝懿王后 김씨이다. 1759년(영조 35) 세손에 책봉되었으며, 1762년 아버지가 비극적인 죽음을 당한 뒤 효장세자孝章世子의 후사가 되었다. 즉위 후 홍국영洪國榮을 중용하여, 자신의 아버지를 죽이게 하고 자신의 즉위를 끈질기게 방해했던 노론 벽파 일당을 축출함으로써 친정체제를 구축하였다. 영조의 기본정책인 탕평책蕩平策을 계승하고, 정약용, 이가환李家煥, 박제가朴齊家 등의 실학파와 북학파의 장점을 수용하고 문운文運을 진작하였으며, 서얼을 등용하고 위항문학

委巷文學(중인・서얼・서리 출신의 하급 관리와 평민들에 의하여 이루어진 문학)을 적극 지원하였다. 또 규장각을 설치, 문형文衡(대제학을 달리 이르는 말)의 상징적인 존재로 삼고 본격적인 문화정치를 추진하여 문화의 황금기를 이루었다. 저서로《홍재전서》가 있다. 능은 수원 화산의 건릉健陵이다.

본문 281페이지, 원문 285페이지

이재성・李在性(1751~1809)

계양군 이증李璔(세종의 둘째 아들)의 후손으로 연암 박지원의 처남이자 평생지기였으며 이서구, 이덕무, 박제가 등과도 절친해 북학파의 일원으로 볼 수 있다. 노년에 진사 급제 후 능참봉을 지냈을 뿐 평생 벼슬과는 거리가 먼 삶을 살았다. 문집으로《지계집(전 7권)》이 있으나 전하지 않는다. 자는 중존仲存, 호는 지계芝溪.

본문 299페이지, 원문 303페이지

이　익・李　瀷(1681~1763)

조선 후기의 실학자. 형 이잠李潛이 당쟁으로 희생된 후 관직을 사양하고 학문연구 및 후학 교육에 전념하였다. 미수 허목과 아버지 이하진李夏鎭, 반계磻溪 유형원柳馨遠 등을 사숙한 후 학문적으로 일가를 이루어 근기남인近畿南人(경세치용의 학풍을 특색으로 하는 한양 주변 지방의 남인 학파) 최대 학파인 성호학파를 형성해 안정복, 이중환李重煥 등을 배출하였고, 채제공蔡齊恭, 정약용, 이가환, 이현일李玄逸 등으로 학통이 이어졌다. 저서로《성호사설》,《곽우록藿憂錄》등이 있다. 자는 자신子新, 호는 성호星湖.

본문 321페이지, 원문 324페이지

정　구・鄭　逑(1543~1620)

조선 중기의 학자이자 문신. 종이모부이자 남명南冥 조식曺植의 수제자였던 오건吳健으로부터《주역》을 배우고 이황과 조식에게서 성리학을 배웠다. 경학을 비롯하여 산수부터 풍수에 이르기까지 정통하였고, 특히 예학에 밝았으며, 당대의 명문장가로서 글씨에도 뛰어났다. 학맥은 남명 조식의 문하로 분류되나 정치적 입장에서는 퇴계 이황의 문인으로 분류된다. 문집에《한강집》이 있고, 편저로《성현풍聖賢風》,《태극문변太極問辨》등이 있다. 자는 도가道可, 호는 한강寒岡.

본문 325페이지, 원문 329페이지

홍대용 · 洪大容(1731~1783)

조선 후기의 실학자이자 과학사상가. 북학파의 선구자로 일찍이 미호渼湖 김원행金元行에게 학문을 배웠다. 북학파 계열의 실학자인 박지원, 박제가, 이덕무, 유득공 등과 친분이 깊었다. 1765년(영조 41년) 서장관인 작은아버지 억檍의 수행관으로 북경을 방문, 중국학자 및 독일계 선교사들을 만나 서양문물에 대한 견문을 넓혔다. 유학보다 군국軍國과 경제에 관심이 많았으며, 신흥 상공인의 입장에서 사회를 개혁하고자 했다. 조선 최고의 과학사상가로 수학의 원리 적용, 천문, 측량 도구 등에 관한 해설을 담은《주해수용籌解需用》을 저술하였으며, 천체 · 기상 해설서인《의산문답毉山問答》을 통해 지구의 자전을 주장하기도 했다. 저서로《담헌서》를 비롯해 편서로는《건정필담乾淨筆談》,《담헌연기湛軒燕記》,《임하경륜林下經綸》등이 있다. 자는 덕보德保, 호는 홍지弘之 · 담헌湛軒.

본문 357페이지, 원문 364페이지

참고 문헌

강항, 《수은간양록》, 영광문화원, 2001

고정욱 엮음, 《우리 옛 산문의 풍경》, 자우출판사, 2001

권문해, 《초간일기》, 한국정신문화연구원, 1997

기대승, 《국역 고봉집》 1~3권, 민족문화추진회, 1989

김명호, 《열하일기 연구》, 창비, 1990

김성규, 《초정집》 1~3권, 한국인문과학원, 1990

김시습, 《국역 매월당집》, 세종대왕기념사업회, 1978

김인후, 《국역 하서전집》 상·중·하, 하서선생기념사업회, 1987

김정희, 선종순 편, 《국역 완당전집》, 민족문화추진회, 1996

김종직, 《국역 점필재집》, 민족문화추진회, 1996

김지용 편저, 《한국역대여류한시문선》 상·하, 아세아문화사, 1992

김진영, 《이규보 문학연구》, 집문당, 1984

박제가, 이우성 편, 《초정전서》 상·하, 아세아문화사, 1992

박종채, 박희병 역, 《나의 아버지 박지원》, 돌베개, 1998

박종채, 〈과정록〉, 《한국한문학연구》 6~7권, 민족문화사, 1982~1983

박지원, 김혈조 역, 《그렇다면 도로 눈을 감고 가시오》, 학고재, 1997

박지원, 윤재영 역, 《열하일기》 1~5권, 박영사, 1983

박지원, 《연암집》, 경인문화사, 1974

변계량, 김홍여·조동영 공역, 《국역 춘정집》, 민족문화추진회, 2001

서거정 외, 《국역 동문선》, 민족문화추진회, 1968~1970

서경덕, 《국역 화담집》, 고려대 민족문화연구소, 1971

성현 외,《대동야승》, 민족문화추진회, 1977

성현, 이종묵 역,《부휴자전》, 홍익출판사, 2002

신대우,《완구유집》, 민족문화추진회, 2000

신흠,《상촌선생전집》, 민족문화추진회, 1990

심경호,《한문문체론》, 이회문화사, 1995

심경호,《한문 산문의 내면 풍경》, 소명출판, 2002

심경호,《한문 산문의 미학》, 고려대학교 출판부, 1998

안순태,〈현곡 조위한의 삶과 문학〉,《한국한시작가연구》8권, 태학사, 2003

안정복,《국역 순암집》, 민족문화추진회, 1997

양희지,《대봉집》, 경인문화사, 1987

왕성순,《국역 여한십가문초》, 민족문화추진회, 1997

우정상 등 저,《한국의 인간상》, 신구문화사, 1965

유몽인, 박명희 역,《어우야담》, 전통문화연구회, 2001

유재일,《이덕무의 시문학 연구》, 태학사, 1998

유홍준,《완당평전》1권, 학고재, 2002

윤선도, 이형대 외 역,《국역 고산유고》, 소명출판, 2001

의천,《대각국사문집》, 정선문화연구원, 1989

이가원,《연암집, 연암소설연구》, 을유문화사, 1965

이덕무,《국역 청장관전서》, 민족문화추진회, 1979~1981

이덕일,《정약용과 그의 형제들》1~2권, 김영사, 2004

이색,《국역 목은집》, 민족문화추진회, 2000

이서구, 《척재집》, 민족문화사, 1980

이수광, 남만성 역, 《지봉유설》 상·하, 을유문화사, 1994

이순신, 허경진 역, 《난중일기》, 한양출판, 1997

이영춘, 《임윤지당》, 혜안, 1998

이우성 편, 《사숙재집》, 아세아문화사, 1992

이월영 역주, 《삼의당 김부인 유고》, 신아출판사, 2004

이이, 《율곡전서》 1~2권, 성균관대 대동문화연구원, 1978

이익, 《국역 성호사설》, 민족문화추진회, 1977

이항복, 임정기 역, 《국역 백사집》 1~3권, 민족문화추진회, 1998~1999

임윤지당, 이영춘 역, 《임윤지당》, 혜안, 1998

장유, 《국역 계곡집》, 민족문화추진회, 1994

정구, 《국역 한강집》, 민족문화추진회, 2001

정도전, 《국역 삼봉집》, 민족문화추진회, 1977

정몽주, 《국역 포은집》, 대양서적, 1982

정민, 《비슷한 것은 가짜다》, 태학사, 2000

정약용·다산학회 편, 《여유당전서》 1~3권, 경인문화사, 1974

정약용, 박석무 역, 《유배지에서 보낸 편지》, 창비, 1991

정운한, 《국역 송강집》 상·하, 삼인출판사, 1974

정일남, 《초정 박제가 연구》, 지식산업사, 2004

정조, 《홍재전서》, 문화재관리국 장서각, 1978

정진권, 《고전 산문을 읽는 즐거움》, 학지사, 2002

정철, 《송강집》, 송강유적보존회, 1988

조동일, 《한국문학통사》 3권, 지식산업사, 1991

조면희, 《우리 옛글 백 가지》, 현암사, 1997

조식, 《국역 남명집》, 경상대 남명학연구소, 1995

조우식, 《정도전을 위한 변명》, 푸른역사, 1997

조위한, 《현곡선생문집》, 경인문화사, 1986

조익, 《포저전집》, 보경문화사, 1989

진필상, 심경호 역, 《한문문체론》, 이화문화사, 2001

최명희, 《혼불》 6권, 한길사, 1996

허균, 《국역 성소부부고》, 민족문화추진회, 1986

허난설헌, 《난설헌집》, 평민사, 1999

허목, 《국역 미수기언》, 민족문화추진회, 1981

허미자, 《허난설헌 연구》, 성신여대출판부, 1984

홍대용, 《국역 담헌서》 상·하, 경인문화사, 1969

KBS 〈역사스페셜〉 제작팀, 《역사스페셜》 3권, 효형출판, 2001